集成论视角的区域优质企业集群研究

徐红涛 著

气象出版社
China Meteorological Press

内容简介

优质企业集群是"集聚经济"的新模式，也是"新经济"发展到一定阶段的产物。本书以集成论为研究视角，将优质企业集群的形成机理、管理等融入一个集成体系，以集成系统化理念对优质企业集群进行研究。本书提出了识别优质企业的方法，应用集成的相关理论，探讨并研究其形成机理及管理。本研究在丰富和发展具有一般指导意义的集成管理理论的同时，也为优质企业集群的发展提供理论支持和帮助。

本书的适用对象为从事经济与管理研究领域的学者及从事商业运营的创业者、企业家。

图书在版编目（CIP）数据

集成论视角的区域优质企业集群研究 / 徐红涛著. -- 北京 : 气象出版社, 2023.8
ISBN 978-7-5029-8033-7

Ⅰ. ①集… Ⅱ. ①徐… Ⅲ. ①企业集团－企业管理－研究 Ⅳ. ①F276.4

中国国家版本馆CIP数据核字(2023)第168815号

集成论视角的区域优质企业集群研究
Jichenglun Shijiao de Quyu Youzhi Qiye Jiqun Yanjiu

出版发行： 气象出版社
地　　址： 北京市海淀区中关村南大街46号　　**邮政编码：** 100081
电　　话： 010-68407112(总编室)　010-68408042(发行部)
网　　址： http://www.qxcbs.com　　**E-mail：** qxcbs@cma.gov.cn
责任编辑： 蔺学东　毛红丹　　**终　　审：** 张　斌
责任校对： 张硕杰　　**责任技编：** 赵相宁
封面设计： 艺点设计
印　　刷： 三河市君旺印务有限公司
开　　本： 787 mm×1092 mm　1/16　　**印　　张：** 9.75
字　　数： 250千字
版　　次： 2023年8月第1版　　**印　　次：** 2023年8月第1次印刷
定　　价： 68.00元

前 言

优质群是群类聚集的一种，不同层面都有其存现的“身影”——宏观层面上，G20 这 20 个世界最发达国家的集合当属优质国家群；中观层面上，长三角、珠三角所在的城市当属我国的优质城市群范畴；微观层面上，精英班、富豪群、名车汇等。这些优质群的共同特征为某类知名元素的汇聚，即在其领域具有某种优势特征的元素的集合。

“名聚效应”无处不在，知名企业腾讯、百度、万达间的联手曾风靡一时，阿里巴巴同快递巨头申通、中通、圆通间的“联姻”也一度成为我国名企强强联手的典范。改革开放 40 余年来，中国企业虽然取得了长足的发展，但由于工业基础薄、科技含量低等客观因素的存在，我国企业同欧美日发达国家的企业在竞争力比较上尚处劣势，单个企业并不具备引领一方经济的能力。应该看到的是，在区域经济中，许多具备优质特征的企业以产业为纽带、以地理或组织接近为聚集方式进行的经济联合已经出现，它们所形成的这种具有“名聚效应”的经济体对整个区域乃至一国经济的拉动作用将不可估量。要最大化发挥优质企业集成体对经济发展的作用，对其管理的研究必不可少，而要想研究其管理就要探求该集成体形成和演化的内在机理。基于此，本书以集成理论为视角，研究了优质企业集群的形成、演变及管理，以期丰富和发展具有一般指导意义的集成管理理论，为优质企业集群的高质量发展提供理论支持和帮助。

本书的主要内容有如下几个方面：

第一，企业优质性评价研究。该部分包含企业优质性评价指标体系设计原则及扎根理论对企业优质性评价指标进行识别的研究，并以此为基础，建立了企业优质性综合评价指标体系。除此之外，本部分还对企业优质性评价指标权重的处理以及企业优质性综合评价方法做了论述。

第二，优质企业集群形成机理。该部分以集成理论为研究视角，将隐晦抽象的优质企业集群问题嫁接为具体生动的集成系统问题来研究。该部分首先对优质企业集群的概念及特征进行了阐释和说明，接着结合当前形势，从资源的匮乏、市场竞争的加剧、创新的需要、复杂巨系统的出现、经济发展的需要、科技进步的客观要求等方面对优质企业集群形成的动因进行论述。在优质企业因“聚集”而构成集成力场下，依托优质企业集群集成系统，研究了集群的演变规律，并对优质企业集群形成期、分歧磨合期、运营平稳期、集群危机期各自阶段特征做了详细论述，之后对其各个演化阶段的影响因素做了剖析。

第三，优质企业集群的管理集成模型。该部分以哲学思辨的方式分析论述了管理的必要性，解决了集群为什么要集成管理的问题，接着依据优质企业集群的属性，依次提出了优质企业集群管理的目标及原则。在此基础上，结合优质企业集群形成机理中各演化阶段的主要影响因素研究，重点讨论了由集群形成期的战略协同和组织结构、分歧磨合期的界面矛盾管理、运营平稳期的组织学习及其管理、集群危机期的风险控制和系统创新，应用了变量设置、问卷调查、假设验证等一系列研究对基于集成力的优质企业集群管理集成模型进行了实证。

第四，优质企业集群管理。集群形成期管理主要涉及对战略协同的管理和对集群管理结构的构建，优质企业集群分歧磨合期管理主要是对优质企业集群界面管理的研究，优质企业集群运营平稳期管理主要是对优质企业集群组织学习的作用、目标、内容及组织学习创建的研究，优质企业集群危机期的管理主要涉及集群风险控制和集群系统创新的研究。

第五，案例分析。以福州市优质企业为例进行了研究，对其企业样本的采集、企业优质性的评价、优质企业集群的构建逻辑以及优质企业集群的管理设计进行了研究分析。

著者

2023 年 6 月

目录

第1章 绪 论

1.1 研究背景

1.1.1 我国GDP现状

改革开放40余年来，我国经济取得了长足发展，但也面临着一些新的问题。自2010年以来，我国经济增长出现了非周期性波动下降，2010—2018年我国GDP(国内生产总值)增长率如图1.1所示。

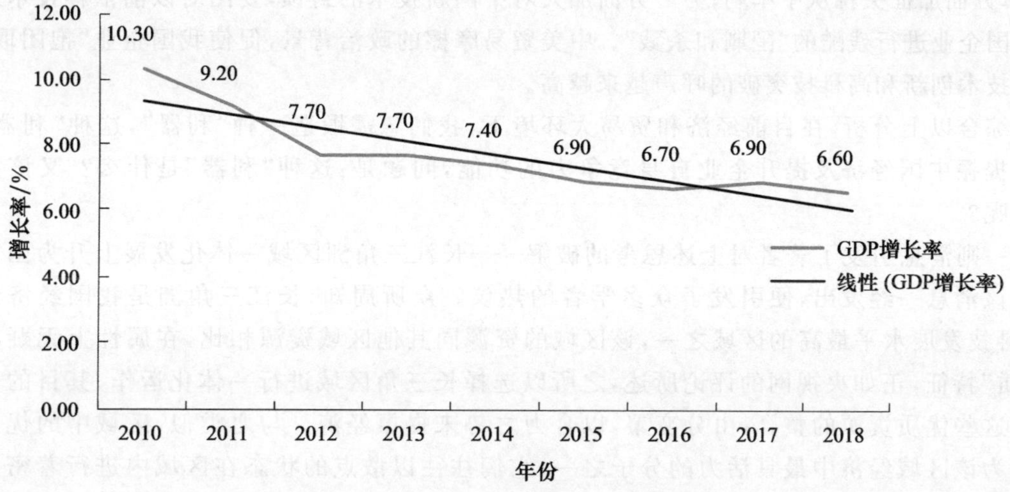

图1.1 2010—2018年我国GDP增长率

从图1.1可以看出，自2010年以来，我国GDP增长率呈波动下降趋势。这说明，近年来在经济发展的动能上出现了问题，怎样提升动能以提振中国经济已成为摆在我们面前的现实问题。

1.1.2 我国企业发展水平

2018年7月出炉的世界500强企业中，中美企业数量对比情况如图1.2所示。通过中美企业竞争力对比，可以看出，同美国相比，我国进入世界500强的企业不仅在总量上存在差距，在企业优质程度上的差距更加凸显。事实上，我国虽然在全球经济中处于举足轻重的地位，但同发达国家相比仍然有较大差距，突出表现在：自主创新能力还不强，核心技术和关键元器件受制于人；产品质量问题突出；资源利用率偏低；产业结构不尽合理，大多尚处于价值链的中低端。因此，作为国民经济发展引擎的我国企业在谋求更大更强发展之路上仍需继续努力。

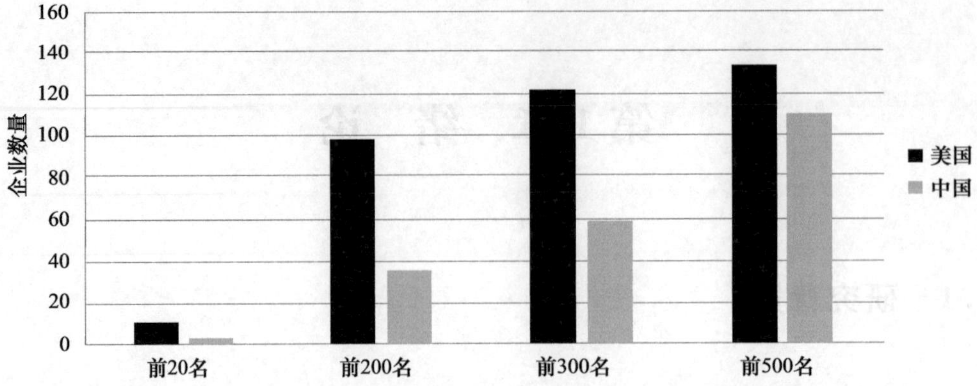

图 1.2　世界 500 强中美企业数量对比(2018 年数据)

1.1.3　我国经贸环境

自特朗普就任美国总统以来,开始大肆奉行“美国优先”政策,一方面通过不断制造贸易争端,单方面加征关税从中牟利;另一方面加大对中国新技术的封锁,妄图对以前依赖技术进口的我国企业进行残酷的“围剿和杀戮”。中美贸易摩擦的政治背景,促使我国企业“抱团取暖”寻求技术创新和高科技突破的呼声越来越高。

综合以上分析,在目前经济和贸易大环境下,我们急需锻造一种“利器”,这种“利器”应兼具提振中国经济及提升企业自身竞争力的功能,问题是:这种“利器”是什么?又该如何锻造呢?

一则消息引发了著者对上述思考的破解——长江三角洲区域一体化发展上升为国家战略。该消息一经发出,便引发了众多学者的热议。众所周知,长江三角洲是我国经济最发达、科技发展水平最高的区域之一,该区域的资源同其他区域资源相比,在属性上无疑具有“优质”特征,正如央视网的评论所述,之所以选择长三角区域进行一体化运作,其目的是通过对这些优质资源的整合,由分变聚,以合力之势来提振经济。与之类似,区域中的优质企业作为该区域经济中最具活力的分子之一,它们往往以散点的状态在区域内进行着密集和松散的分布,每个活力分子的能量是有限的,且这种散状的分子间在自然状态下同“长江一体化发展战略”类似,是否也可以将这些分散的活力分子有效地整合起来形成“能量团”以发挥其作用呢?

实际上在以“集聚经济”的方式提振经济方面,经济开发区、工业园区、工业集中区、高新技术区、产业集群等组织模式的确为我国经济的发展做出了很大的贡献,且它们共同的特征是都属于企业集群。具体说来,企业集群的作用主要表现在以下几个方面。

(1)企业集群自古以来就是我国经济发展的必由之路

中国文明有着 5000 多年悠久的历史,“集聚经济”自古以来在国民经济中都占有一席之地。《史记·苏秦列传》记载:“周人之俗,治产业,力工商,善经坊,逐什二以为务”;《国语·齐语》记载:“齐有士农之乡 15,工商之乡 6”,这些描述的都是先古的“集聚经济”的繁荣状况。

(2)企业集群已经成为世界经济的增长极

1951 年,美国斯坦福大学创办斯坦福科技园,它的出现和发展改变了世界传统经济的发展模式,延缓了经济危机的到来,成为世界经济发展新的增长点。美国硅谷模式把科技创新、知识创新融入经济发展中来，使社会发展进入知识经济时代，这在世界范围内引爆了“集聚经济”的发展，目前企业集群已经成为世界经济的增长极。

(3)企业集群成为国际博弈的有力工具

21世纪初，企业集群产出的成果——尖端武器广泛地运用于现代战争领域。在政治领域，国家之间的博弈，特别是大国间的博弈越来越激烈，这种博弈实质上是综合国力的较量，而支撑综合国力的背后是企业集群。在经济领域，特别是在后世界金融危机和欧洲债务危机时代，过度的虚拟经济受到沉重打击，以企业集群为引擎的经济增长模式得到世界的青睐，成为当今国际竞争的有力工具。

经历改革开放的洗礼，这些企业集群不仅拉升了区域经济，还壮大了企业自身的发展，我国各个区域中已涌现了众多以优质为特征的企业，这些企业同其他非具有优质特征的企业相比，具有资金雄厚、产业多元、融资触角广泛、市场活力大等特点。尽管这些优质企业具有上述特征，但由于起步晚、自身管理不完善等缘故使得它们与国际一流企业相比在诸如体制机制、资源整合、创新能力、人才培养、品牌影响、自主知识产权和核心技术、国际化能力等方面还存在很大的差距，单个优质企业尚不具备引领区域经济发展的实力，这样就使得以优质企业为属性特征的“集聚经济”新模式——优质企业集群的研究更具有现实和理论意义。

从世界范围来看，优质企业集群现象方兴未艾。在美国硅谷，以高新技术为特征的优质企业之间的合作协同发展颇为成熟，亦形成了具有一定规模的优质企业高新技术联盟；在日本筑波，电子研发、材料技术、纳米技术等相关联的优质企业相互协作形成了以优质企业为龙头特征的高新工业园区等。

从近现代商业史上来看，我国优质企业集群的出现也有迹可循。根据《粤海关志》中记载，1720年尚处于清王朝时期的广州十三行成立了。该商帮中行业众多，入会者身份要求为商业巨贾，十三行商人共同举荐“商总”来负责统领各商行对外贸易，进行货价评定及纠纷的解决等，这个由优质商帮组成的行会应该算得上是我国最早的“优质企业集群”。新中国成立后，我国企业异军突起、发展迅速，20世纪90年代初到21世纪10年代，最具优质企业特征的上市公司就由刚开始的北京、上海、深圳等发达地区的数十家，发展到遍布全国各大中小城市的数百家之多。2011年后，随着全球化、互联网和科技的迅猛发展，区域优质企业集群的发展更如雨后春笋，到2018年全球范围内的优质企业集群已初具规模。例如，北京中关村的优质企业已达130余家，不仅形成了以百度、联想、当当网、科兴生物、启迪控股等一批领军企业的优质企业集群，同时在这个平台上还积极发展区域内的优秀上市企业，通过专业引领、资源对接等多种方式帮助区域内其他非优质企业成长，以实现早日上市的夙愿；在福建泉州，从事丝绸、纺织、服装、鞋业等生产研发的优质企业为共同打造区域品牌效应，自发形成优质企业集群组织，每年优质企业董事会秘书都会举行会晤共讨发展大计；中国珠三角的电器、电子优质企业群；长三角金融、投资、券商等优质企业群等。那些最先零星分布的众多优质企业，因自身发展的需要而进行的地理上集中或组织上接近的现象，就是优质企业集群的实现。

在上市公司、知名企业对国民经济发展的影响关联性上，以2018年《中国地理经济》统计中该区域的上市公司及即将上市的规模在8000万元以上的公司的年营业总额同当年地方GDP情况对比分析为例，通过SPSS 24.0进行相关性计算可以发现，地方GDP同当地上市公司、知名企业群的营业额之间的相关系数都在0.001显著水平下显著，说明它们之间有着高度的正相关关系，如表1.1所示。

表 1.1　部分区域上市公司、知名企业营业总额及其同地方 GDP 相关性

肯德尔 tau_b	区域优质企业集群营业总额	相关系数	1.000	0.945**
		显著性(双尾)	.	0.000
		个案数	12	12
	地方 GDP	相关系数	0.945**	1.000
		显著性(双尾)	0.000	.
		个案数	12	12
斯皮尔曼 Rho	区域上市公司、知名企业群营业总额	相关系数	1.000	0.984**
		显著性(双尾)	.	0.000
		个案数	12	12
	地方 GDP	相关系数	0.984**	1.000
		显著性(双尾)	0.000	.
		个案数	12	12

双侧检验下的 α 值，**. 在 0.01 级别(双尾)，相关性显著。

2018 年我国上市公司、知名企业对国民经济贡献率见表 1.2。根据 2018 年统计数字中国的经济总量突破 90 万亿元，我国的上市企业(A 股)有 3562 家(截至 2018 年 12 月 31 日)，已形成规模的区域上市公司、知名企业群有 75 个。随着科技创新、“一带一路”的纵深发展，还会有更多的企业加入上市公司、知名企业群的行列来一起引领中国经济。

表 1.2　2018 年我国上市公司、知名企业主要集中地分布及数量和其对经济增长贡献率

城市级别	城市(上市公司数量)	城市数量	企业数量比重/%	对经济贡献率/%
直辖市	北京(456)、上海(325)、重庆市(57)、天津市(64)	4	21.47	56.93
副省级市	深圳(346)、杭州(152)、广州(98)、成都(123)、武汉(78)、南京(86)、宁波(65)、西安(71)、厦门(51)、济南(42)、大连(45)、青岛(43)、沈阳(34)、哈尔滨(35)、长春(31)	15	28.79	59.08
一般省会城市	长沙(77)、福州(34)、合肥(56)、乌鲁木齐(37)、郑州(64)、石家庄(29)、贵阳(27)、南宁(23)、西宁(11)、银川(12)、拉萨(8)、呼和浩特(5)等	17	12.37	56.65
其他城市	苏州(89)、无锡(76)、绍兴(65)、台州(47)、烟台(46)、南通(45)、珠海(39)、常州(34)、汕头(31)、佛山(29)、潍坊(38)、淄博(31)、嘉兴(29)、金华(27)、东莞(31)、泉州(17)、芜湖(18)等	211	37.37	56.34

通过中国经济统计年鉴和万得数据库，随机对若干区域性的上市公司、知名企业群总市值、占比及当地 GDP 数据情况整理，结果如表 1.3 所示。

表 1.3 2018 年部分区域性上市公司、知名企业总市值及其对区域 GDP 占比

优质企业集聚名称	2018 年股市市值		2018 年 GDP	
	区域集群市值/万亿元	占总比情况/%	区域 GDP/万亿元	占总比情况/%
常熟	0.67	0.74	0.5773	0.78
江阴	0.38	0.425	0.3083	0.416
昆山	0.40	0.443	0.3160	0.418
东莞	0.89	0.984	0.6827	0.922
泉州	0.82	0.901	0.6646	0.898

从表 1.2 和表 1.3 可以发现：第一，优质企业对经济增长的贡献率均在 56%以上；第二，区域优质企业集群总市值占比同当地同年 GDP 占全国的比重基本上相吻合。可以得出：发展区域优质企业集群同发展传统意义上的企业集群（中小企业集群）相比，对发展地方和国家经济所起的作用要大。难怪早在 1999 年，学者 Ahokangas(1999)就预言：21 世纪中叶后的区域经济竞争的实质是以当地优质企业集群为主导的经济体的竞争。

在优质企业强强联合易形成的“龙头”引领效应带动下，加上优质企业数目较少而精的高效协作及优质企业间学习能力更强等特点，优质企业集群对区域经济的竞争力提升更为有效。考虑到优质企业集群是集成现象，故本研究的视角是基于集成论。同时，还应看到优质企业集群具有的竞争优势是潜在的，若没有科学的管理给予激发，也终会落到“集而不群”的下场。故要最大化发挥其集聚效应，离不开对优质企业集群的科学管理，而要实现其管理就免不了对优质企业集群形成和演化同管理之间内在关联机理的探究。

基于以上分析和思量，本书提出了基于集成论的优质企业集群的形成机理与管理研究的论题。

1.2 国内外研究述评

1.2.1 企业集群研究述评

1.2.1.1 国外企业集群研究述评

早在 1997 年，马歇尔的《经济学原理》(*Principles of Economics*)一书中，就强调大量专业化中小企业地域集中和发展的重要性。在企业集群的内部，大量专业化企业集群在一地，使区域实现了规模生产，相应地为企业创造了一个较大的市场需求空间，对分工更细、专业化更强的产品和服务的潜在需求量也相应增加，同时随着技术发展和需求变化，后福特制(Post-Fordism)生产方式的盛行，工艺过程日益高度专业化，这不仅为专业化生产商提供了很大的生存机会，还使它们实现规模生产，两者形成良性循环，不断提高企业集群整体生产效率。地理经济学者以空间分布对经济的影响为视角对企业的分布情况做研究，Taylor(1975)通过世界城市网的研究提出了企业在区域内分布的演化机理。Rice(1982)通过对企业总部在纽约的集聚的研究,提出了城市区域经济的概念和特征。Wheeler(1996)通过对企业集群中心在美国工业区之间的转移前后的对比研究,提出集聚分布深刻影响城市和区域发展的论断。Asheim等(1997)指出,企业通过地理接近性和业务紧密联系,加速知识和技术的创造和扩散,并在技术创造和扩散机构形成区域创新基础结构系统的支持下,对区域主导性企业创新发挥积极作用。Porter(1998)认为,企业集群,有时简称企业聚或聚,用来定义在某一特定领域中(通常以一个主导企业为核心),大量联系密切的企业以及相关支撑机构在空间上集聚,并形成强劲、持续竞争优势的现象,并基于直接经济因素的企业集群竞争理论,以及新企业管理学家对企业集群的研究集中在企业集群机制和组织管理模式上。Vatne 等(2000)认为,集群是一种具有基于社会关系、信任和共享互补资源等特别管理特征的网络。Albino 等(2003)从复杂适应性的角度解释了集群竞争优势来源的问题,认为这是为了适应外部环境不断演化的结果,而与集聚特征无明显关联。国外的研究普遍发现,企业集群现象主要分布在大都市地区,并且呈现出高度集聚的态势。Christian(2004)认为,企业在大都市区集聚是为了能够接近便捷的生产性服务产品供应商。同时,企业需要专业的法律、广告、金融以及其他各种信息服务,而这类信息服务需要频繁地面对面的接触,这就需要企业与高端生产性服务业企业在地理上相互邻近。由于生产性服务本身就高度集聚在大都市区,因此企业也倾向于集聚在大都市区。此外,企业生产经营的外包比例日益高增是当前生产组织的重要特征,那些能够提供完善的专业化外包服务的市场中心城市对吸引其他上市企业在此落地,企业在大都市集聚也是为了获得集聚经济效益。Davis 等(2004)的理论和实践研究证明了两种规模经济效应能促进企业在大都市区的集聚,包括相同企业集群的外部性和多元化企业集群的外部性。Anthony(2006)通过对美国石油化工公司的实证分析,探讨了经济集聚和供应链的关系。企业区位选择也与其他企业的区位有关,接近其他企业有利于企业收集信息。企业间的集聚倾向,方便了互相交换信息,因为在集群的情况下能够通过信息溢出获得关于生产经营、市场状况以及技术趋势等信息,集群企业的知识获取网络属于差异网络,因为其知识背景存在较大差异,进一步强化了集聚企业的异质性。Davis 等(2008)研究证明,在其他条件相同的情况下,企业越多的城市会吸引更多的新企业入驻。William(2008)认为,社会网络对企业知识资源获取产生重要影响。Kuei 等(2008)开始将目光投向"网络集聚(Network Clusters)",他们选取了中国台湾和中国大陆各两个高科技集聚作为典型案例对象,对于网络集聚的形成和全球竞争力进行了探索性研究,揭示了集聚间和集群内部的网络关系,并提出相应的战略发展建议。Szymanski(2009)则开始关注以线性函数方式处理集群内的运输成本,认为这种线性的运输费用的缺点是没有考虑经济中的空间结构和运输物品的特性,与实际生活中的运输部门不符。

John 等(2009)以绿色食品企业为例,对中国的企业集群及区域经济发展进行了探讨,揭示了中国黑龙江省的区域经济发展与当地企业集群之间的正向联系。Pedro 等(2010)对知识密集型企业集群的外部知识获取进行了研究,探讨了处于知识密集型集聚中的企业应用 SECI 模型获取外部知识的问题。Kuei-Hsien(2010)针对 4 个国际企业集群,对其中的 188 个企业进行实地调查,运用多次回归分析方法对数据进行处理分析,尝试从经验上揭示企业集群参与度、信任、知识获取之间的关系,结果表明集聚中高参与度能够提升企业的知识获取;并且,信任对于企业集群参与度和知识获取具有调节作用。

Louel(2010)的研究也发现,出口业务的企业更倾向于集聚,因为这样便于收集海外市场的信息。企业集群的区位还与其主要生产设施的区位有关,企业的集聚能够获得接近高端生产性服务业的便利,以及和其他企业接近带来的信息溢出。James(2013)通过对企业总部和子公司所在的集聚地之间的关系研究,认为企业总部远离生产设施则会造成企业的运行和协调成本的上升,企业需要在这两者之间权衡,从而决定子公司对企业集群地的定位。Young(2013)基于开放和集聚创新的角度,针对韩国龟尾市企业集群发展模式进行了考察,揭示了该市纺织行业与电子行业之间通过企业集群的实践实现整合增效的机理。Elisa(2015)对于企业集群、网络与企业产品成功开展了经验研究,以智利和意大利的企业集群地为例,探究了地理根植性与外部开放性对于产品成功的重要作用,从而揭示了不同类型的网络与集聚公司绩效之间的相互关系。

1.2.1.2 国内企业集群研究现状

我国对集群的初始研究始于20世纪90年代,而大量研究则是2000年以后。目前,国内对集群以及创新体系的研究主要从专业化分工、柔性生产方式、知识溢出以及社会网络等角度,分析企业集群以及创新网络的形成机制、过程以及集聚的竞争优势。王缉慈(2001)概括了集聚理论与新企业区理论,指出培养具有地方特色的企业集群,营造区域竞争环境,强化区域竞争优势是增强国力的关键;并分别讨论了高科技企业与传统企业集群,同时讨论了集聚与区域创新的关系。仇保兴(1999)定义企业集群为:由彼此独立但相互之间有特定关系的企业组成,特定关系中隐含着专业化分工和协作,集聚存在企业间的互补和其他相关关系,而信任等人文因素是维持集聚运行并使其面对外来竞争时拥有独特的竞争优势。慕继丰(2001)认为企业网络是许多相互关联公司或企业及各类机构为解决共同问题而通过一段时间的持续互动形成的发展共同体,包括三类相互联系、持续互动的组织:相似或相关的企业;政府有关部门和机构及其他中介机构;高水平研究机构和大学。刘军国(2001)把协作纳入报酬递增理论体系,构建了报酬递增的集聚微观模型。宁钟(2001)认为企业集群存在进入、退出、劳动力市场、技术溢出以及需求的动态变化。王缉慈(2002)认为企业集群用来定义在某一特定的行业及其相关领域中,大量联系密切的企业以及相关支撑机构,如行业协会、金融机构、职业培训机构和科研机构等,在空间上集聚,并形成强劲、持续竞争优势的现象。魏守华等(2002)认为企业竞争逐步从过去注重单个企业发展战略,向企业联盟以及企业集群战略演化,企业集群通过协同效应所显现的竞争优势,不仅日益备受关注,而且集群战略已成为企业、区域发展的重要模式。盖文启(2003)较为系统地研究了区域网络,系统地构建了区域创新网络的一般理论,运用规模经济、范围经济、交易成本、竞争优势和创新等理论建立了区域网络理论体系,研究集聚内部创新网络机制,提出区域创新网络的组成要素,包括:组成网络的主要节点、各节点之间的连接关系以及网络中流动的生产要素及创新资源。李凯等(2004)以沈阳装备制造业为背景,较早地研究了装备制造业集群的网络结构,拓展了集群研究的范围,把装备制造业集群纳入了集群的研究视野,并针对装备制造业发展中存在的问题,从集聚网络化视角提出一系列政策建议。王宵宁(2005)运用新经济社会学中的社会网络理论,讨论了企业集群网络结构对企业创新能力的影响。张建华(2006)运用关系合约理论、分工理论以及投入产出分析法,探讨了企业集群的识别标准,并对现行的行业分类体系提出了建设性建议。石忆邵等(2007)将企业集群概括为5种机制。吴秋明(2008)提出用"场力"来评价集群绩效水平,认为集群"场力"是指充斥在集群周围的能力空间,即对位于该空间的其他集成元素所具有的吸引力,认为这种作用是集群自身质量最直观的综合体现,也是对集群进行综合评价的很好的视角。黄新飞等(2009)选取了珠江三角洲地区九城市的制造业作为案例对象,衡量该行业的空间集中度以及地区专业化水平指标,结果表明随着区域一体化进程的加快,其制造业的发展已进入集群和扩散并存的新阶段。王君等(2010)从企业角度研究了在相同的市场环境下所有权结构不同的企业在自制与外购选择偏好的差异以及这种差异与集群形成的关系。郭熙保(2012)提出了促进集群升级的新思路,即从强调"到哪里学习"转向重视"向谁学习",从强调大公司的作用转向重视新创业的力量。聂鲲(2012)以企业网络理论为基础,通过对西安光电子企业集群113家企业进行问卷调查所获数据,运用回归模型进行实证研究,结果表明,显性知识资源获取和隐性知识资源获取在中心度、连接强度对成长绩效影响中扮演完全中介作用,显性知识资源获取在网络规模对成长绩效影响中扮演完全中介作用。郭京京(2013)从知识管理视角,提出了知识存储惯例的概念,对集群企业内部的知识存储行为进行系统刻画,进而探讨知识存储惯例强度和知识存储惯例多样性对集群企业技术创新绩效的影响。戴维奇等(2014)依据创新、经济地理学和全球价值链等领域的观点,从理论上构建了本地和超本地业务网络与集聚企业升级的关系,提出两个竞争性假设,并根据动态能力理论,从吸收能力的角度探讨了业务网络推动集群企业升级的内在机理。荀亚玲等(2015)对目前企业集群环境下的数据放置策略优化方法的研究与进展进行了综述和分析,并归纳了企业集群环境下数据放置策略的下一步研究工作。赵炳新等(2016)从产品关联层面将集群描述为企业内部门之间的关系网络,并以此为基础定义了企业集群中的一类特殊结构——集群的核结构,提出了集群的核结构的定量指标体系。刘倚天(2017)从技术溢出与产业集群的相互关系入手,提出技术溢出有利于技术创新及产业利润的提高。丁彦林等(2017)借鉴企业集群与生物种群的相似性,建立了时间尺度上带有反馈控制和脉冲的变时滞企业集群竞争模型,并利用时间尺度上的脉冲微分方程的比较定理,建立了该系统持久生存的充分条件。张丽(2018)尝试从组织间信息体制的视角对企业集群治理结构的形成及其类型进行较为深入的剖析,进而不断加深我们对企业集群治理结构的理解。徐红涛等(2018a,2018b,2018c)以集成论为视角,对优势企业集群的形成动力、条件、集聚效应等因素进行研究。田秋生(2019)提出以建设粤港澳大湾区为统领,发挥广东毗邻港澳独特优势,重点打造广东环北部湾经济增长极,以深入实施创新驱动发展战略为统领,培育打造先进制造业集群,来提升广东产业发展水平的建议。

1.2.1.3　国内外企业集群研究评述

(1)国外企业集群研究评述

通过回顾国外学者对于集群理论和经验研究的观点,可得出如下结论:

1)研究视角。如前所述,国外企业集群理论研究的视角基本上是纯经济学的。新古典经济学派论证了集群的外部经济效益;结构主义学派认为集群具有增长极的作用,即国家经济增长目标的实现可以寄希望于区域经济的不均衡发展,并论证了"循环因果律";新制度学派论证了集群对专业化经济、交易费用节约的贡献;新经济地理学派分析了多条件相互作用下制造业的集群动态过程。

2)研究内容。国外企业集群研究主要包括集群的概念、类型、优势、形成机理、特征、生命周期、创新、竞合关系、知识创造、学习、交易费用、集成与合作、社会责任等。

3)有待进一步完善的研究领域。经济性固然是建立企业集群的原始动力和最终目的,但其实现需要集成过程与集成管理,这一点尚未引起理论界足够的重视。目前,全球化与地域化的结合仍处于萌芽阶段,如何将集群内部研究与嵌入全球价值链的研究有机结合,这一任务仍任重而道远,从企业集成系统的管理及对经济的引领作用等研究也亟待开展。

(2)国内企业集群研究评述

利用中国知网对"企业集群"相关期刊论文进行搜索发现,1950—2018年针对该领域的研究大体是上升状态(图 1.3)。

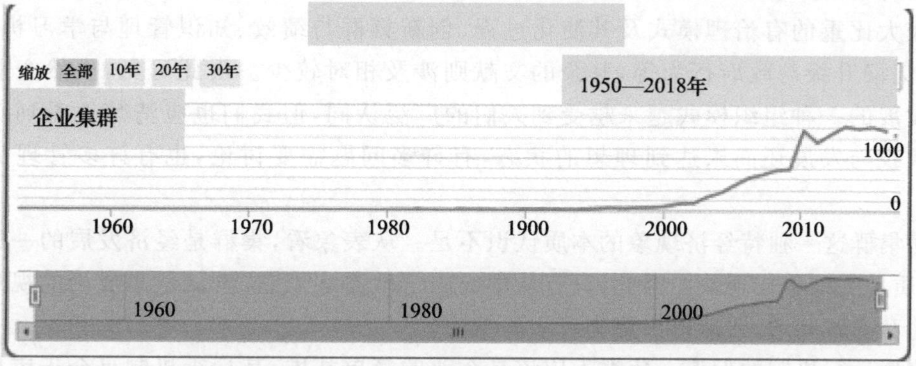

图 1.3 中国知网上“企业集群”相关期刊论文学术发展趋势

通过对发表的文章数量随时间的变化进行分析可以发现(表 1.4 和图 1.4),2011—2012 年是企业集群相关研究论文数量增长最快的一年,尤其是 2015 年发表的该领域的核心论文数量达到了高峰值。虽然 2021—2023 年来企业集群论文发表量出现波动,但同 2010 年及 2011 年相比在量和质上仍处于较高的位置,表明企业集群的相关研究是近几年理论界一直关注的焦点。

表 1.4 2010—2018 年企业集群相关论文发表情况统计表 单位:篇

	2010 年	2011 年	2012 年	2013 年	2014 年	2015 年	2016 年	2017 年	2018 年
全部期刊	770	791	1539	1297	1468	1614	1574	1605	1535
CSSCI	221	309	388	402	451	457	430	424	443

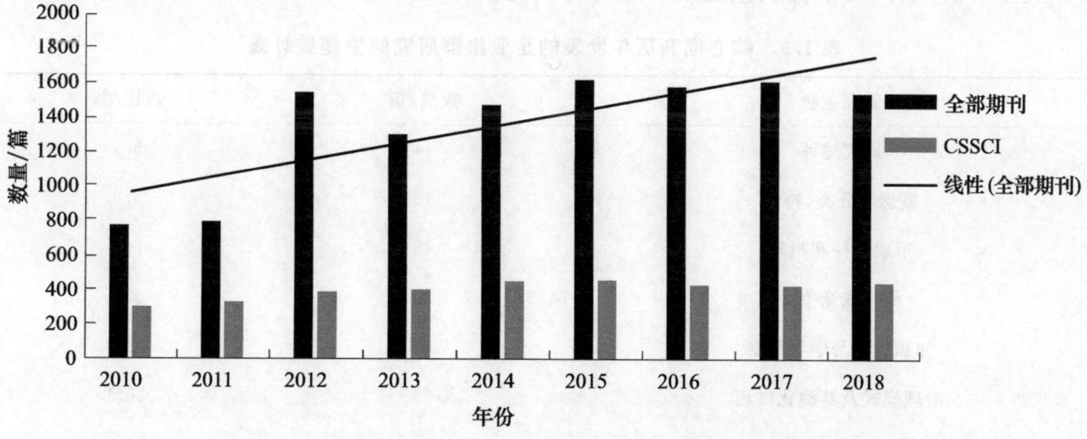

图 1.4 2010—2018 年企业集群相关论文发表情况统计图

本书对 CSSCI(南京大学中国社会科学研究评价中心建立的《中文社会科学引文索引》)核心库源(共分 25 个学科大类)中的管理学期刊前 10 名中的 8 种期刊,即《管理世界》《科学学与科学技术管理》《科学学研究》《科研管理》《中国软科学》《研究与发展管理》《南开管理评论》《外国经济与管理》,2008—2018 年所发表的与集聚有关的 273 篇论文的研究内容进行了统计(不含增刊)。

核心期刊历年发表的企业集群研究的主题统计结果如表 1.5 和图 1.5 所示。相关文献中占了较大比重的有治理模式及其演化过程、创新集群与绩效、知识管理与学习机制、协调与运作、集群升级与政府行为等，其余的文献则涉及相对较少。由此可见，虽然企业集群作为经济发展的一种组织模式越来越受到人们的广泛认同，但我们也应清楚地看到对于企业集群的建设与发展还尚未达到理想的状态，有许多问题需要讨论，也有许多管理工作需要完善。

1)对集群这一独特经济现象的本质认识不足。从表象看，集群是经济发展的一种组织模式，但实质是一种集成现象。因此，只有从集成的角度去认识它，尝试从集成论的视角深入探讨其理论和实践问题，才能得出更为可靠的结论。

2)集群运行机制的偏离。集群不应该是企业的简单扎堆，其运行机制是介于市场机制与科层制之间。目前的研究成果基本上是在市场机制的假设下，因而可操作性不强，在计划和市场机制之间寻求一种平衡，才是对集群管理的关键。

3)集群的组织层面研究较少。现有的研究更加侧重在技术层面分析集群，包括对其作业流程的模块化和智能化等问题开展研究，并取得了较为丰富的成果。然而有的研究过分强调了信息技术在集群中跨组织交流的重要，相比较而言，组织层面的研究起步较晚，集群管理层面上尚且蕴含着诸多的管理问题亟待解决。

4)侧重于具体管理。具体管理固然重要，但其实施是有条件基础的。如果管理基础弱，具体管理则不可能到位。现有管理理论存在一定局限性，集群的实践缺乏有针对性的、系统的管理理论指导。

5)区域性企业集群的研究多从地理经济的角度入手，片面强调了地理接近的特征，而对于企业集群中组织接近这一特征研究较少。

6)现有对企业集群的研究集中于经济开发区、工业集中区、工业园区、产业集群、高新技术区等类型的研究，而对于优质企业集群专门的研究较少。

表 1.5 核心期刊历年发表的企业集群研究的主题统计表

研究主题	数量/篇	占比/%
研究述评	14	5.1
概念和分类、特征	15	5.4
形成条件和机理	15	5.4
优势或竞争力	20	7.3
知识管理与学习机制	35	12.8
治理模式及其演化过程	55	20.1
集群升级与政府行为	34	12.4
协调与运作	35	12.8
创新集群与绩效	50	18.7
合计	273	100.0

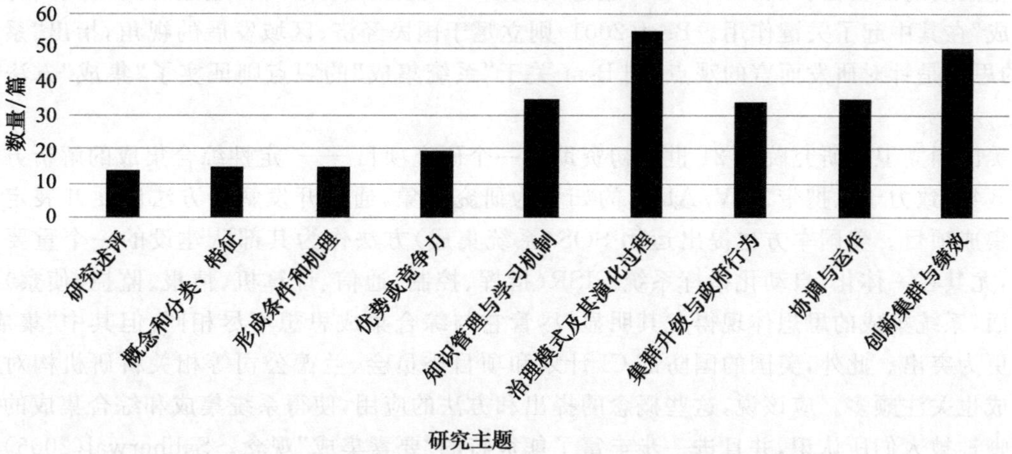

图1.5　核心期刊历年发表的企业集群研究的主题统计图

1.2.2　集成管理研究述评

1.2.2.1　国外集成管理研究现状

Joseph(1912)对于创新有着精辟的见解，并开创性地形成了自身的理论体系。他通过对资本主义的产生和发展这一重要实践问题深入思考，首次采用“创新理论”来对其进行阐述和解释，认为创新就是要求企业“创建一种新的生产函数”，或者说“对生产要素进行重新整合”，从而把一种新型的关于生产要素、生产条件的“新组合”引入到某个生产体系中去，通过这种引进“新组合”的行为实现“创新”，其目的在于尽可能地获得潜在的超额利润。他的这种关于创新的观点，本质上来说，隐含着“离散要素集成”的思想。

日本丰田汽车公司早在1953年就已经提出的JIT(准时制造)生产方式，即属于是一种典型的集成生产方式。

20世纪70年代，随着计算机技术的发展，IBM公司的Orlicky(1973)提出了MRP(物料需求计划)的思想，这是将计划与市场调节者相结合的一种生产管理方式。Joseph(1973)首次提出了计算机集成制造概念，则更为充分地展现了现代集成的思想。在计算机集成制造的基础上，CIMS逐步形成，它将企业生产全过程中有关人、技术、管理三要素及其物料、信息流进行有效集成，从而达到高效率、高质量、低成本和灵活生产的目的。

20世纪80年代初，在原有MRP的基础上，又出现了MRPⅡ(制造资源计划)，它是将现代管理思想与方法、计算机技术、现代制造技术有机地集成在一起，从而提高企业的整体效率和效益。1988年，美国通用汽车公司和美国Lehigh大学共同提出了AM(敏捷制造)，被美国政府作为“21世纪制造企业的战略”向企业界推广。关键是要求企业根据特定的市场需求，采用现代信息技术，通过迅速组织所需资源，实现制造敏捷性。20世纪90年代初，有效利用和管理企业内外整体资源的ERP(企业资源计划)理念逐渐发展起来。这表明集成管理开始由最初的针对企业内部的资源整合扩展到了企业外部的集成。Thomas(1992)在其《组织集成》一书中，从社会文化发展的角度，论述了组织和管理集成的客观必然性，并就CIM和ERP这两种典型的组织系统集成模式进行了实证分析。Hardaker(1998)创新性地将“管理”看作集成要素之一纳入集成创新体系，认为该体系至少包含了技术、管理和文化3个层面，并指出实现文化集成的必要性。Lansiti(1998)通过对美国 PC 企业从衰落到崛起经历的研究,认为“技术集成”在其中起了关键作用。Best(2001)则立足于国民经济、区域发展的视角,指出“系统集成”的思想是针对研发而言的观点,则 Best 关于“系统集成”的观点则证实了“集成”方法的普适性。

美国国立卫生研究院于 21 世纪初资助了一个研究项目——“定性综合集成的解析方法”,历时 5 年,致力于以携带 HIV/AIDS 的妇女为研究对象,通过开发解析方法以便开展定性的综合集成项目。美国军方也提出运用 SOS(系统集成)方法作为其部队建设的一个重要指导方针,尤其在一体化、自动化指挥系统 CISR(指挥、控制、通信、计算机、情报、监控、侦察)的建设方面,系统集成的思想体现得尤其明显,尽管它与综合集成思想不尽相同,但其中“集成”的思想更为突出。此外,美国的国防部 CI 计划和项目委员会、兰德公司等相关科研机构对于系统集成也关注颇多。应该说,这些概念的提出和方法的应用,使得系统集成和综合集成的机理更清晰地被人们所认识,并且进一步丰富了熊彼特的“要素集成”观念。Sabherwal(2005)构建了相应的理论模型,他们将知识共享和应用融合到知识集成机理研究之中,认为某一种知识经由与其他知识整合从而产生新知识的过程离不开知识共享和应用,并立足于专业知识的集成视角,进一步提出 4 种过程模式:指导、交换、社会化和内化。Yang(2005)指出知识集成对于新产品开发尤其是高新技术企业的新产品开发有着正向影响,同时对于所属企业提升自身的市场竞争力有着积极作用。

众包模式是一种经济创新模式,美国医药制造企业利来公司 2001 年资助创立了实践该模式的“创新中心”,该中心的外部研发人员远远多于内部自有研发人员,对公司研发成果的贡献有着重要作用。美国《连线》杂志记者 Jeff (2006)首次对该词进行了阐述:企业利用网络将工作分派出去,以便发现创意或寻求技术解决方案,是一种新的商业组织模式,其不同于传统的外包模式,众包并非强调高度专业化,而是鼓励跨专业创新,通过该模式取胜的商业案例不计其数。美国加利福尼亚州(简称加州)大学伯克利分校的分布式计算机平台 BOINC(伯克利计算机开发式应用),成功获取了分布于世界各地志愿者的闲置计算能力。众包模式也得以调动成千上万网民的闲置脑力,使其得到充分应用,维基百科即为网民聚体创作的典范之一。Rentroia(2006)对于组织开展在线学习过程中的集成评估方法进行研究,认为原有成本效益方法存在一定缺陷,转而寻求一种整体评估方法实现对组织在线学习的优化。这是对方法集成领域的探索。

20 世纪 90 年代末开始有学者针对虚拟集成展开研究。Pagtell(2004)把供应链整合定义为成员企业不同职能部门之间的互动和合作过程。Putnik(2004)从集成的角度研究了虚拟企业,提出了一种市场资源用以支持虚拟企业集成。Timo(2012)探讨了跨国企业管理控制系统的虚拟集成问题,在分析现有管理控制问题的基础上,指出合理的会计信息系统的建立应该作为公司范围内的有效管理控制工具。

1.2.2.2 国内集成管理研究现状

早在 1986 年,我国就提出了 863/CIMS 主题计划,这是对集成管理实践的早期探索。然而,真正提出集成思想的应以著名科学家钱学森(1990)为代表,他是这一思想的倡导者和奠基人。1990 年初,他和于景元、戴汝为通过对系统理论和实践的长期深入研究,全面总结了开放的复杂巨系统的内涵结构及其方法论,并指出:“现在能用的、唯一有效处理开放的复杂巨系统(包括社会系统)的方法,就是定性定量相结合的综合集成方法。”自此,集成管理作为一种新型的管理思想及管理理论,越来越多地受到国内学者的广泛关注。钱学森(1994)在多年研究的基础上，提出了大科学思想，即“大成智慧学”，意指集古今中外的各种知识之大成而得智慧，也就是综合大体系里的各种知识，用以建设我国的社会主义，这其实就体现了集成思想。这之后，引发了学界对于集成管理相关的一般原理的思考和讨论。刘晓强(1997)认为集成论的研究内容应包括集成的分类、形式、产生条件和形成机制，集成的原理、规律和方法，各种集成之间的关系，并指出了若干研究方向。成思危(1997)分析了软科学研究对象的几个主要特征，包括规模大、结构复杂、耦合度高、透明度低、动态且开放、人为因素起主要作用等。李宝山等(1998)出版了专著《集成管理——高科技时代的管理创新》。海峰等(1999)对管理集成的内涵和特征进行初步探析，认为管理集成是一种理念。许淑君等(2000)提出了集成化供应链管理的理论基础及集成化供应链模式。胡树华等(2000)认为产品创新与管理集成相辅相成，并指出今后应进一步研究面向产品创新的管理集成原理、工具、模式、支撑技术。江辉等(2000)以企业内部运转的3个组成部分构成整个分析框架。陈剑锋等(2001)从知识管理理论的角度，详细阐述了知识集成的定义及分类，以及知识集成的方式和模型。海峰等(2001)认为，集成论是对集成这一复杂性问题的系统研究，在对广泛存在于经济、社会中集成现象分析的基础上，探讨了集成理论的基本范畴。程朋等(2001)提出了一种空中交通管制指挥监控系统(ATCC-MS)的系统体系结构，为解决复杂大系统的控制与优化问题提供了一条新的途径。陈劲(2002)提出了针对企业的集成创新模式，并初步构建了集成创新理论框架。彭志国(2002)指出，我国半导体企业仍处于技术追赶阶段，宜采用以渐进式为主的技术集成方式。海峰(2003)在其专著《管理集成论》中，较为系统地阐述了管理集成的基本范畴、管理集成方法论及分析方法，并对典型管理模式与制造系统模式的管理集成进行了分析。慕玲等(2003)指出分析集成创新问题时，侧重点应该放在技术的供需之间的匹配，而非创新的各个供给要素之间的匹配，并总结了中国集成创新的要素。王云峰等(2003)指出虚拟咨询组织是随着全球经济与计算机技术的高速发展而出现的一种新型组织形式，并引入一种可行的工程化 Web-Is 开发方法。吴涛等(2003)通过对管理界面集成原理的分析，提出了供应链管理界面集成的3种模式。欧光军等(2004)分别对面向产品创新的集成管理的要素、过程、空间集成管理和管理基础进行分析研究。杨敏才等(2004)论述了组织使命、战略、项目和日常运营管理之间的关系以及如何集成管理这四者的基本原理和方法。吴秋明(2004)较为系统地构建了集成管理的理论体系。张米尔等(2005)指出领先用户法是概念构建过程中可以运用的方法，集成产品的成功还需要持续的新领域知识的植入。刘友金等(2006)对胡锦涛同志关于三类科学技术“协调和集成”思想进行了探讨。田世海等(2006)论述了引入 Web Services 技术后高技术虚拟企业的构建过程，并设计了一个适合高技术虚拟企业信息集成的网络体系框架，从而为高技术虚拟企业信息平台的建立奠定基础。周晓宏(2006)认为，技术集成是企业在新产品开发过程中应对技术变化的重要措施，也是企业进行自主创新的一种新模式，如何真正把握技术集成已成为当今技术集成理论和实践的焦点和热点，并从技术集成概念、基本过程以及实现形式等几个方面对此做了探讨。孟浩等(2006)在界定创新与集成概念的基础上，从创新趋势、理论基础、共同特点、相互关系以及与国家自主创新的关系等方面探讨了二者的联系。骆品亮等(2007)将单个企业的知识链扩展到模块化创新下企业聚的知识链，提出模块化创新知识链的概念模型及其集成管理战略架构，并通过 CMI 应用案例分析对模块化创新知识链集成管理模式予以阐述。赵建华等(2007)通过因子分析，构建了相关的影响因素及其衡量指标，为提升我国装备制造业企业技术集成能力提供了分析工具。王攀(2007)从不同视角分析了一个相关范例——软计算方法集成的分类及其元素之间集成的形式。张瑞君等(2007)构建了IT环境下的财务战略执行框架，阐明优化纵向价值链提升集团财务战略执行力的研究思路，为我国企业集团利用IT技术提升财务战略管理能力提供了新的思考。王娟茹等(2008)分析了企业知识集成能力的含义，从4个方面设计了知识集成能力评价指标体系，并建立了灰色评价与层次分析法相结合的灰色多层次评价模型。张继宏等(2009)对微观、中观和宏观维度的集成创新做了界定。季六祥(2009)探讨了现代农业转型过程中组织结构从网络化向集成化甚至是虚拟化演变的内在逻辑，以满足协同增值、在线服务与实时管理，实现全面信息化支持的虚拟价值网模式。徐玖平(2009)阐述了“人—机—法—术—数”综合集成评估体系的实施流程。姚生保(2010)则根据技术创新项目决策的特点，提出了一种集成的决策分析方法，即模糊层次逼近理想点法(FH-TOP-SIS)。王国红(2010)受场的思想启发，引入知识流、知识能和场力等概念，构建基于知识场的企业集成创新作用力模型，提出企业集成创新演化路径优化模型。王海峰等(2010)从物理—事理—人理(WSR)的综合集成思想出发，构建了第五代技术创新战略集成的分析模型，为有效解决技术创新战略集成这一复杂问题提供了理论基础和指导原则。王娟茹(2010)分析了信任、共享能力、学习能力和吸收能力等因素对复杂产品研发团队知识集成能力的影响，选取了125个研发团队成员作为实证研究对象，借助于SPSS 15.0和Amos 7.0，采用探索性因子分析和验证性因子分析法，探讨了上述因素对复杂产品研发团队知识集成能力有显著的正向影响。游静(2010)从知识积累的角度，构建多主体信息系统集成可变报酬机制模型，并通过双边道德风险模型演算，得到可变报酬机制下双方最优努力程度以及最优努力程度下的最优报酬。唐孝威(2011)从脑的集成现象和集成理论出发，致力于一般集成论的系统研究，对于不同领域的集成现象，包括其中的集成作用和过程的一般规律及其实际应用等相关问题进行了深入的探讨。李燕(2011)立足于中国威客行业，分别从理论和实践两方面对中国威客模式和国际主流的众包理论进行了对比分析，认为中国威客模式实质是众包理论在中国的发展和应用，众包模式有助于改善无边界组织。刘英(2013)构建了大学商务孵化器的利润最大化集成模型，并进行了最优解的分析和比较。石峻峰等(2014)阐述了大数据集成管理的内涵，分析了大数据集成管理的基本思路，揭示了集团化企业间集成管理的必要性，以利于信息资产的集中管理、信息资源的共建共享、科学决策和科学管理。黎汉军(2015)介绍了新型军民融合保障模式下总技术责任单位负责制的舰船维修信息集成管理方案。高跃等(2016)研究表明，项目动态集成管理理论能够针对创新型企业所处环境动荡的这一特点建立管理模型，并对模型中多要素管理控制模块从管理优先序列的视角进行项目多要素间集成关系进行了深入研究，为创新项目提供了合理的管理方法并促进了项目的成功。李永钧(2016)介绍了信息集成管理系统的总体结构、各业务系统功能设计，并阐述了采用Web Services服务接口技术实现业务数据接口调用与集成的设计和实现方法。唐文哲等(2017)提出国际工程EPC项目采购集成管理概念模型，并通过问卷数据，使用偏最小二乘法结构方程模型分析验证模型路径。季佳逸(2017)分析了已有加密安全方案并通过对比不同安全方案的优点及缺点后，提出一种使用国密算法、基于标识密钥技术的证书集成管理平台的构建。万恩德等(2017)通过构建集成式企业数字档案室，实现企业档案管理系统的互联互通和档案信息资源的共建共享。陆俊杰等(2017)针对城市建筑群设施综合管理，提出基于物联网与大数据运营的智慧建筑集成管理平台框架。徐红涛等(2018a，2018b，2018c)以集成管理理论为基础对企业集群集成管理系统的形成动因、运行原理、构成要素、作用机制及作用力模型进行研究，并运用策略优化方法，建立了集成管理系统效应模型。吴振付(2019)分析了BIM技术具有的过程可视化、沟通能力强等特点，详细探讨了在BIM技术基础上的项目集成化管理模式及组织结构，旨在为建筑工程项目管理提供新的管理方法。

1.2.2.3 国内外集成管理研究评述

(1)国外集成管理研究评述

通过以上对于国外集成管理理论和实践研究回顾可以发现：

1)研究角度。概括而言，从组织系统角度对集成管理所展开的研究落后于技术系统角度的研究。目前，国外对于集成的研究视角主要集中在两个方面：一是从组织系统对集成管理的组织、结构、运营与管理的问题开展研究；二是从技术系统对集成管理的模型设计、敏捷制造、敏捷供应链等相关方法和关键技术开展研究。但总体来讲，西方对集成管理的探索更多是侧重技术系统的角度，对组织系统角度的变革研究与重视程度有待提高。

2)研究内容。国外集成管理的相关研究涉及的内容和领域相当广泛，相关理论一般是在国家主导、企业和社会力量积极参与的模式中不断演化与发展，理论界对于集成管理的研究内容主要集中在描述和阐述某一具体的集成现象或集成方法，如上文提及的JIT、CIMS、MRP、MRPⅡ、AM、ERP、众包模式、虚拟集成等，剖析其形成的原因，总结其发展的一般规律，进而探讨管理对策，以达到管理和完善的目的。国外在集成管理方面的研究和实践领先于国内，为国内学者对于该领域的探索奠定了基础，他们所做的调查分析和讨论工作也为本书提供了多方面的素材。

3)有待进一步完善的研究领域。尽管领先于国内，国外学者对于集成管理的研究仍处于初步阶段，在理论体系和实践应用上尚不成熟，对相关问题的解答也不能够完全令人满意，这都给我们留下了值得进一步思考的地方。

梳理下来，存在以下两个方面问题：

第一，理论的丰富与凌乱并存。从研究现状来看，国外关于集成管理的内涵、本质特征、管理等方面的理论研究才刚刚起步，总体上处于前期研究阶段，迄今为止，虽然取得统一认识，缺乏哲学的抽象、系统地对集成管理进行哲学层面思考的研究，学界涉及较少，这在一定程度上阻碍了后来学者开展进一步集成管理研究。

第二，集成管理研究的系统性、多学科交叉性有待进一步提高。目前国外的研究者以计算机学科与通信工程等专业背景的研究人员居多，管理学、经济学、法学、社会学等其他相关专业研究人员参与较少，应适当增强集成管理研究的系统性、多学科交叉性，尝试在不同的视角下开展相关研究。

(2)国内集成管理研究评述

借助清华同方中国学术期刊全文数据库，对近年来集成管理相关的论文发表情况进行统计，如图1.6所示。集成管理相关研究的论文发表量从2002年开始迅速攀升，于2007年达到最高值，之后处于震荡状态。

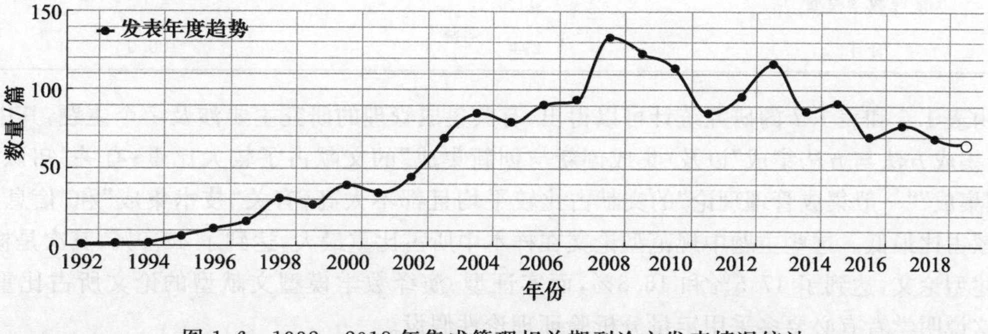

图1.6 1992—2018年集成管理相关期刊论文发表情况统计

集成管理主要相关研究主题如表 1.6 所示。

表 1.6　1998—2018 年集成管理研究主题统计

研究主题	数量/篇	占比/%
一般集成管理理论	39	13.4
综合集成方法与方法集成	87	29.8
集成创新与创新集成	48	16.4
知识集成	43	14.7
管理集成	42	14.4
技术集成	18	6.1
信息集成	14	5.2
合计	291	100.0

根据主流管理学刊物的一般规范，我们对所有论文做以下分类：

①规范型，即表明立场或政策性的文章；

②描述型，即以案例或数据描述现象，而不涉及实证分析；

③文献型，即对文献的回顾总结、评论、延伸；

④概念型，即试图论述变量或概念之间的关系，但并不加以实证分析；

⑤实证型，即以定量分析验证理论性假设；

⑥定性经验型，即以案例、访谈等形式获得的定性数据构筑变量或概念之间的关系；

⑦演绎数学模型。

根据以上分类，对 291 篇文章进行论文类型的鉴别，统计结果见表 1.7。

表 1.7　1998—2018 年集成管理研究的论文类型统计

研究类型	数量/篇	占比/%
规范型	128	43.9
描述型	49	16.8
文献型	5	1.7
概念型	51	17.5
实证型	19	6.5
定性经验型	28	9.6
演绎数学模型	11	4.0
合计	291	100.0

由表 1.6 和表 1.7 的研究统计可以得出，有关集成管理的研究主要涉及 7 个主题，其中有关“综合集成方法与方法集成”以及“集成创新与创新集成”的文献占了较大比重；有关“知识集成”“管理集成”“一般集成管理理论”的文献占比较平均且都不太高；有关“技术集成”和“信息集成”的文献占比最低。这些主题中规范型论文在样本中所占比重最大，达到了 43.9%，其次是概念型和描述型论文，达到了 17.5% 和 16.8%，而实证型、演绎数学模型文献型的论文所占比重则较小。这说明学者有必要多采用定量分析验证理论性假设。

通读这些文献，发现集成管理的这 7 个研究主题各自呈现以下特征：

1)一般集成管理理论。这些研究虽然对集成的概念、内涵、本质特征等相关问题未能达到统一认识,但都为进一步深入、系统地探讨集成管理理论奠定了较为扎实的基础。

2)综合集成方法与方法集成。研究者都强调综合集成方法的应用和完善,包括在产品创新、复杂决策问题、项目风险管理、供应链管理等领域的应用,并在此基础上发展出新的集成分析模型,如专家系统与神经网络集成系统设计、实施大批量定制的基本思路及其时空集成优化模型、省级区域经济发展趋势预测的集成方法研究等。

3)集成创新与创新集成。关于集成创新与创新集成的研究也是集成管理领域研究成果较为丰富的一个方面。

4)知识集成。伴随着知识经济时代的到来,目前,学术界较多地把知识集成与技术创新结合在一起进行研究。

5)管理集成。学术界对于管理集成的研究离不开系统科学理论的研究与实践,并伴随着近几年来复杂性科学研究的不断深入而逐步深化。它作为集成管理理论的一个研究子领域,取得了一定的研究成果。

6)技术集成。20世纪90年代以来,企业面临着技术体系膨胀和需求加速变化的双重挑战,技术集成为企业技术能力成长提供了新的途径,在此背景下,引发了学者对于技术集成问题的关注,并产生了一批理论和实证研究成果。

7)信息集成。鉴于信息技术的重要性日益明显,信息集成问题的研究比较多地集中于虚拟组织、高技术企业、供应链管理等方面,除了引入概念之外,也有学者以案例研究方法对于该问题进行详细考查和深入分析。

对集成管理研究在中文学科分类的占比情况进行统计。在社会经济发展的历史进程中,有关集成管理的研究也在不断推进,虽然在工业技术类研究中占比最高,但在经管类的相关研究中国内学者对于其相关理论的探索也乐此不疲,尽管不同学者对集成管理理论的理解和阐述各有侧重,但都试图通过概念框架和理论思维的创新进一步推进实践的发展。

通过以上对国内集成管理相关研究的回顾,可以发现其主要呈现出如下特点:

1)国外对集成管理的研究无论在实践还是理论方面都比国内要先一步,国内学者对于该领域的探索基本上是建立在国外先行者的基础上而进行的,尤其近些年来有奋起直追的趋势,产生了不少有益成果。

2)有的学者致力于一般集成管理理论、综合集成方法与方法集成、集成创新与创新集成的研究,产生了专门的集成论,包括知识集成、管理集成、技术集成、信息集成等理论且这些成果已经应用到不同的专门领域。

3)集成思想已经对自然、经济、社会等各个领域产生了重要影响,集成于集成管理的思想与理论,不再是分工理论的附庸,而逐渐成为现代管理主流理论之一。越来越多的学者开始关注并探索各种集成现象背后的一般规律,一般集成论的知识框架正在逐步形成。

4)学界对于经济领域的集成管理研究已经从当初的企业内部、微观层面的集成,拓展到了企业集群等中观层面,直至区域、国家之间开展经济合作等宏观层面。

5)虚拟已经成为现代集成的主要理念和关键技术手段,虚拟组织是组织形态在演变过程中呈现集成化趋势的最重要也是最直接的体现,它作为集成管理的重要组织形态之一,正在越来越受到学者的广泛关注与重视,对于集群运营具有重要的借鉴价值。

前人对于集成管理的研究取得了一定的成果,对后来者的研究提供了有价值的参考,尤其对于本研究具有较大的借鉴意义,但仍然留下了一些有待进一步拓展的空间:

①概念是问题研究的起点，然而目前学者对于集成和集成管理的内涵和本质的认识尚不统一，亦有滥用“集成”和“集成管理”的趋势，这对于集成管理研究不利；

②对于“综合集成方法与方法集成”和“集成创新和创新集成”的研究较多，而对于“集成系统形成”和一些应用层次的子领域集成的研究则涉及较少；

③集成管理研究中对于我国集成管理实践的应用性研究和实证研究还非常少，较多的学者专注于概念和理论的引进上，而对优质企业如何集群的研究缺乏；

④优质企业集群作为中观层面的集成现象，对其进行集成管理的研究很少；

⑤集成系统的效应研究中，对集成管理作用路径的研究很少。

1.3 研究意义

1.3.1 理论意义

本书以集成论的视角来研究优质企业集群的形成，集成力场的构建、管理，有以下理论意义：

①厘清优质企业集群形成机理及发展规律，丰富了企业集群理论；

②探究了优质企业集成力场的构成、演化规律，丰富和发展了集成论体系；

③提出了优质企业集群管理并进行了实证，对集成管理的量化实证做了有益的补充。

1.3.2 实践意义

(1)指导了优质企业的发展

国内范围来看，沿海经济发达地区的优质企业总体发展水平较高，而内地优质企业发展相对缓慢，且优质企业间发展的不均衡有进一步加大趋势；国际范围来看，与西方发达国家优质企业相比，我国的企业在新技术、管理经验等方面整体水平不高，创新能力不强。要发展优质企业必须科学、实事求是地根据区域经济基础和科技发展水平来定自己的发展方向，以集群战略促进企业成长，对当前优质企业的发展具有重要的指导意义。

(2)指导优质企业集群自身的发展

优质企业集群内关联企业之间的地理位置接近或组织接近，联系频繁，便于交流，他们能迅速了解市场需求和创新技术的变化，有利于企业对市场和技术方向的把握，有利于相关企业的合作创新。在优质企业集群溢出和扩散效应的作用下，企业的创新成果易于为其他企业所学习和吸收，扩散更快，从而促进整个群体创新能力的提高。集群内企业之间的激烈竞争又促使企业不断进行技术创新和管理创新，使集群内企业具有更强的创新意识。而集群机制又为创新提供有利的条件，创新者在集群内更容易找到创新所需的人才、资金、设备和工具等各类资源。优质企业集群的研究对集群自身发展具有重要的指导意义。

(3)对区域经济的带动

随着经济高质量发展目标的提出，国家产业体系现代化已成为当前产业发展的方向。一个国家产业体系的现代化水平，主要体现在以信息(数据)为核心投入对各传统产业的改造程度以及对新兴产业发展的促进程度上，其衡量的经济指标为信息(数据)要素投入而导致的产业边际效率改善和劳动生产率提升度。优质企业是现代化科技应用的排头兵，信息(数据)化要素水平较高，它们聚集在一起所形成的信息(数据)综合效应，对我国现代产业体系的形成终将起到极大的促进作用。

(4)提升了国际竞争力

随着世界经济一体化进程的加快,国际竞争日趋激烈,在政治、经济、科技和军事等领域展开角逐,涉及领域之广也前所未有。在国与国之间的对决中,孰胜孰负,最终的砝码取决于经济实力。在优质企业集聚在一起所形成的极化效应和带动效应等"聚集效应"作用下,国家经济定会迅猛发展,进而国际竞争力水平也会迅速得以提升。

1.4 研究目标、方法、内容、技术路线

1.4.1 研究目标

本书以集成论为视角,以优质企业集群的形成机理和管理为对象进行研究,具体研究目标如下:

①基于扎根的企业优质性评价指标识别,对企业优质性评价指标体系进行构建,实现对优质企业的客观评判,从而解决优质企业集群界定问题。

②集成论下揭示了优质企业的形成机理,即对优质企业集群形成动因、演化阶段、演化阶段特征及各阶段影响因素的研究。

③提取优质企业集群管理集成模型,对优质企业集群各阶段管理的关键及对策进行研究,构建优质企业集群管理框架。

④优质企业集群管理。

1.4.2 研究方法

(1)文献分析法

通过梳理和分析国内外具有代表性的相关文献,快速掌握企业集群和集成管理的研究现状,归纳当前的研究热点、方向和不足,明确本书的研究内容、目标和思路。

(2)规范分析法

通过运用各种理论、思想、方法分析集聚的各种现象、问题,总结规律和设计思路。例如,基于集成力、系统动力学等论述了优质企业集群演化的规律;运用鱼骨分析法设计集群集成力场影响因素等。

(3)系统分析法

运用系统分析与设计的思想,结合集成力场理论,从系统综合的高度,构建了优质企业集成力场系统;在集群集成力场系统的基础上,结合集成管理理论,构建了集成管理系统。

(4)实证研究法

通过理论研究、理论分析、理论假设提出、设置变量、设置问卷和问卷调查等一系列研究活动得到一手数据资料,然后利用统计软件对调查数据进行描述性统计、效度检验、信度检验、相关分析和回归分析等一系列分析,以对目标因素进行实证。

1.4.3 研究内容

第1章,绪论。研究背景部分,首先对研究背景进行分析,导出了本书研究的主题。相关研究述评上,首先从国内、外两个维度分别对企业集群和集成管理各自在实践、思想及理论发展方面的成果进行论述,然后从研究趋势、学术关注度、研究主题、研究不足等方面进行评析。

文章分析了基于集成论的优质集群形成机理和管理研究的理论意义及实际意义，最后提出了本书的目标、方法、内容和技术路线。

第 2 章，相关理论概述。首先介绍了集成管理、集成力、集成力场、管理集成等集成理论的主要观点，接着对系统思想的渊源、系统的特征、系统的演化等系统理论的主要观点做了概述，最后对中心区理论、竞争优势理论、增长极理论、空间扩散理论、集成力理论等企业集群理论做了介绍。

第 3 章，企业优质性综合评价研究。首先对企业优质性评价指标体系设计原则进行阐述，接着运用扎根理论对企业优质性评价指标进行识别研究，依此建立了企业优质性综合评价指标体系。

第 4 章，基于集成论的优质企业集群形成机理。本部分以集成理论为研究视角，将隐晦抽象的优质企业集群问题嫁接为具体生动的集成系统问题来研究。文章首先对优质企业集群的概念及特征进行了阐释和说明，接着结合当前形势，从资源的匮乏、市场竞争的加剧、创新的需要、复杂巨系统的出现、经济发展的需要、科技进步的客观要求等方面对优质企业集群形成的动因进行论述。在优质企业因“聚集”而构成的集成力场下，依托优质企业集群集成系统，研究了集群的演变规律，并对优质企业集群形成期、分歧磨合期、运营平稳期、集群危机期各自阶段特征做了详细论述，之后对其各个演化阶段的影响因素做了剖析。

第 5 章，基于集成论的优质企业集群的管理架构。首先以哲学思辨的方式分析论述了管理的必要性，解决了集群为什么要集成管理的问题，接着依据优质企业集群的属性，依次提出了优质企业集群管理的目标及原则。在此基础上，结合优质企业集群形成机理中各演化阶段的主要影响因素研究，设计了由集群形成期的战略协同和组织结构管理、分歧磨合期的界面矛盾管理、运营平稳期的组织学习及其管理、集群危机期的风险控制和系统创新为要素而形成的优质企业集群管理架构，并通过变量设置、问卷调查、假设验证等一系列研究对基于集成力的优质企业集群管理架构进行了实证。

第 6 章，优质企业集群形成期管理。集群形成期的管理主要涉及对战略协同的管理和对集群管理结构的构建。在战略协同研究方面，提出了战略协同的目标、战略协同的策略、战略协同的具体实施；在优质企业集群管理结构研究上，首先剖析了集群结构化的动因，接着对集群结构化典型模式进行评析，最后提出了优质企业集群管理结构的新模式。

第 7 章，优质企业集群分歧磨合期管理。该部分主要是对优质企业集群界面的管理进行研究，本章首先对优质企业集群界面的概念进行阐述，接着对界面的类型、界面矛盾的成因进行分析，最后根据界面属性的特征分别对区域层面界面矛盾、集群层面界面矛盾、企业层面界面矛盾的管理分别进行研究。

第 8 章，优质企业集群运营平稳期管理。首先对优质企业集群组织学习的作用、优质企业集群组织学习的目标和内容进行分析，然后对优质企业集群组织学习的创建进行论述。

第 9 章，优质企业集群危机期管理。主要涉及集群风险控制和集群系统创新两方面的内容。在集群风险控制方面，本书对风险诱发的原因、风险的特征进行说明，然后提出了风险控制的具体策略；在集群系统创新方面，本书分别对集群要素的创新、集群制度的创新、集群组织的创新进行了研究。

第 10 章，福州市优质企业集群的构建与管理设计。以福州市优质企业为例进行了研究，分别从企业样本的采集、企业优质性的评价、优质企业集群的构建逻辑以及优质企业集群的管理设计进行研究分析，进而印证了本研究的科学性。

第 11 章，全书总结与研究展望。

1.4.4　技术路线

本研究的技术路线如图 1.7 所示。

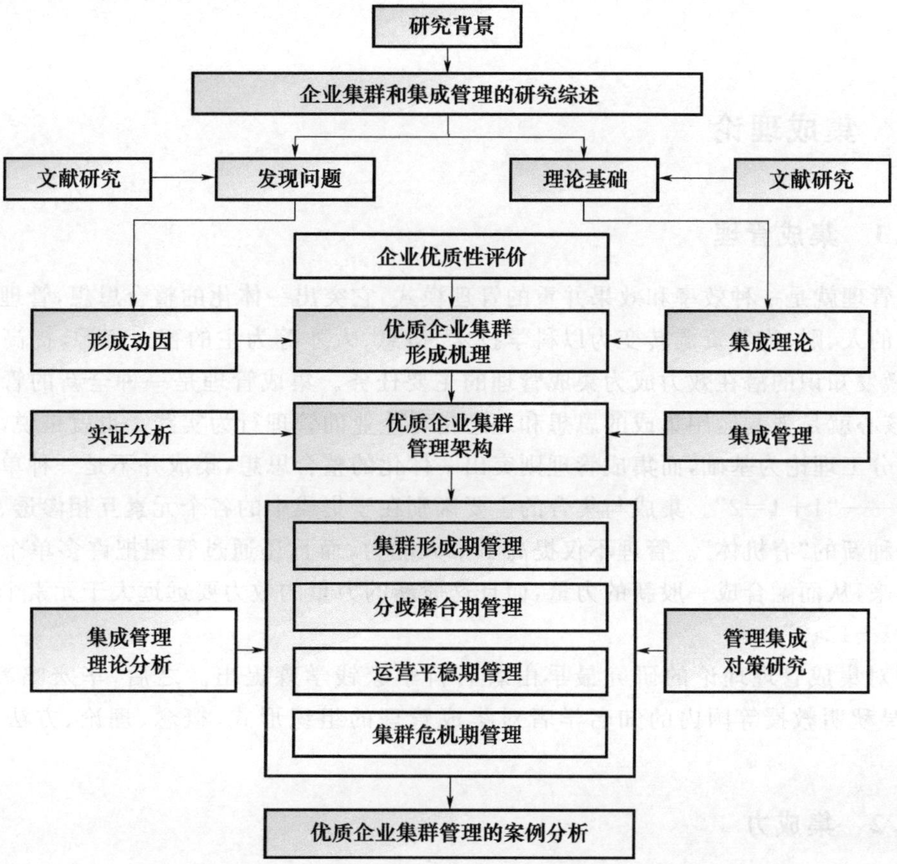

图 1.7　集成论视角的区域优质企业集群研究技术路线

1.5　本章小结

本章从目前我国经济形势及我国企业竞争力水平现状进行分析，提出运用优质企业集群这一“集聚经济”战略来提振中国经济及发展我国企业竞争力这一研究方向。围绕国内外企业集群及集成管理的研究现状进行综述，分析该领域亟待完善的地方并确立基于集成论的优质企业的形成机理与管理研究课题，并认为该研究具有理论与实践意义，在此基础上，提出了研究目标、方法、内容及技术路线。

第2章　相关理论概述

2.1　集成理论

2.1.1　集成管理

集成管理就是一种效率和效果并重的管理模式，它突出一体化的整合思想，管理对象的重点由传统的人、财、物等资源转变为以科学技术、信息、人才等为主的智力资源，提高企业的知识含量，激发知识的潜在效力成为集成管理的主要任务。集成管理是一种全新的管理理念及方法，其核心就是强调运用集成的思想和理念指导企业的管理行为实践。也就是说，传统管理模式是以分工理论为基础，而集成管理则突出一体化的整合思想，集成并不是一种单个元素的简单相加——“1＋1＝2”。集成与集合的主要区别在于集成中的各个元素互相渗透、互相吸纳而成的一种新的“有机体”。管理不仅提高了个人能力，而且还通过管理把许多单个独立的劳动整合起来，从而融合成一股新的力量，而且这股新的力量的效力要远远大于元素个体的简单相加，即“1＋1＞2”。

我国对集成管理理论的研究最早由著名科学家钱学森提出。之后，华宏鸣教授、李宝山教授、吴秋明教授等国内的知名学者对集成管理的组织形式、概念、理论、方法等做了研究论证。

2.1.2　集成力

数学上对场的定义是关于自然集成系统和社会集成系统中形形色色场的抽象和概括，尽管不同意义的场所具有的特征不同，但有两点是明确的：第一，场是一个空间。第二，场是一个充满能量的空间。这种能量的表现形式因场的意义不同而不同，它可以用数量表示，也可以用矢量表示。这两个要点构成了现代意义场的基本点。场理论认为，场会体现一种力，我们通常称之为“场力”，它对与之相关的一切物质产生影响。它是我们探讨非“超距”物体(社会系统基本单元)之间相互联系、相互作用(集成)的基础。

集成力场理论认为，社会系统是指由人构成的系统，它的组成单元包括个体、群体、组织。社会系统各单元之间的集成，不是通过“超距”(一个集成元素直接作用于另一个集成元素)的机械方式进行元素间的相互影响和相互作用，而是属于集成元素在非“超距”(非直接接触)条件下的集成。个体与个体、个体与群体、个体与组织、群体与群体、群体与组织、组织与组织等之间的集成，都是典型的社会系统中单元之间非“超距”集成现象。两个非“超距”集成单元的集合，必定存在某种集成内力的作用，其大小可用下列公式表示：

$$F(t)=E(t)\frac{Q_1(t)Q_2(t)}{d^2(t)} \tag{2.1}$$

式中，F 为两个社会系统集成单元之间的集成内力；E 为环境系数($E>0$)，我们假定简单环境

$E=1$，复杂环境 $E<1$，环境越复杂，E 值越小；Q_1、Q_2 分别代表社会系统中两个集成单元的质量，如个体、群体、组织之间不同集成组合中两个元素的质量；d 为社会系统中两个集成单元之间的心理距离；t 为时间参数。

与自然系统中的集成元素性质不同，在以人为主要构成成分的社会系统中，集成元素的质量、心理距离、环境都是时间的函数，从而导致集成内力也随时间的变化而变化。但在某一个时间点，上述变量具有特定的值。企业集群属于一种典型的社会系统中非“超距”的集成现象，它将产权独立、生产相同或同类产品的企业及相关企业，或将产权独立、生产同一价值链上不同产品的企业及相关企业，通过“地理接近”的模式集合起来。从集成论的视角看，它的最终效应是创生了一种特殊的“经济场”，提高了企业的“场”效应，从而增强了群内企业对群外集成单元（包括供需方及其他环境影响因素）的吸附能力。产业集聚和群外企业之间的相互影响和相互作用力，即为社会系统“非超距”元素间的集成内力。

2.1.3　集成力场

人类对“场”现象的认识，经历了一个从实践到理论的反复过程。几个世纪以来，场的神秘面纱在人类的不断探索中被逐渐揭开。在人类社会的远古时期就有了“场”的思想。希腊哲学家德谟克利特指出：“原子是各种各样没有质的微小物体，而虚空是某种场所，所有这些物体在这个场所中永远上下运动着。它们或者以某种方式交织在一起，或者相互碰撞而分离走散，然后又重新结合起来。结果，它们就产生了其他一切复杂的（物体）和我们的身体，产生了这些物体的状态和我们身体的感觉。”可见，远古时期的场思想至少包含了两种场思想：第一，场是一个空间；第二，场是要素集成、相互作用而衍生新事物的空间。场为空间的概念一直沿用至今，如会场、场所、场地、操场、广场、气场等。但对于场实为要素集成空间这一论断，在历史上相当长一段时期并未被人类所揭示。场是物质存在的基本形态之一。场观念起源于古代哲学中对世界本源的探究。场理论是在近代和现代物理学中，随着引力场、电磁场、量子力场等物理场的发现而逐渐形成和发展起来的。以引力场为例，从场概念出发，物理学上认为传递引力相互作用的物质是引力场。凡是质量周围都存在引力场，物体间的引力是通过其来传递的。并且，所有的引力场都满足场力分布定律、场强分布定律、场能均衡定律和场力、场强矢量和定律。

社会科学中研究的自然派生场一般具有 3 个方面的特征。

第一，相吸相斥性。两个特定的场之间，在某些条件下表现为相互吸引、相互融合；在另外一些条件下，则表现为相互排斥、相互对抗。一般来说，可比场相斥，不可比场相吸。

第二，扩展性。一个特定的场，在条件具备时，可由点扩大为面，以致覆盖到一个特定的社会空间，延续一个特定的历史时期。

第三，可同化消失性。在同一类型相互作用的两个场之中，一个较弱小的场可以被另一个较强大的场同化，以致弱小场因此而消失。

自然派生场的这些特征，体现在人类社会历史和社会生活的各个方面，例如，相同志趣主体之间的人际吸引；两种不同风俗习惯的融合；两种不同文化的认同或冲突；一种文明的复兴及传播；一种道德传统对一个社会的长时间的影响；一个人的个性泯灭或一种社会文明的消失等。

吴秋明（2008）提出，集成力场是具有某种公共属性单元要素的集合。集成力场的静态形式即集成结果，可表示为：

$$A=(\boldsymbol{X}|P) \tag{2.2}$$

式中，A 为元素 $\boldsymbol{X}$ 的集合；$\boldsymbol{X}$ 为集合 A 的元素，$\boldsymbol{X}$ 是一个向量，$\boldsymbol{X}=(x_1, x_2, \cdots, x_n)$；$P$ 为集合 A

中元素的公共属性，即为满足集合 A 的约束条件。

其一，集成力场是由某类单元要素集合而形成的。集为汇聚，成为部分，集成为部分之集合。事实上，现有辞书早就有过对集成的解释。《辞源》中，“集”有聚集、积累、成书的著作等之意，“成”为古代奏乐的一篇，故“成”可理解为“部分”，集成为部分的集合。《现代汉语词典》中，“集”有集合、聚集、集子等之意，“成”为十分之一，也包含有集成为部分的集合之意。上述学者对此认识也基本趋同，且也是目前学术界学者的共识，具有一般性的意义，可以普遍适用于各种集成现象的解释，包括对各种自然集成现象和各种社会集成现象的解释。

其二，集成力场是某类单元要素的条件集合。集合的条件在式(2.2)中表述为公共属性。我们注意到，无论是自然系统的集成或是社会系统的集成，都不是无缘无故的，都可以找到公共属性。俗话“物以类聚，人以群分”中，“类”和“群”都是以某种相同性、相似性、相通性即公共属性为条件基础的，也印证了集成是某类单元要素的条件集合活动。

其三，集成力场是一个系统。从系统科学的角度讲，集成力场内的单元间具有相互关联性，包括了横向的分工与协作关系、纵向的隐形等级关系。

根据吴秋明(2008)理论，从结构上看集成力场是由以下 6 个要素组成。

①场元。场元是集成力场的基本组成元素，有主要的生产企业、材料供应商、能源供应单位、配套服务机构、管理部门等。其中，包括了集成成员以及与集成发生关系的群外企业。

②场核。所谓场核是集成力场在某一特定地域内对场元行为产生吸引、排斥、引导、约束、规范和激励作用的能量中心。该能量中心就是集成核心生产企业，这些企业生产同质产品形成簇状关系的场核，或者生产异质产品形成链状关系的场核。它们是集成主要生产力的来源，也是集成核心能力的来源。如果这些核心生产企业经营不善、效益不佳，将削弱场核的内聚力和驱动力。

③场线。将若干场元联结而成的一组关系。而场线中具有特定功能的某一截、某一段，我们可以称之为连接键。这些连接键是场元与场元、场元与场核之间相互作用的纽带和桥梁。

④场系。所谓“场系”是集成力场中与场核直接连接的、按功能性质划分的不同动态子系统。它们是场核能量得以具体发挥、控制信息得以迅速反馈的基本条件。

⑤能级。所谓“能级”是在同一场系中，按功能大小划分出来的不同层次。层次高，一般功能大而抽象，层次低则反之。各场系的能级一般具有一定层次的组织机构，且各个层次都能够发挥作用。

⑥场界。场界是场能突然下降到零的边界，即集成力场的界限，在该界限之外集成力场不再发挥作用。

集成力场要素在一定的系统结构下，互相依存、互相作用、互相增益，共同实现系统的功能，这就是集成力场的作用机制。

①场纲。场纲是集成力场的纲领。在某一特定时空范围内，集成总体发展方向、在市场竞争中的定位等，都得靠场纲来加以指导。场纲主要体现一种指导、方向性指示功能。

②场制。场制是集成力场的体制，是集成力场的制度规范、行为准则。有了场制，集成力场的经济效应才能得到保障。这样一来，集成力场的经济效应才能因其场制的科学稳定而得到保证。

③场闸。场闸是集成力场的调控机制。其作用在于，对集成力场的建场质量、运作状态、控制效果的自我调整和自我补充，以达到自我平衡。这实际上是一个如何发挥集成力场最大

能量的问题。

2.1.4　管理集成

管理集成是一种将管理集成化后进行统筹管理的方法，是将管理这个复杂的动态过程按其功能划分为不同的管理模块，进而进行统筹的集成过程。海峰(2003)的《管理集成论》，从不同角度、不同层面研究了管理集成的方法。把管理这一隐晦的概念放在一个由物理的、生物的、个人的和社会的等几个方面要素组成的集成体之中，并以模块式为载体对其运作进行研究。管理集成这种化抽象为具体、化复杂为简易的过程，不仅体现出了管理是一门科学，同时也是对管理是一门艺术的精彩阐释。

2.2　系统理论

系统理论属于钱学森院士倡立的系统科学，是研究系统的一般模式、结构和规律的学问，它研究各种系统的共同特征，用系统理论知识定量地描述其功能，寻求并确立适用于一切系统的原理、原则和模型，主要对计算机、应用数学、管理等专业的某一方向有专门研究，掌握系统思维方法，能够从整体上系统地思考和分析问题，是具有逻辑和数学性质的一门新兴科学。

2.2.1　系统思想的渊源

系统思想源远流长，但作为一门科学的系统论，人们公认是美籍奥地利人、理论生物学家 L. V. 贝塔朗菲(L. Von. Bertalanffy)创立的。他在 1932 年提出“开放系统理论”，提出了系统论的思想，1937 年提出了一般系统论原理，奠定了这门科学的理论基础。

2.2.2　系统的特征

系统一词，来源于古希腊语，是由部分构成整体的意思。通常把系统定义为：由若干要素以一定结构形式联结构成的具有某种功能的有机整体。在这个定义中包括了系统、要素、结构、功能 4 个概念，表明了要素与要素、要素与系统、系统与环境三方面的关系。

系统论认为，整体性、关联性、等级结构性、动态平衡性、时序性等是所有系统共同的基本特征。这些既是系统所具有的基本思想观点，也是系统方法的基本原则，表现了系统论不仅是反映客观规律的科学理论，还具有科学方法论的含义，这正是系统论这门科学的特点。贝塔朗菲曾对此做过说明，英语“System Approach”直译为系统方法，也可译成系统论，因为它既可代表概念、观点、模型，又可表示数学方法。系统观点第一个方面的内容就是整体性原理或者说联系原理。从哲学上说，所谓系统观点首先不外乎表达了这样一个基本思想：世界是关系的集合体，而非实物的集合体。整体性方法论原则就基于这种思想。系统观点第二个方面的内容就是动态演化原理或过程原理。从哲学上看，这一原理不外乎是说：世界是过程的集合体，而非既成事物的集合体。动态性原则就依据这一原理。

2.2.3　系统的演化

系统要素之间的相互作用是系统存在的内在依据，同时也构成系统演化的根本动力。从系统内的相互作用空间来看就是系统的结构、联系方式，从时间来看就是系统的运动变化，使相互作用中的各方力量总是处于此消彼长的变化之中，从而导致系统整体的变化，作为系统演化的根据。

系统科学动态演化原理的基本内容可概括为：一切实际系统由于其内外部联系复杂的相互作用，总是处于无序与有序、平衡与非平衡的相互转化运动变化之中的，任何系统都要经历一个系统的发生、系统的维生、系统的消亡的不可逆演化过程。也就是说，系统存在在本质上是一个动态过程，系统结构不过是动态过程的外部表现。而任一系统作为过程又构成更大过程的一个环节、一个阶段。

系统内的相互作用规定了系统演化的方向和趋势。首先，从无序到有序、从简单到复杂、从低级到高级的前进的、上升的运动，即进化。产生进化的基本根据是非线性作用及其对系统的正效应在系统中居于主导地位。在这一条件下，非线性作用进一步规定了什么样的有序结构可能出现并成为稳定吸引子，同时规定了系统演化可能的分支。其次，从有序到无序、从高级到低级、从复杂到简单的倒退的、下降的方向，也即退化。热力学第二定律已经表明，在孤立或封闭系统内，这一演化趋势是不可避免的。对于一个处于热力学平衡态或近(线性)平衡态的开放系统，其运动由玻尔兹曼原理决定，其运动方向总是趋于无序。从相互作用上来理解，退化主要基于非线性相互作用对系统的负效应占有了支配地位。

2.3　集群理论

2.3.1　中心区理论

保罗·克鲁格曼将企业集群与国际贸易因素联系在一起，形成了新经济地理学说。他认为，产品的贸易活动实际上间接地起到了生产要素贸易的作用，无论生产要素最初如何分配，贸易活动总会使某些产品的生产集中于某些工业区。克鲁格曼认为，企业集群中的外部规模经济因素是一种开放经济的状态，是各个国家产业选择和取得优势的决定性因素。

2.3.2　竞争优势理论

企业竞争优势的“五力模型”被提出后，基于竞争优势，运用产业组织经济学的“结构—行为—绩效”的研究框架，关于企业集群的“钻石模型”又被提出，相关学者从企业竞争优势角度对这种现象进行了理论分析，从而丰富了企业集群形成的经典理论。国家竞争力分析的钻石模型如图 2.1 所示。

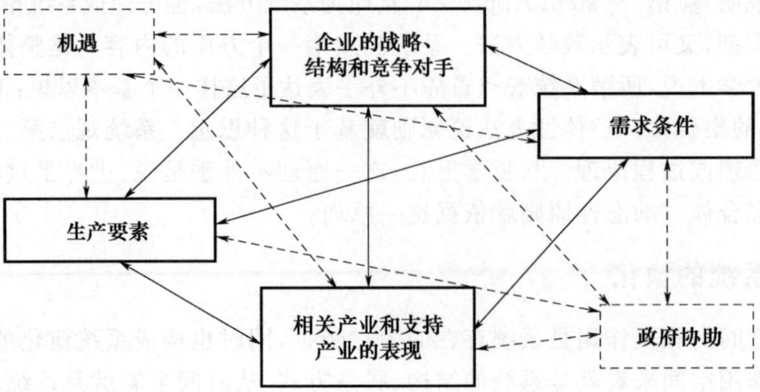

图 2.1　国家竞争力分析的钻石模型

2.3.3　增长极理论

佩鲁(1992)提出了"增长极"理论，他认为主导部门和有创新能力的企业，在某些地区或大城市聚集发展而形成的生产、贸易、金融、科技、人才、信息、交通运输、服务、决策等经济活动中心恰似一个"磁极"一样，能够产生较强的吸纳辐射作用。同时，"增长极"具有"支配"效应和"创新"特点，对周围地区发生"支配"作用，即吸引和扩散的作用、技术的创新与扩散作用、资本的集中与输出作用、获取巨大规模经济效应的作用、产生集聚经济效果的作用。

2.3.4　空间扩散理论

斯科特(2009)建立了地区经济动态学新产业空间理论框架。该理论的核心是假定纵向分化和生产组织关系是相互协助：一方面在某一地区产生经济集聚的网络经济分化，另一方面，这些区域生产系统促进了生产的进一步分化和劳动的进一步分配。该理论认为技术创新常局限于特定地区，即创新过程的地理空间。新产业空间理论强调，企业联系、工业联系是企业产生集群的核心，并指出工业化后期以及信息社会，随着建立在现代科学技术与垂直分离基础之上的多品种、少批量、定制式柔性生产方式的诞生，企业间与物质联系相伴的信息沟通越发重要，更使得供应商、生产商、顾客三位一体、相互靠近，企业集群的目的不再是对运费的顾虑，而是交易费用的减少，同时外部规模经济也拓展到外部范围经济。

2.3.5　集成力理论

企业集群的集成力理论，指的是企业间的集成内力作用是企业集群形成的原因。在企业分散地中，用 Q_1、Q_2 分别代表两家企业单元；q 代表与这两家企业有业务关系的客商企业；$\boldsymbol{F}_1$、$\boldsymbol{F}_2$ 分别代表 Q_1 与 q、Q_2 与 q 之间的集成内力；$\boldsymbol{F}$ 代表集成前作用力 $\boldsymbol{F}_1$、$\boldsymbol{F}_2$ 的合力；θ_1、θ_2 代表 $\boldsymbol{F}_1$、$\boldsymbol{F}_2$ 与合力 $\boldsymbol{F}$ 之间的夹角；$\boldsymbol{F}'$ 代表集成后作用力 $\boldsymbol{F}_1$、$\boldsymbol{F}_2$ 的合力。企业对客商的作用力如图 2.2 所示。

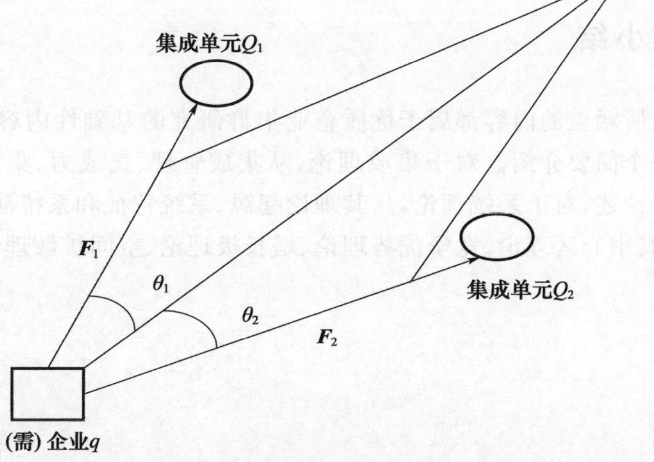

图 2.2　企业对客商的作用力

根据矢量和计算原理：

$$\boldsymbol{F}=\boldsymbol{F}_1+\boldsymbol{F}_2 \tag{2.3}$$

$$|\boldsymbol{F}|=\cos\theta_1|\boldsymbol{F}_1|+\cos\theta_2|\boldsymbol{F}_2| \tag{2.4}$$

而当企业 Q_1、Q_2 进行地理集中或组织接近式"聚集"时，$\theta_1=\theta_2=0$，企业 Q_1、企业 Q_2 与 q 的相对位置，以及它们之间的相互作用力和合力分布，企业因"聚集"对单个客商企业的作用力如图 2.3 所示。

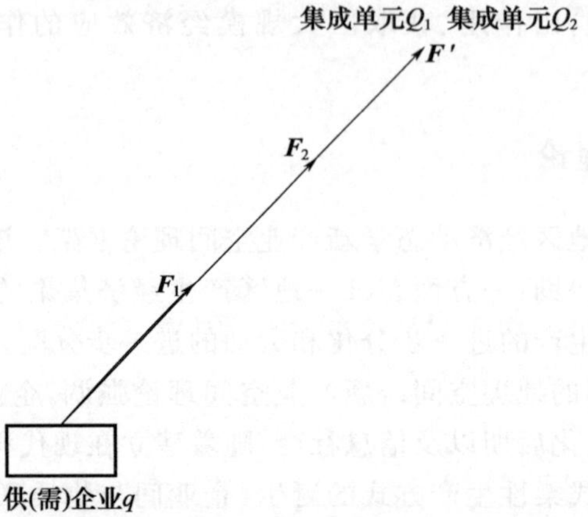

图 2.3　企业因"聚集"对单个客商企业的作用力

此时：

$$\boldsymbol{F}'=\boldsymbol{F}_1+\boldsymbol{F}_2 \tag{2.5}$$

又由于力的作用在同一方向上，可得：

$$|\boldsymbol{F}'|=|\boldsymbol{F}_1|+|\boldsymbol{F}_2| \tag{2.6}$$

比较公式，显然可得：

$$|\boldsymbol{F}'|\geqslant|\boldsymbol{F}| \tag{2.7}$$

这一结论的实际意义是，企业通过地理或虚拟组织集中形成"聚集"后，通过集聚行为可以对客商企业形成比聚集前更大的力的作用，即会形成供销两旺局面，这样企业集群就会形成。

2.4　本章小结

相关理论概述所涵盖的内容都属于优质企业集群研究的基础性内容，该章是对以后章节研究应用理论的一个简要介绍。对于集成理论，从集成管理、集成力、集成力场和管理集成 4 个方面的内容进行论述；对于系统理论，从其理论起源、系统特征和系统演化等方面进行阐释；集群理论方面，对其中心区理论、竞争优势理论、增长极理论、空间扩散理论以及集成力理论进行概述。

第3章　企业优质性综合评价研究

3.1　企业优质性评价指标体系设计原则

为了准确而有效地评价企业优质性，其评价指标体系的设计应遵循以下原则。

(1)科学性原则

由于该评价指标体系不仅要体现企业优质性的特定差异性特征，而且也要对不同产业的企业优质性评价具有普适性，因此，要求该指标体系在功能上能科学、准确地描述企业优质性状态的同时，在其结构特征上还应科学合理、重点突出，要符合我国及经济合作与发展组织(OECD)所要求的指标体系设置规范。

(2)系统性原则

评价指标体系应从系统角度考虑各指标的相关性、层次性和目标性以及指标的合理匹配，形成有机的整体，全面、科学地评价。

(3)定量与定性相结合原则

由于影响企业优质性评价的因素很多，既有定量因素又有定性因素，因此指标体系应定量与定性相结合，所选取的定量指标要符合统计规范，计算方法明确，定性指标按照一定的规则可定量化处理。

(4)实用性和可操作原则

企业优质性评价体系不仅要反映企业的综合水平，还要为企业家的管理和决策提供科学依据，选取的指标应注意指标资料和数据的可获得性，要便于采集且资料来源可靠，易于量化处理，便于应用。

3.2　基于扎根的企业优质性评价指标体系构建

扎根理论(Grounded Theory,GT)是一种定性研究的方式,其主要宗旨是从经验资料的基础上建立理论(陈向明,1999)。研究者在研究开始之前一般没有理论假设,直接从实际观察入手,从原始资料中归纳出经验进行概括,然后上升到系统的理论。扎根理论的一般研究程序包括3个重要环节:问题提出、问题归纳、问题提炼。

卡麦兹(2009)在对扎根理论要义论述时指出,扎根理论立足于对经验资料的梳理,扎根的过程即资料整合、经验概括、生成概念的过程。扎根理论方法在挖掘概念内涵与外延时尤为适用,而本研究恰是对企业优质性评价指标的探索,所以扎根理论在该研究中的应用是非常合适的。

3.2.1 企业优质性评价指标的识别

(1)研究框架

企业优质性评价指标识别包括确定观测对象、样本特征和扎根分析(图 3.1)。

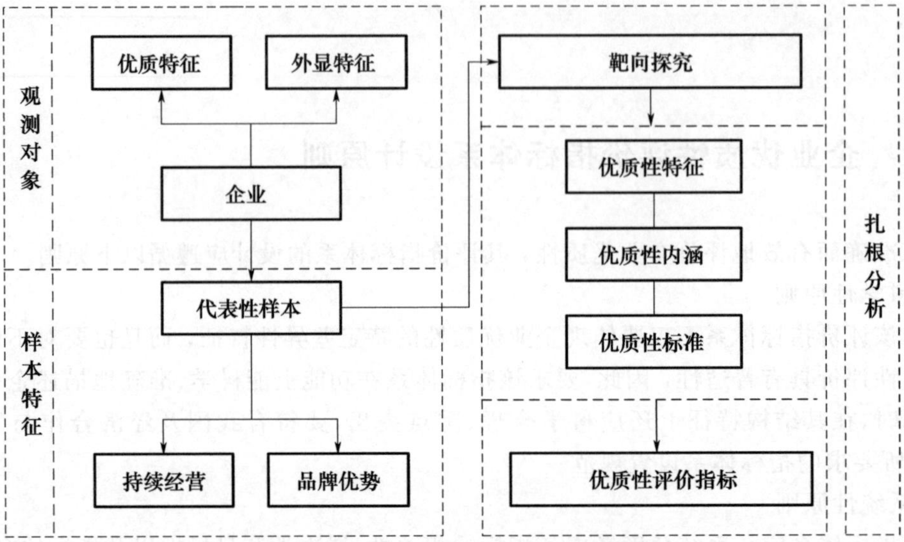

图 3.1 企业优质性评价指标识别路径

1)观测对象。"优质"英语可译为"superiority""preponderance""dominant""position""goodness""advantage",意思是比对方有利的形势,泛指处于较有利的形势或环境或在某些方面超过同类的形势,按此理解"优质企业"就是指同其他企业相比处于较有利形势、环境或在某些方面有优势的企业。但是,优质企业究竟包括哪些方面至今仍无一个统一、精确的定义,也无统一的评价标准,不同的国家、不同的时间、不同的角度,对高技术的理解、定义和解释均不尽相同:美国专家尤迪伯克认为,优质企业在不同时期所指的范围不同,如从事冷藏技术、电器、汽车的企业都曾在不同时期被称为优质企业,美国《韦氏第三版国际词典增补词》中将优质企业(Dominant Business)定义为"使用或包含尖端方法或仪器用途的技术"并从事这些方面生产、营销的企业;日本专家认为,以当代尖端技术和下一代科学技术为基础建立起来的技术企业群称为高技术优质企业,诸如微电子技术、计算机、软件工程、光电子、通信设备、空间技术、电子机械、生物技术等;我国学者对优质企业的理解大多是从该企业的总体规模、对社会的影响力、对经济的贡献来定义。

要切实弄懂什么是优质企业,就不得不从企业优质性指标的识别入手,并依此建立一种客观、科学的企业优质性评价指标体系。为了通俗易懂,管理学者经常用生命周期、常青藤、遗传基因等生物学字眼来阐释企业的各种行为,同样,如果将企业看作一个"有血有肉的物种",企业优质性状则存活于企业生命体之中,同时是经由企业经营活动体现出来。尽管如此,优质性指标并非就等同于企业经营活动的各项指标,同样,优质性指标也非企业核心竞争力指标,它们本质上是企业优质性状中最具稳定性部分的外显。

2)样本特征。企业优质性评价,是对名称为企业的这一类别的个体属性的优质程度进行的测度,故在其指标识别上,既要体现区别于其他物类的专属特征性,又要彰显对该种群内公共属性的普适性功用。案例研究相对于定量研究来说,对研究对象的延展脉络和深层分析更为深入。通过资料收集,可以对研究对象的特征有一个全面的把握。一个企业拥有品牌优势,其成长和发展普遍也较好,能在众多企业中凸显无疑是其优质性内核所引致的结果。同样,在风云多变的市场竞争中,一个企业能长久存活下来,起决定作用的是优质因子的存在。因此,本书选择品牌优势及持续经营作为样本特征。

3)扎根分析。通过对企业优质性的特征、内涵、标准进行扎根分析,提炼出评价其优质性且具有普适性的指标。基于扎根理论,本书结合案例,按事理逻辑进行研究,依次从研究设计、数据收集、数据分析、文献比较入手,建立研究框架,如图 3-2 所示。

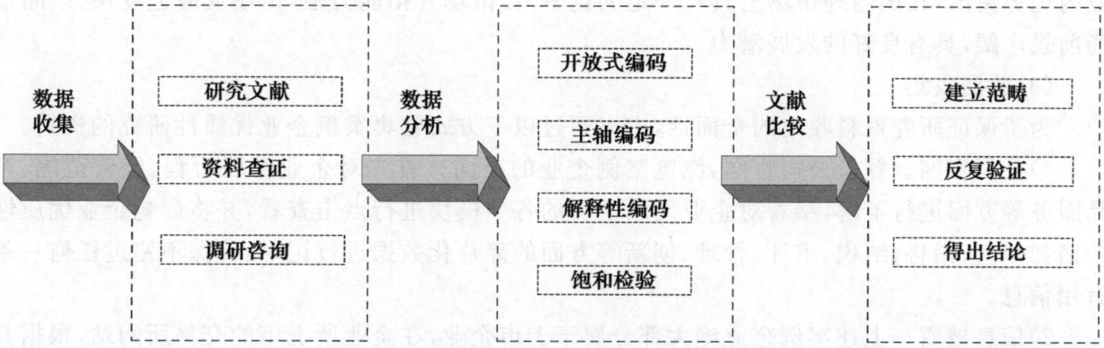

图 3.2　企业优质性评价指标识别的扎根分析

本研究采用编码技术程序来识别企业优质性评价指标,构建企业优质性评价指标体系,以保证研究的信度和效度。

第一步,成立译码小组。为了规避研究者个人的偏见,降低资料数据分析中的误差,特邀请对扎根理论和译码程序熟悉,并能够娴熟操作质化分析软件的数人组成译码小组。译码小组遵循开放式译码—主轴译码—解释性编码—饱和检验的程序,共同完成每个案例资料的译码,对译码过程中存在的分歧不断进行讨论并取得一致意见。

第二步,译码结果比较。前一个案例资料的译码完成后,形成企业优质性评价指标的初步识别结果,然后用这个识别结果指导下一个案例资料的译码,当有新的概念或者范畴出现时,就和前面译码结果进行分析比较,以确认或修正之前的译码结果。译码结果的反复比较是扎根理论方法的核心。

第三步,理论饱和度检验。完成绝大部分案例资料的译码后,继续分析剩下的案例资料,确保没有新的范畴、面项和关系的出现,确保研究结果达到理论饱和度。

(2)案例选择

选择知名企业——华为、海尔、宝马汽车、联想、京东、福耀玻璃、格力、三星、娃哈哈、万达、阿里巴巴共 11 家企业为案例。这些企业作为国民经济的骨干和中坚,它们不仅代表着一个国家或区域经济发展的启动,同时也是经济结构调整的主导力量,一般说来,这些企业具备以下共同的外显特征:

1)企业综合优势较强。这些企业均具有较强的综合优势。其具有良好的资源基础、主导优势突出,已经形成了独特的核心能力,并具有较高的战略管理水平,能够将企业内外部的资源、条件、机遇与威胁等各种因素不断组合形成企业的综合竞争力。

2)企业运营水平优良。这些企业的主营业务规模、运营水平和经济效益等各项指标居本行业先进水平。

3)自主创新能力强。这些企业均具有较强的自主创新能力。企业拥有一支素质高、结构合理、实力较强的创新团队;研究与试验发展(R&D)经费投入较高;拥有较多的发明专利和科技管理部门鉴定的科技成果,并能不断开发出具有自主知识产权的高新技术产品或新产品。

4)管理先进。这些企业均有一套完善的现代化管理体系,管理理念新颖,管理手段先进,战略管理水平较高,具有完善的质量保证体系及技术标准,并具有独特的文化体系。

5)市场开拓能力强。这些企业均有良好的信誉和一定知名度,其主导产品与服务在本行业内优势突出,在国内外市场上具有一定的竞争力,市场开拓能力强,市场反应速度快,产品市场前景广阔,具有良好的发展潜力。

(3)数据收集

为了保证研究资料收集的全面性,本书通过以下方式收集案例企业优质性研究的资料。

1)公司官网。登录公司官网,浏览案例企业的页面。首先对企业发展历程、经营范围、产品服务等方面进行了解,接着对企业网站主页的各个模块进行点击查看,并将影响企业优质性的诸如生产、销售、纳税、审计、管理、创新等方面的碎片化数据进行记录,确保不错过任何一条有用信息。

2)信息披露。上述案例企业绝大部分属于上市企业,在企业所上市的交易所网站,根据其信息披露,翔实全面地掌握企业的经营成果、财务状况。

3)学术文献。利用中国知网(CNKI)、国外的学位论文文摘索引库(Proquest Dissertations and Theses)、谷歌(Google)学术等渠道,收集与案例企业资产运营、技术创新、管理探究、社会影响力分析等方面相关的学术文献,从中筛选出对本研究有助的所有数据。

4)百度搜索。利用百度引擎,对案例企业近年来所涉及的新闻报道、贴吧论坛、媒体曝光等角角落落信息进行搜索,从中筛出影响企业优质性的所有小细节。

5)调研咨询。对上述互联网途径还尚未涉及的数据进行统计后,制定方案,通过同案例企业约定时间进行调研咨询的方式进行收集。

经过对所获取的资料不断地分析比较、梳理整合,最终圆满完成了研究数据的收集工作。

(4)数据分析

本书采用多案例研究方法,归纳出这些案例企业在优质性方面共同的指标因子。多案例研究的第一步通常都是选择有典型性、资料翔实的案例先行研究,确定资料收集和分析的要点及范围,以此指导后续案例研究;然后对研究结果进行修改,以达到理论饱和。

本书首先对华为、海尔、宝马汽车、联想、京东 5 家企业的资料数据进行译码,初步获取企业优质性的相关范畴及其之间关系,接下来对后续的福耀玻璃、格力、三星 3 家企业进行逐个译码并将其同前 5 家企业译码后数据进行反复比较以试图得出新的范畴,最后对剩下的娃哈哈、万达、阿里巴巴这 3 家企业资料做理论饱和度检验。

1)开放式编码。首先将原始资料分解成一个独立的故事或事件并命名;然后对所定义的现象进一步发展成概念,即“概念化”;最后将相关概念聚拢成一类概念,即“范畴化”。本书根据这 3 个步骤,借助国际上流行的质化分析软件(MAXQDA 12.0),将文献研究、资料查证、调研咨询等数据收集活动所获得的影响华为、海尔、宝马汽车、联想、京东 5 家企业优质性经营管理行为的资料进行开放式编码,最终获得 726 个概念和 82 个范畴。由于涉及概念比较多,仅列举部分概念和范畴的编码过程(表 3.1)。

表3.1　企业优质性指标识别部分开放式译码

原始数据	开放式编码		
	定义现象	概念化	范畴化
企业研发部门的工作人员都是本科及以上的学历，且硕士研究生居多，近几年来博士研究生的人数也在增加。去年企业招聘来自“985”院校和国外名牌大学的高精尖人才56人，学历都在硕士研究生以上	大力招聘名校高学历者以为科技人才做储备	注重人才	人才观念
企业注重员工福利，年终奖的发放是同行业最高的，企业高层管理者和普通员工之间也建立了相互信任的关系，这为各项工作的开展奠定了良好的基础	通过提升员工福利和维持良好互动关系提升企业运行效率	福利水平 员工满意度	人权责任感
公司创新成果会通过申请专利等方式获得产权保护，但是我国保护知识产权的法律体系尚不够完善，创新知识和信息在企业贸易往来的外泄问题可能会引发冲突	通过申请专利提升自身科技实力，保护知识产权	发明专利量	创新水平
从企业客户的信息反馈结果来看，优化产品服务流程后，公司推出的产品在顾客中的满意度比之前有了较大的提升	改进产品服务，提升顾客满意度水平	注重顾客满意度	服务质量
企业目前既生产原来的产品，也生产新推出的升级产品，从近期的销售变化趋势来看，产品销售量在逐渐上升	产品升级，驱动新的消费需求	销售量提升	产品升级
企业每年的研发资金投入都占销售收入的10%以上，2022年达到17%	从销售收入中拨出一定比例研发经费，保障研发经费投入	研发经费占比	创新投入
主导产品的年度生产计划主要依据上年度以及营销部门和规划部门对市场的发展趋势预测来制定，根据年度生产计划制订季度、月份等短期生产计划，而且会根据市场动态进行调整，进而布局主导产品的营销	营销部门和规划部门负责主导产品的生产和营销	主导产品生产和营销	市场水平研判
企业有较好的财务品质，由经营、投资、筹资而取得的现金流充裕	较好的财务能力，保证资金充足	现金流	财务资源
企业的关键竞争力在工艺和产品，所以只有不断进行创新投入，不断突破创新瓶颈，才能在市场竞争潮流中站稳脚跟	通过工艺、产品创新，取得竞争优势	创新投入驱动创新能力提升	创新能力
企业从国外引进了业内领先的生产设备，这种设备在提高原材料的利用率方面有很大的提升，配备了相关的技术人员，预计设备的使用率将达到其产能的90%以上	消化和吸收引进技术的边际贡献	技术引进	创新资源整合
企业品牌形象是企业吸引消费者的重要竞争力，企业已经加强了低碳公关，不仅宣传企业低碳产品，更用低碳理念来包装企业的整体形象	通过环境保护行为及宣传，提升企业形象	低碳公关	环境保护意识
企业积极为慈善事业捐资，公司和通用、联想、蒙牛等大公司共同发起“企业责任行动”，凝聚力量，践行企业社会责任	捐资做慈善，彰显企业价值	公益影响	社会公益

2)主轴编码。运用典范分析模型"原因—策略—结果"分析企业经营行为同企业优质测度间的逻辑关系,进一步对范畴进行归类,提炼出5个新范畴:资源基础性、运营水平、创新能力、产品/服务质量、社会责任感。这5个新范畴是概括程度和抽象层次更高的范畴,称为主范畴。5个主范畴的提炼方式见表3.2。

表3.2 企业优质性指标识别的支持范畴和主范畴生成过程

典型模型分析			提炼范畴
原因	策略	结果	
人才是最重要的生产要素 以人为本	高层次人才引进 人才培训	技术人员增加 人员素质提升	资源基础性
企业宏伟目标 市场判断	经营 投资	企业资产扩大 资金雄厚	
竞争加剧 国际产业链融入	降低成本 创新需求	利税改善 创汇提升	运营水平
核心竞争力	加强科技投入	技术改进	
利润是企业再生力量	减费增利	盈利水平	
产品是企业生命	扩大市场份额	回归市场领袖	
打破技术瓶颈	淘汰高耗能 探索新材料应用	投入资金 融资研发	创新能力
保护知识产权	加大发明力度	专利量又创新高	
技术引入 刺激产品升级迭代	消化、吸收新引进技术	引入技术费占比升高	
产品质量是立足之本	工艺流程再造 质量提升	顾客满意度提升	产品/服务质量
做好服务的最后一公里	保障售后服务	提升重复销售率	
人员流失成本加大	发放福利 实施员工持股激励	福利水平提升 员工满意度改善	社会责任感
扩大社会影响力 树立大企业形象	捐资公益 热衷慈善	企业知名度进一步提升	

采用同样的扎根程序对福耀玻璃、格力、三星进行开放式编码、主轴编码发现新的范畴,见表3.3。

表 3.3　提炼新增范畴

新增典型模型分析			提炼新增范畴
原因	策略	结果	
财务杠杆	提升银行信用 减少负债比率	融资能力提升	可持续发展能力
迭代、跨越式发展	以营业收入促集团发展	企业成长	
信息化大潮 互联网时代	先进设备引进	信息化水平提升	
低碳生产 绿色发展	废水、废气、废渣处理 环保意识提升	“三废”治理系数提升	

将华为、海尔、宝马汽车、联想、京东、福耀玻璃、格力、三星这 8 家企业的优质关联性指标进行整合，形成 6 个主范畴和支持范畴的逻辑关系。对这些范畴的内涵，可以阐释如下。

①资源基础。有形和无形的资源，这些资源可转变成独特的能力，资源在企业间是不可流动的且难以复制；这些独特的资源与能力是企业持久竞争优势的源泉。

②运营水平。一定经营期间的企业经营效益和经营者业绩。企业经营效益水平主要表现在企业的盈利能力、资产运营水平、技术水平等方面。经营者业绩主要通过经营者在经营管理企业的过程中对企业经营、成长、发展所取得的成果和所做出的贡献来体现。

③创新能力。以现有的思维模式提出有别于常规或常人思路的见解为导向，利用现有的知识和物质，在特定的环境中本着理想化需要或为满足社会需求，而改进或创造新的事物（包括产品、方法、元素、路径、环境），并能获得一定有益效果的行为。创新能力是技术和各种实践活动领域中不断提供具有经济价值、社会价值、生态价值的新思想、新理论、新方法和新发明的能力。

④产品/服务质量。服务是服务营销学的基础，而服务质量则是服务营销的核心。无论是有形产品的生产企业还是服务业，服务质量都是企业在竞争中制胜的法宝。服务质量是产品生产的服务或服务业满足规定或潜在要求（或需要）的特征和特性的总和，服务质量的内涵与有形产品质量的内涵有区别，消费者对服务质量的评价不仅要考虑服务的结果，而且要考虑服务的过程。

⑤可持续发展能力。指经济资源或生态系统受到某种干扰时能保持其生产率的能力。资源的持续利用和生态系统可持续性的保持是人类社会可持续发展的首要条件。可持续发展要求企业根据可持续性的条件调整自己的经营方式。在自己经济能力和生态可能的范围内确定自己的消耗标准。

⑥社会责任。指一个组织对社会应负的责任。通常来说，社会责任就是一种组织行为，即是一种有利于社会的且高于自己组织目标的经营和管理方式。社会责任超越了法律与经济对组织所要求的义务，是组织管理道德的要求，也是组织出于义务的自愿行为。

3)选择性编码。选择性编码的目的是提炼核心范畴。通过分析 6 个主范畴之间的逻辑关系，用一个核心范畴概括这些关系（图 3.3）。

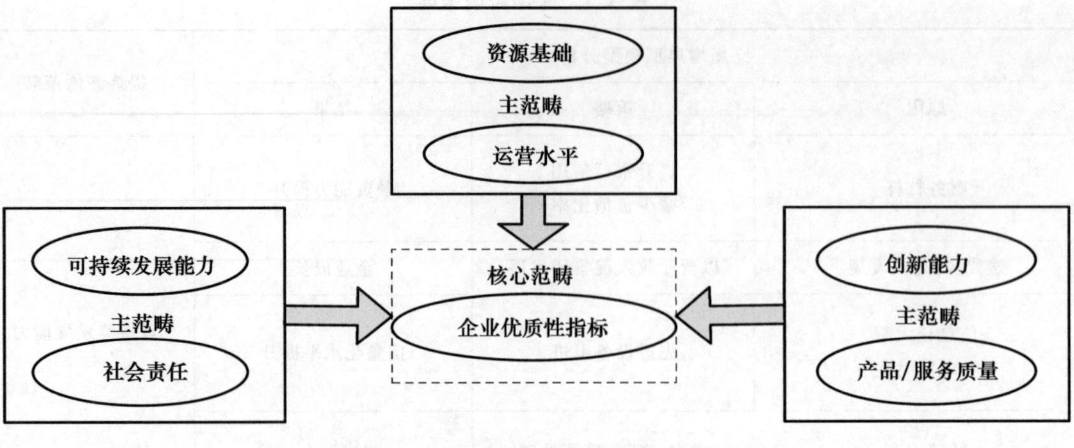

图 3.3　核心范畴和主范畴间的关系

4)理论饱和度检验。为确保没有新的范畴和面项出现,对剩余的娃哈哈、万达、阿里巴巴3家企业的资料数据进行译码处理,经过反复比较,发现没有新的范畴和面项出现,从而确保了研究结果具有较好的理论饱和度和效度。

至此,通过对以上11家企业扎根分析得到6个范畴和17个面项,见表3.4。

表 3.4　主范畴及其面项

主范畴	面项
资源基础	人力资源
	财务资源
运营水平	经营规模
	技术水平
	市场水平
	盈利水平
创新能力	创新投入
	创新水平
	创新资源整合
产品/服务质量	顾客满意度
	重复销售水平
可持续发展能力	融资能力
	成长速度
	信息化
	生态化
社会责任	人权责任
	社会公益

5)文献比较。在企业创新性指标的设计上，目前影响力最大的当属美国学者埃弗雷特·M. 罗杰斯等(2002)运用定性的研究方法对硅谷企业的起步和成长进行系统考查并提出了“硅谷指数”,“硅谷指数”侧重于对创新成果指标的体现，本书认为创新成果的指标非常重要，但对创新效益的衡量也同样重要，本研究将该项指标体现在创新投入占比及科技合同成交数和创新技术进步贡献率等方面。

《财富》杂志根据企业年营业收入及净利润的多少，在全球范围内对前 500 强的企业进行排名，这种对企业的评价重在企业的运营。本研究认为，营业外收入也是企业总收入不可或缺的一部分，营业外收入也应是企业经营能力的体现。吴鑫奇等(2013)指出，利税不仅是企业对国家的贡献大小的衡量，也是对一个企业的运营水平的客观真实反映，利税高的企业，经营规模大，运营水平也较高。

在企业的资源基础理论上，斯蒂芬·P. 罗宾斯(2005)的《管理学原理》一书中提到人、财、物是一个企业存在的基础，本研究在概念提炼中也成功得出了人力基础、财物基础的资源基础的范畴。人力基础包含量和质两个维度，量是指科技人员的数量，质是人员的素质，本研究提炼出的是高学历者的占比，国内的学者也不乏将“高学历人员比重”设置为人才评价的指标，如李新(2010)在《高新技术产业集群及运行效应研究》一文中的研究。此外，本书中高学历人员特指取得全日制硕士研究生学位及以上的那部分人。

英国经济学家罗纳德·H. 科斯(2008)在《企业的性质》一文中提到，经济效率提升的原始动力来源于企业逐利本性，经济效率不仅改变了企业成本，还对一个企业的成长带来重大影响。经济效率既可以由技术水平的变动引起，也可以由创新投入、创新水平、创新资源整合等创新能力的改变引起，本书所提炼的技术水平、创新投入、创新水平、创新资源整合符合这些特征。

产品市场占有率既是对企业市场地位的客观反映，也是企业品牌成色的彰显，国内学者徐长乐(2001)在高新技术产业综合优势研究中，曾将产品市场占有率作为一个重要衡量指标，本书也提炼出了这一面项指标。

本书研究表明反映企业融资能力的是企业银行信用和资产负债率水平，以及反映企业成长速度的销售收入增长率和利润增长率是一个企业持续发展的重要支持指标。

托马斯·保尔汉森(2017)指出，当下的企业处于信息化大潮中，“互联网＋”、大数据、电商平台等新媒介工具的上线，给企业的融资、采购、生产、营销、售后等业务流程带来了新的变革，海尔集团张瑞敏多次提到企业要勇于变革，要拥抱信息化(汪洋 等，2002)。

在倡导绿色生产的今天，对企业生态化进行考评无疑是企业综合评比中不可缺少的一个环节。工业企业面临“三废治理”问题，事实上，对于金融科技产业、生物电子产业甚至是文化教育产业等服务业来说也应尽到环境保护义务。本书所提炼的达标排放率指标，恰是企业生态化的要义体现。

芮明杰(2021)在《管理学原理：现代观点(第四版)》一书中，对企业履行社会责任的动因进行了精彩论述，并认为，企业的社会责任感是企业魅力的彰显，也是一家具有影响力企业必备的素养，这同本书所提炼的范畴正好吻合。

3.2.2　企业优质性综合评价指标体系的建立

本书运用扎根理论，设计构建出以资源基础、运营水平、创新能力、产品/服务质量、可持续发展能力、社会责任共 6 个指标为一级指标，以人力基础、财物基础、经营规模、技术水平、市场水平、盈利水平、创新投入、创新水平、创新资源整合、顾客满意度、重复销售水平、融资能力、成长速度、信息化、生态化、人权责任、社会公益共 17 个指标为二级指标，以科技人员数量、高学历者占比、资产总额、公司市场价值、总收入、产业数量、利税总额、产品技术性收入比、发明专利拥有量、产品市场占有率、知名品牌数、利润总额、销售净利率、总资产净利率、R&D 投入额、创新经费投入占主营收比、创新技术进步贡献、科技合同成交数、技术引进经费与 R&D 经费比、消化吸收经费与技术引进费比、顾客优评率、顾客投诉率、重复销售额、重复销售率、企业银行信用、资产负债率、销售收入增长率、利润增长率、信息化投入、达标排放率、员工福利水平、员工满意水平、社会公益支出占营收比、公益影响度共 34 个指标为三级指标的企业优质性评价指标体系，如表 3.5 所示。

表 3.5　企业优质性综合评价指标体系

评价对象	一级指标	二级指标	三级指标
企业 A	资源基础 B_1	人力基础 C_1	科技人员数量 D_1
			高学历者占比 D_2
		财物基础 C_2	资产总额 D_3
			公司市场价值 D_4
	运营水平 B_2	经营规模 C_3	总收入 D_5
			产业数量 D_6
			利税总额 D_7
		技术水平 C_4	产品技术性收入比 D_8
			发明专利拥有量 D_9
		市场水平 C_5	产品市场占有率 D_{10}
			知名品牌数 D_{11}
		盈利水平 C_6	利润总额 D_{12}
			销售净利率 D_{13}
			总资产净利率 D_{14}
	创新能力 B_3	创新投入 C_7	R&D 投入额 D_{15}
			创新经费投入占主营收比 D_{16}
		创新水平 C_8	创新技术进步贡献 D_{17}
			科技合同成交数 D_{18}
		创新资源整合 C_9	技术引进经费与 R&D 经费比 D_{19}
			消化吸收经费与技术引进费比 D_{20}
	产品/服务质量 B_4	顾客满意度 C_{10}	顾客优评率 D_{21}
			顾客投诉率 D_{22}

续表

评价对象	一级指标	二级指标	三级指标
企业 A	产品/服务质量 B_4	重复销售水平 C_{11}	重复销售额 D_{23}
			重复销售率 D_{24}
	可持续发展能力 B_5	融资能力 C_{12}	企业银行信用 D_{25}
			资产负债率 D_{26}
		成长速度 C_{13}	销售收入增长率 D_{27}
			利润增长率 D_{28}
		信息化 C_{14}	信息化投入 D_{29}
		生态化 C_{15}	达标排放率 D_{30}
	社会责任 B_6	人权责任 C_{16}	员工福利水平 D_{31}
			员工满意水平 D_{32}
		社会公益 C_{17}	社会公益支出占营收比 D_{33}
			公益影响度 D_{34}

三级评价指标中，由于用资产负债率反映企业未来的融资能力，所以该指标是负向指标；顾客投诉率体现了顾客对产品/服务的不满程度，也是负向指标，其余指标均是正向指标。

(1)资源基础子系统(图 3.4)

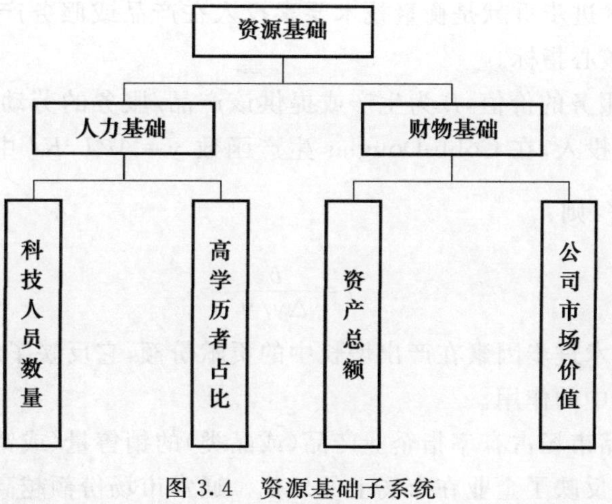

图 3.4　资源基础子系统

1)人力基础。人力资源是一个企业最重要的资源之一，尽管对人力资源水平的衡量方式很多，但科技人员的数量总是衡量该指标的一个不可缺失的要素。科技人员数量不仅可以反映一个企业的人力素质水准，同时也彰显了企业未来发展的潜力。

2)财物基础。资产是由一个企业过去的交易或者事项形成的、由企业拥有或控制的、预期会给企业带来经济利益的资源，资产的多少是一个企业实力的重要体现。

$$资产总额＝流动资产＋非流动资产$$

(2)运营水平子系统(图 3.5)

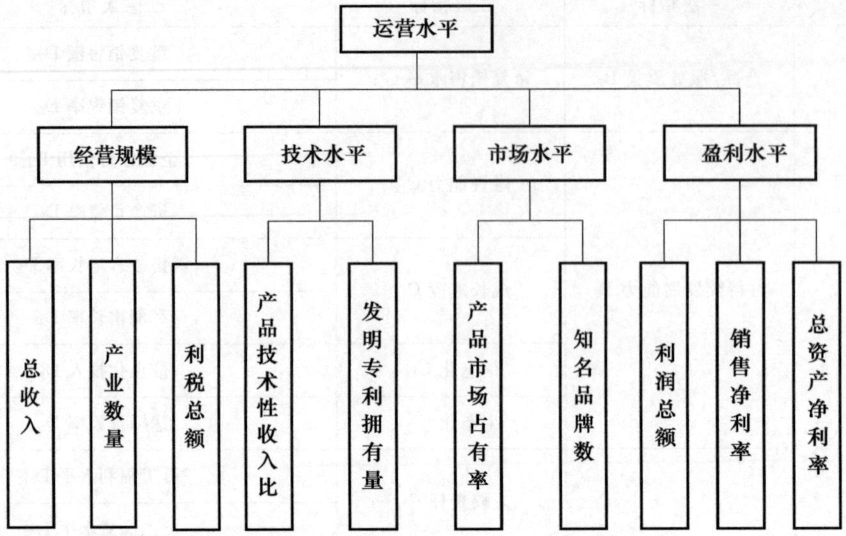

图 3.5 运营水平子系统

1)经营规模。总收入指的是企业的主营业务收入、其他业务收入以及营业外收入的总和,是一年内企业所有收入的总和。

产业数量指的是企业经营所涵盖的产业的数量。

利税总额指的是企业按照国家税法规定,在经营期间内,根据企业经营成果向国家税务部门缴纳的所得税金额。

2)技术水平。技术进步贡献是衡量技术要素投入在产品或服务产值中的贡献程度,也是衡量技术水平高低的核心指标。

设 y 为某产品或服务的价值,L 为生产或提供该产品/服务的劳动力投入,K 为生产或提供该产品/服务的资金投入,在 Cobb-Douglas 生产函数 $y=Ae^{b}L^{\alpha}K^{\beta}$ 中,b 为综合技术进步参数,给定产出增长率$\frac{\Delta y}{y}$,则:

$$T=\frac{b}{\Delta y/y} \tag{3.1}$$

即该产品/服务综合技术进步因素在产出增长中的贡献份额,它反映了综合技术进步因素在产品/服务的生产或提供中的作用。

3)市场水平。产品市场占有率指企业产品(或品类)的销售量(或销售额)在市场同类产品(或品类)中所占比重,反映了企业在市场上的地位。通常市场份额越高,竞争力越强。

产品市场占有率=产品(或品类)的销售量(或销售额)/同类产品(或品类)的销售量(或销售额)

4)盈利水平。总资产净利率是指公司净利润占平均资产总额的百分比。该指标反映的是公司运用全部资产所获得利润的水平,即公司每占用 1 元的资产平均能获得多少元的利润。该指标越高表明公司投入产出水平越高,资产运营越有效,成本费用的控制水平越高。

总资产净利率=净利润/平均资产总额

销售净利率又称销售净利润率,是净利润占销售收入的百分比。该指标反映的是每 1 元销售收入带来的净利润的多少，用以衡量企业在一定时期的销售收入获取的能力。

销售净利率＝净利润/销售收入总额

(3)创新能力子系统(图 3.6)

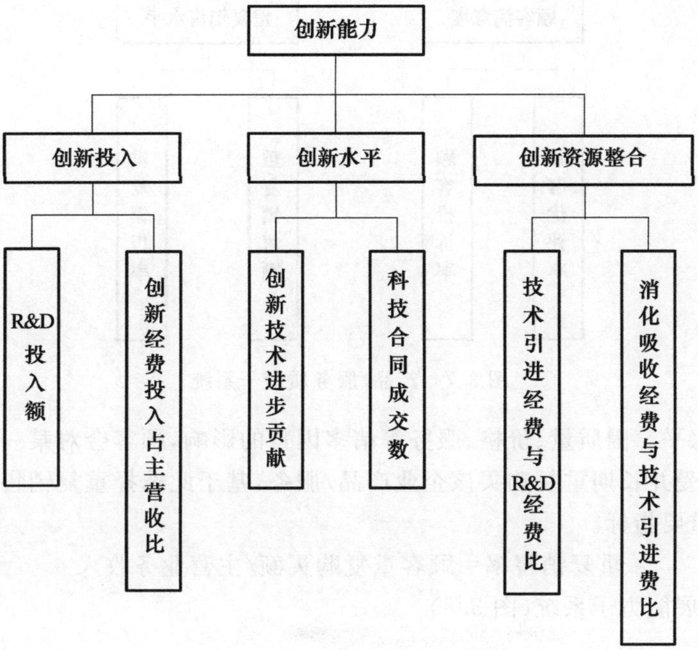

图 3.6 创新能力子系统

1)创新投入。创新经费投入占主营收比，是衡量一个企业对创新投入重视程度的一个非常重要的指标。

创新经费投入占主营收比＝创新经费投入/主营业务收入额

2)创新水平。发明专利拥有量是对企业发明专利成果的数量统计，专利数量越多，企业的创新水平越高。

3)创新资源整合。技术引进经费与 R&D 经费比衡量的是引进技术的费用占研发投入经费的比重情况，一个注重创新能力的企业，在企业成长发展过程中也应非常重视对先进技术的引进。

技术引进经费与 R&D 经费比＝技术引进经费/R&D 经费总支出

引进技术的消化吸收指对引进技术的掌握、应用、复制而开展的工作，以及在此基础上的创新。引进技术的消化吸收经费支出包括人员培训费、测绘费、参加消化吸收人员的工资、工装、工艺开发费、必备的配套设备费、翻版费等。消化吸收经费支出中属于科技活动的经费支出除包含在本项外，还要计入企业科技活动经费支出中。

消化吸收经费与技术引进费比＝消化吸收经费/技术引进经费

(4)产品/服务质量子系统(图 3.7)

1)顾客满意度。即是对顾客满意程度的衡量。顾客满意度也是产品/服务质量水平的一个重要衡量方式，常见的是顾客优评率和顾客投诉率用正反两个指标来反映。

顾客优评率＝顾客优评数量/顾客总评数量

顾客投诉率＝顾客投诉数量/顾客总评数量

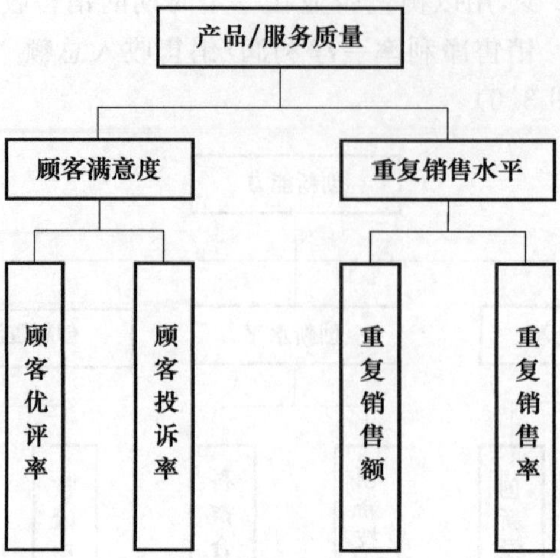

图 3.7 产品/服务质量子系统

2)重复销售水平。因质量、价格、服务等诸多因素的影响,顾客会对某一企业的产品/服务产生感情,形成偏爱并长期重复购买该企业产品/服务,基于此选择重复销售率作为反映产品/服务质量的一个重要指标。

重复销售率＝顾客重复购买额/主营业务收入

(5)可持续发展能力子系统(图 3.8)

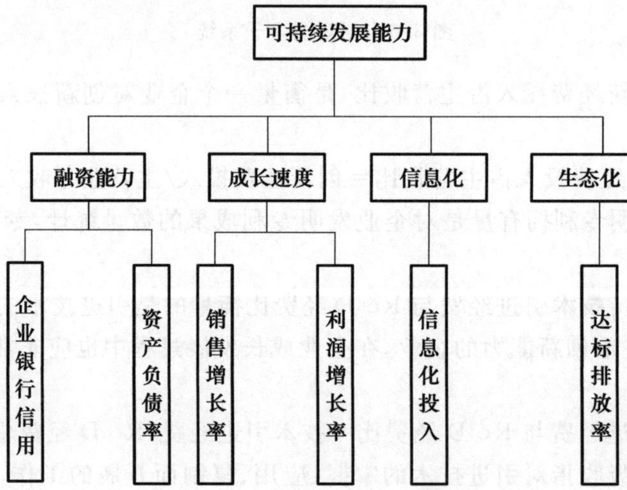

图 3.8 可持续发展能力子系统

1)融资能力。企业银行信用指的是银行按信用纪录、经营状况、盈利能力、发展前景等情况给企业进行的信用等级评定。通常情况下,企业银行信用按照银行信用等级的高低进行赋分,由最好到最差分别为 AAA、AA、A、BBB、BB、B、C 共 7 个等级。

资产负债率又称举债经营比率,它是用以衡量企业利用债权人提供资金进行经营活动的能力,以及反映债权人发放贷款的安全程度的指标,通过将企业的负债总额与资产总额相比较得出,反映在企业全部资产中属于负债比率。

资产负债率＝负债总额/资产总额

2)成长速度。作为以实现利润最大化为目标的经济组织,企业成长速度的重要衡量指标有销售收入增长率和利润增长率。

销售收入增长率＝销售收入增加额/前一年销售收入

利润增长率＝利润增加额/前一年利润总额

3)信息化。信息化投入的多少关系到企业未来发展的可持续性。当前随着“互联网＋”、大数据、物联网等信息化发展,对企业在信息化方面的经费投入也应越来越大。

4)生态化。生态化不仅是一个企业文明化程度的体现,也是一个企业可持续发展应遵循的基本理念。生态化要求一个企业在进行经济活动时,不仅要讲求经济和社会效益,还应注重环境保护,讲求生态效益。

三废治理系数是对企业生产过程中对废水、废气、废渣的处理结果的衡量。

三废治理系数＝三废治理量/三废排出量

(6)社会责任子系统(图 3.9)

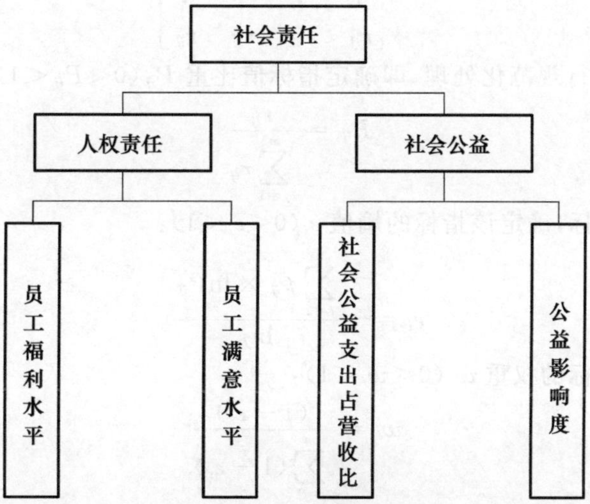

图 3.9　社会责任子系统

1)人权责任。对企业的人权责任的衡量,可以通过员工的福利待遇水平及员工对企业的满意度评价来反映。员工福利水平和员工满意水平这两个指标都属于定性指标,对定性指标的处理有其通用的方法,本书用层次分析(AHP)法对其进行处理。

2)社会公益。企业的社会公益即企业除了提供优质产品/服务外对社会的回报。一个企业的社会公益衡量指标,主要体现在企业的社会公益支出占营业收入的比重及企业的公益影响度上。

社会公益支出占营收比＝社会公益支出/营业收入总额

企业的公益影响度是指由于企业的公益行为活动而带来的社会对于企业美誉度的评价。企业的公益影响度指标也属于定性测度指标。对于该指标本书用 AHP 法对其进行处理。

3.3　企业优质性评价指标权重的处理

能否对优质性评价指标权重科学、客观地确认,关系到企业优质性评价研究的成败。按指标属性分类，所有指标可以分为定量指标和定性指标，对不同属性的指标权重的确定处理方式也大相径庭，下面即是对企业优质性评价所涉及定量指标和定性指标权重处理的说明。

3.3.1 定量指标的权重处理

作为被研究对象的企业应为工商登记在册的企业，对于没有进行工商登记的企业考虑其多为非正式企业，则不在本研究范围之内。在定量指标数据的获取上，对于上市公司的相关数据可以根据其公开披露的财务信息而获得，而对于非上市公司的相关数据则需要通过查阅资料或实地走访调研获得。对其指标权重的确定，本研究运用信息熵的概念，采用熵值法计算各项定量指标的权重，步骤如下：

假设对 j 个评价对象的 i 个指标进行评价，建立初始矩阵 $\boldsymbol{R}=(r_{ij})$：

$$\boldsymbol{R}=\begin{bmatrix} r_{11} & r_{12} & \cdots & r_{1j} \\ r_{21} & r_{22} & \cdots & r_{2j} \\ \vdots & \vdots & \vdots & \vdots \\ r_{i1} & r_{i2} & \cdots & r_{ij} \end{bmatrix} \tag{3.2}$$

第一步：对各个指标进行规范化处理，即确定指标值比重 $P_{ij}(0<P_{ij}<1)$：

$$P_{ij}=\frac{r_{ij}}{\sum_{j=1}^{n} r_{ij}} \tag{3.3}$$

第二步：计算第 i 个指标，确定该指标的熵值 $e_i(0<e_i<1)$：

$$e_i=-\frac{\sum_{j=1}^{n} p_{ij}\times \ln P_{ij}}{\ln j} \tag{3.4}$$

第三步：计算第 i 个指标的权重 $w_i(0<w_i<1)$：

$$w_i=\frac{(1-e_i)}{\sum_{i=1}^{m}(1-e_i)} \tag{3.5}$$

3.3.2 定性指标的权重处理

对于定性指标，由于缺乏客观数据支持，所以更普遍的是借助赋权法来进行权重处理。AHP 法是由运筹学家 Satty 等提出的一种对复杂问题进行决策的科学、实用的方法。它将决策问题的有关元素分解成层次结构，用一定的标度对人的主观判断进行量化，逐层检验比较结果的合理性。企业优质性评价定性指标 AHP 法权重确定的主要步骤如下：

第一步：构造两两比较判断矩阵。分析问题的本质，并根据各个评价指标的自身属性分出 A、B、C 层次，各层次之间的从属关系为上层指标对下层指标具有支配的作用。

第二步：构造两两比较判断矩阵。将指标体系中指标进行两两成对比较，假定某一层指标为 $u_1,u_2,\cdots,u_q$，以 u_{ij} 来表示 u_i 相对于 u_j 的重要程度，$u_{ij}>0$，$u_{ij}=\frac{1}{u_{ji}}$，$u_{ii}=1$。判断矩阵是一个无量纲的互反矩阵，两两比较判断矩阵 $\boldsymbol{U}$ 为

$$\boldsymbol{U}=\begin{bmatrix} u_{11} & u_{12} & \cdots & u_{1q} \\ u_{21} & u_{22} & \cdots & u_{2q} \\ \vdots & \vdots & \vdots & \vdots \\ u_{j1} & u_{j2} & \cdots & u_{jq} \end{bmatrix} \tag{3.6}$$

通过比较因素之间的重要程度，采用 1～9 标度法定义判断矩阵 $\boldsymbol{U}=(u_{ij})_{m\times n}$，式中 u_{ij} 表示元素 i 与元素 j 的重要性之比，判断矩阵标度定义见表 3.6。

表 3.6　判断矩阵标度定义

标度	含义
1	i,j 同等重要
3	i 比 j 稍重要
5	i 比 j 明显重要
7	i 比 j 强烈重要
9	i 比 j 极端重要
2,4,6,8	表示上述相邻判断中间值
倒数	若 i 与 j 的重要性之比是 u_{ij}，那么 i 与 j 的重要性之比为 $\frac{1}{u_{ij}}$

第三步：计算指标权重。由矩阵理论可知，各因素的权重就是判断矩阵的特征向量 $\boldsymbol{W}$，其对应的最大特征根记为 $\lambda_{\max}$。

$$\boldsymbol{UW}=\lambda_{\max}\boldsymbol{W} \tag{3.7}$$

式中，$\boldsymbol{W}$ 为权重向量，计算并对其进行归一化处理（表 3.7），得到各指标对应的权重 w'_{ijq}。

表 3.7　两两判断矩阵

$\boldsymbol{U}$	$\boldsymbol{U}_1$	$\boldsymbol{U}_2$	$\boldsymbol{U}_3$	$\boldsymbol{U}_4$	$\boldsymbol{U}_5$	$\boldsymbol{U}_6$	$\boldsymbol{U}_7$
$\boldsymbol{U}_1$	1	2	3	4	4	4	2
$\boldsymbol{U}_2$	1/2	1	3	3	3	3	1
$\boldsymbol{U}_3$	1/2	1	3	3	3	3	1
$\boldsymbol{U}_4$	1/4	1/3	1	1	1	1	1/3
$\boldsymbol{U}_5$	1/4	1/3	1	1	1	1	1/3
$\boldsymbol{U}_6$	1/4	1/3	1	1	1	1	1/3
$\boldsymbol{U}_7$	1/2	1	3	3	3	3	1

第四步：一致性检验。计算随机一致性比例 C_R，当 $C_R<0.1$ 时，即满足一致性检验。随机一致性比例的计算公式：

$$C_R=\frac{I_C}{I_R} \tag{3.8}$$

式中，I_C 为随机一致性指标，且 $I_C=\frac{\lambda_{\max}-n}{n-1}$；$I_R$ 为平均一致性指标，$\lambda_{\max}$ 为矩阵 $\boldsymbol{A}$ 的最大特征值，计算并得出的平均一致性指标 I_R 的值，如表 3.8 所示。

表 3.8　平均一致性指标 I_R 值

n	1	2	3	4	5	6	7	8	9	10	11
RI	0	0	0.58	0.88	1.13	1.26	1.37	1.42	1.45	1.48	1.65

当 C_R 的值小于 0.1 时，则矩阵 $\boldsymbol{A}$ 的一致性指标符合规定，其特征向量即为权向量；当 C_R 的值大于 0.1 时，则需要调整或重新构建矩阵。

3.4　企业优质性综合评价方法

在确定好各个优质企业定量和定性评价指标相对权重后，就可以对企业的优质性进行综合评价。具体步骤如下：

第一步：数据的规范化处理。采用极值的标准化法对数据进行标准化处理，得到标准化后的决策矩阵 $\boldsymbol{R}'=(r'_{ij})$。

对于正效应指标：

$$r_{ij}=\frac{r_{ij}-\min(r_{ij})}{\max(r_{ij})-\min(r_{ij})} \tag{3.9}$$

对于负效应指标：

$$r_{ij}=\frac{\max(r_{ij})-r_{ij}}{\max(r_{ij})-\min(r_{ij})} \tag{3.10}$$

第二步：构建加权规范化决策矩阵。对于前面由定量和定性确定的指标权重 w_i，把矩阵 $\boldsymbol{R}$ 每行的指标与其相应的权重相乘，得到加权规范化矩阵：

$$\boldsymbol{Q}_{ij}=\begin{bmatrix} w_1 r'_{11} & w_1 r'_{12} & \cdots & w_1 r'_{1j} \\ w_2 r'_{21} & w_2 r'_{22} & \cdots & w_2 r'_{2j} \\ \vdots & \vdots & \vdots & \vdots \\ w_i r'_{i1} & w_i r'_{i2} & \cdots & w_i r'_{ij} \end{bmatrix} \tag{3.11}$$

第三步：正负理想解的确定。根据加权规范化矩阵，分别找到各个指标的最大值和最小值，构成正理想解和负理想解：

$$Q^{+}=\{\max(q_{ij})\} \tag{3.12}$$

$$Q^{-}=\{\min(q_{ij})\} \tag{3.13}$$

第四步：计算距离。评价对象到正、负理想解之间的距离分别用 D^+ 和 D^- 表示：

$$D^{+}=\sqrt{\sum_{i=1}(q_{ij}-Q_i^{+})^2} \tag{3.14}$$

$$D^{-}=\sqrt{\sum_{i=1}(q_{ij}-Q_i^{-})^2} \tag{3.15}$$

第五步：计算评价对象与衡量标准之间的贴近程度 N_j，即企业优质性评价模型：

$$N_j=\frac{D^-}{D^+ + D^-} \tag{3.16}$$

N_j 取值范围在 0 到 1，值越大，表示评价对象越接近正理想解，优质性越明显。

等级划分上可分为四等级，见表 3.9。

表 3.9　优质性等级划分

等级	低	中	良	优
评分值	(0.0,0.4)	[0.4,0.6)	[0.6,0.8)	[0.8,1.0)

3.5　本章小结

本章首先对企业优质性评价指标体系设计原则进行阐释，接着运用扎根理论对企业优质性评价指标进行识别，进而对企业优质性综合评价指标体系进行构建，最后对其评价权重及评价方法进行论述。

第4章　基于集成论的优质企业集群的形成机理

4.1　优质企业集群的概念

优质企业集群是公共属性为优质的企业，以产业关联为纽带、以产业集群为基本单元，利用区域空间内各优质企业间资源要素的交流来增强其核心能力而形成的具有持续竞争力的组织创新体。

优质企业集群的静态表达式为：

$$A=(\boldsymbol{X}|P) \tag{4.1}$$

式中，A 为优质企业集群；$\boldsymbol{X}$ 为集合 A 的元素优质企业，$\boldsymbol{X}$ 是一个向量，$\boldsymbol{X}=(x_1,x_2,\cdots,x_n)$；$P$ 为集合 A 中元素的公共属性为优质。

优质企业集群作为一种经济现象，是在互联网深入融合、物流运输快速发展及电子商务日趋完备的背景下，由区域范围内的多产业经营为特征的优质企业因强强合作而形成的经济集中。本研究所涉及的优质企业集群同传统意义上的中小企业集群在内涵上有以下不同。

(1)集群属性

传统意义上的企业集群通常指由某一龙头企业为主导的企业集聚而成，这些企业中有的是优质企业，有的是非优质企业，而优质企业集群指的是优质企业的集聚。

(2)集群内容

传统的企业集群是以传统的工业部门为主，如食品、纺织、服装、制鞋、家具、五金制品等行业，可能是传统第一、二、三次产业中的某些产业，主要表现为大量的传统中小企业在空间上集中，形成一个有机联系的企业空间集聚。而优质企业集群多以高新技术或金融、地产等为基础，依托当地的大学、科研机构、高新技术企业和服务机构，在电子信息、生物医药、新材料、航空航天、精密机械制造、海洋、新能源、光电一体化等高新技术领域形成的集群。

(3)产业关联

传统意义上的企业集群中的企业关联，突出表现为处于同一产业链中具有纵向、横向或互补的单一产业的关联性。而优质企业集群中的企业，由于它们大都以企业集团的形式存在，这些企业集团式的优质企业在产业经营上具有多元化特征，所以优质企业集群内企业的产业关联上打破了单一性禁锢，具体表现为：优质企业集群中的优质企业之间产业交织，有的具有多个产业关联性，有的具有单个产业关联性，有的彼此间可能不具有直接的产业关联性，但对于不具有直接产业关联的两个优质企业，在群内肯定存在与二者都发生业务联系的第三个优质企业。

(4)集群形态

传统意义上的企业集群是由具有产业关联性的企业聚集而成，这些所成的集群在形态上表现为单一的产业集群特征。

对于优质企业集群，由于群内企业不受产业关联性的束缚，整个群具有多个产业属性。而具有产业关联性的优质企业之间会形成自己的“小圈子”，即形成具有某一产业特征的次级优质企业集群，故其形态表现为群内有群的特征，即一个完整的优质企业集群是由若干个产业集群构成。

(5)集群对经济增长的作用

传统企业集群以工业部门为主，所以传统产业的产品具有高耗能、高耗材、低附加值的特点，随着社会的发展和能源紧缺，传统产业的主导性逐步丧失，对经济增长的贡献会因此减弱。而优质企业的产品具有附加值高、能耗低、体积小等特点，符合社会发展的要求，因此市场需求弹性较高、增长快、关联性强和能有效改造传统产业，使优质企业具有较强的带动性、关联性、渗透性，可迅速成为区域经济的主要产业，带动本地区的发展，乃至可以带动周边更广泛区域的经济发展。

综合以上研究，在一定区域范围内，由地理接近或组织接近的若干家优质企业因产业合作而形成的各类聚集，都属于优质企业集群的范畴。

4.2　优质企业集群的特征

(1)彼此独立性

优质企业集群的元素具有彼此独立性。这种独立性可以从两方面来诠释：一方面，对于组织行为学意义的人，包括个体、群体和组织，实现了人事、人格上的独立性；另一方面，对于群内的物，包括资金、技术、固定资产、无形资产等，实现了“所有”与“所用”间的分离，即不求“所有”但求“所用”。这一关系决定了对其的管理同传统管理相比应在思想、方法、手段上进行革新。

(2)隐性等级性

优质企业集群内企业间的地位是平等的，但事实上它们之间也存在等级层次，只不过与传统系统结构等级不同。因为在集群中不存在严格意义上的刚性隶属等级层次关系，当然更不存在规范成文的组织制定，但总会有诸如牵头企业与其他相关企业这种“话语权属”上的隐性等级。

(3)效益共赢性

传统意义上构建系统的目的只有一个，即寻求整体最优。整体最优的获取，可以牺牲局部利益为代价。而对于优质企业集群，由于其元素的主体平等、独立性，每个元素有着自己的利益，每个企业之所以加入该集成力场其动机必然是获取更大的自身利益，因而不可能做到牺牲某个元素的利益来赚取大家的利益。故优质企业集群是以“共赢”为前提的，只有“共赢”才能“协同”。

(4)特殊地理空间的选择

优质企业多为知识密集型企业，其具有产品技术复杂、生命周期短、附加值高、研发费用高的特点，所以优质企业的区位一般倾向于基础设施发达、智力资源密集、信息灵通、有良好的生活质量的地区。完善的基础设施是各种企业赖以生存的物质基础，良好的生活环境质量和发达的信息服务行业可以吸引高级技术人才，高度发达的金融市场有利于集聚社会资金投入于优质企业。优质企业集群通常集聚在大学或科研机构附近，便于获得知识资源，包括高新技术的最新成果、技术上的咨询和指导等。

(5)较高的网络化水平

优质企业集群内每个产业集群的分工与协作水平都较高，这种功能联系主要由两种技术关联关系构成，一是基于垂直技术关联联系，由上游企业的创新技术向下游企业的扩散而引起的；二是基于水平关联联系，在生产同类产品的企业之间引起的模仿创新形成联系。正是这两种关联关系构成了技术创新的主体框架。

(6)稳定信任的合作关系

一方面，优质企业多属于本区域内知名企业，本身自带注重名节、在乎形象和影响的特征；另一方面，群内企业因寻求合作而结群，它们珍惜同群内其他主体企业的合作关系，彼此间也常以契约、诚信和彼此尊重为操守，故群内各企业单元容易形成稳定信任的关系。而这种稳定信任的合作关系，不仅能够有效地降低交易费用实现外部经济和范围经济，还可以优化资源配置、扩大信息交流、增强柔性，同时又可以促进技术创新。

4.3 优质企业集群形成的时代动因

优质企业集群属于众多"集聚经济"类型之一，其形成动因除了兼具外部经济、聚集经济、产业空间、网络组织、竞争优势、区域创新、极增长和新经济地理外，还具有自身的动因，即资源的匮乏、市场竞争的加剧、创新的需要、复杂巨系统的出现、经济发展的需要、科技进步的客观要求等方面的动因。

(1)资源的匮乏

优质企业集群的形成动因在于对资源的考量，比如资源数量的短缺，自己没有能力而功能又必须实现；拥有资源但不是最优。与其他组织相比，虽然拥有人才、技术等，但不是最优，缺乏市场竞争力；拥有资源且最优，但投入产出比不是最优，有更好的项目或领域值得关注，机会成本高。

1)能力资源的缺乏。所谓"能力缺乏"是指优质企业能力的相对缺乏。这是因为优质企业的核心能力虽然是最具竞争力，但与其相比，非核心能力的竞争力就弱了许多，在企业经营过程中就不可避免地存在一些业务是其能力所不及的，此时的优质企业就会急切寻求能补齐其"短板"的优质企业的合作。在优质企业间的这种"强强合作"中，彼此的管理理念、前沿技术、优质资源等方面不可避免地得以"切磋"，这样更利于它们突破自身发展瓶颈、实现优质企业自身的跨越式发展。

2)能力最优资源的寻求。优质企业在开展业务中，往往会遇到"比较优势"的问题，即这种业务企业完全有能力去做，但其他的优质企业在经营这种业务时更具优势，在优质企业将自身能力不强的业务外包给能力强的优质企业同时，也可能会获得对方转过来的自己比较有优势的业务承包。这种情形下的优质企业间的集聚，在要素利用率提高的同时，彼此间能力的最优化配置也将得以实现。

3)社会资本的匮乏。社会资本对外表现为声誉资本，对优质企业集群内的优质企业而言表现为相互间对秩序和规则尊崇的意识感。持社会资本学说的学者认为，镶嵌于社会关系中经济行为是企业间协作关系建立的原动力，而这种源动力又维持和滋养了组织内所形成的社会资本。对于优质企业集群而言，这种社会资本产生的效应更大。这是因为优质企业集聚在一起，彼此间优质资源互补的需求感比非优集群更强烈，这样在合作时更易形成他们之间相互尊崇的规则，而这种规则便转化为具有协调行动和集体决策的优质企业集群强大的功能——优质企业集群的社会资本效应。优质企业集群发展得越好，其社会资本效应越强；社会资本效应越强，优质企业集群的集成效应发挥得就更充分。

(2)市场竞争的加剧

近几十年来,国际竞争环境发生了深刻变化:一方面,随着科学技术的不断发展,新产品的技术含量不断提高,产品的寿命周期不断缩短,新产品层出不穷,这造成企业对技术研发的投入是逼迫式增长;另一方面,随着世界经济一体化进程加速,企业面临的是全球性市场,企业生存的环境已经从相对稳定变为动荡多变。面临市场竞争的加剧,优质企业仍需要抱团,一方面避免过大的机会成本,另一方面避免市场风险,追求更细的分工和交易费用的降低。

1)避免过大的机会成本。随着消费的不断升级及新需求的涌现,企业的产品、服务的“升级迭代”已难以解决这些问题,而开展新业务甚至跨界变得越来越普遍。尤其对于市场经济的佼佼者——优质企业来说,在产业融合发展的大背景下,它们只有将自己原先能力最优的业务转给其他具有此资质的优质企业,才能使得新业务的扩展、寻求“跨界”的尝试变为可能。这样对优质企业集群的需求就变得非常迫切了。

2)追求更细的分工和交易费用的降低。优质企业集群集成力场的形成使得刚性的大批量标准化生产进一步向柔性专业化生产转变。在集成系统内部分工日益加深的情况下,优质企业间的交易更加频繁,生产协作网络更加缜密。这种具有弹性、专业化的协作又吸引了周边交易伙伴的加入,从而又加深了交易频率,进而又扩大了协作网络,这种协作网络又对周边进一步形成吸引,在如此迭代反复的过程中,优质企业集群的集成力场给群内优质企业带来分工的精细化和交易费用降低的效应也将进一步凸显。

(3)创新的需要

创新是一个民族进步的灵魂,是一个国家兴旺发达的不竭动力。面对日新月异的科技发展及瞬息万变的国际市场,优质企业只有不断创新,才能在市场竞争中守住自己的竞争优势。

1)创新要素自由流动的需要。各种创新要素自由流动是创新驱动的动力之源,现行经济运行的特点是速度快、规模大、产业融合化强,不仅“单打独斗”的企业模式不适应新经济的要求,而且传统的企业集群模式也逐渐落伍。新时代在大型企业之间构建“双创”平台,实现资源汇集、能力交易、客户参与、工序对接,建立资源富集、创新活跃、高效协同的“双创”新生态,加快从企业独立发展到产业链协同的呼声越来越高。大力促进大型优质企业间的人才、资本、技术、知识等创新要素的自由流动,促进创新发展已成为企业界的共识。

2)寻求“边缘性”创新。马歇尔在对聚集经济的阐释中提到,聚集经济不仅会产生交易费用的降低、规模经济的实现,而且还会因集聚体内信息与知识、人才等方面的快速流通而滋生出技术创新。对优质企业集群来说,优质企业的集聚不仅有利于形成弥漫于整个集成体中的创新氛围,而且这些具有区域乃至全国范围内顶级研发人员的智慧碰撞,更能激发“边缘性”创新的火花。尤其是高新、高科技产品的研发,更需要具有国家乃至国际前沿的视角和集体智慧的碰撞,这样对于优质企业来说,这种优质企业间的集聚就成为它们实现“边缘性”创新的最佳方式。

3)寻求“连锁裂变式”创新。核裂变是原子核受到热中子轰击分裂成质量更小的几部分,同时释放更多热中子的过程,利用新产生的热中子继续轰击其他原子核引发连锁裂变,反应过程中释放出的能量即核能。优质企业集群具有一定开放度,一旦形成,能够引入外界高水平技术,加上优质企业间“边缘性”创新的“轰击”,会极大地提升内部技术、知识要素、管理、营销渠道等方方面面的“连锁裂变式”创新。“连锁裂变式”创新模型如图 4.1 所示。

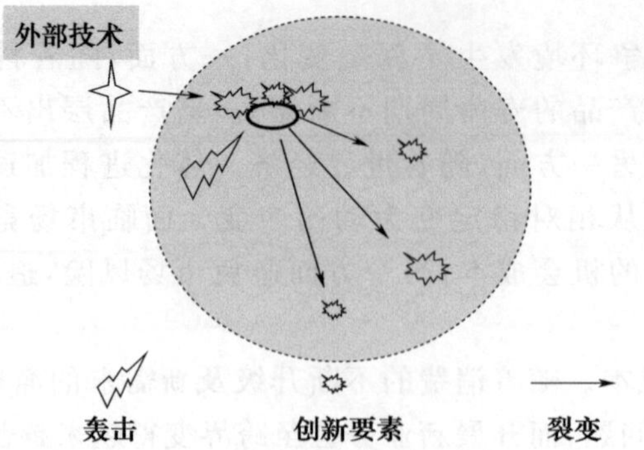

图 4.1 “连锁裂变式”创新模型

(4)复杂巨系统的出现

一个组织的发展,经历了从简单系统到复杂系统的过程。复杂巨系统的出现使得传统处理简单系统的方法显现出较大的局限性,需要通过新的方法来解决复杂巨系统问题。目前的优质企业大都以集团化为业态特征,一个集团下设许多子公司,这些子公司往往覆盖众多产业。例如,万达集团,其产业涉及地产、餐饮酒店、旅游投资、文化产业、连锁百货、体育、网络金融等,旗下有万达商业地产公司、万达影业有限公司、万达互联网金融公司、万达体育有限公司等。与之相似,腾讯、百度、阿里巴巴等众多集团,它们所涉及的产业也遍布线上线下很多产业,同样它们旗下的公司也大都为上市公司。优质企业新业态所引发的系统复杂性,呼吁新的集成模式的出现。

(5)经济发展的需要

1)规模经济发展的需要。规模经济指的是通过提高生产效率,求得产品生产数量的扩张,从而降低单位产品成本而取得经济效益。同样,主导部门和有创新能力的企业间的聚集所形成的规模效应,也将使得其内部的生产、贸易、金融、科技、人才、信息、交通运输、服务、决策等经济活动中的运行效率提高。优质企业间因“强强联合”而形成的集群,其体量和影响力是非优集群所不及的,故其所形成的“规模效应”更凸显,表现为更具有吸引和扩散作用、技术的创新与扩散作用、资本的集中与输出作用等规模经济效应。

2)范围经济发展的需要。范围经济是指通过扩大企业所提供的产品或服务种类而引起经济效益增加现象。优质企业集群形成的范围经济对区域经济的影响是一个动态过程。假定优质企业集群中的某一优质企业的坐落位置是某一特定区位,接下来生产同种最终产品的另一家企业在进行区位决策时,就会因考量其聚集经济而选择该优质企业所在的区位作为生产区位。这样随着每一个新的最终产品企业进驻,在这一动态过程中因经贸合作而使得该集群的产品多样化更加丰富的同时,使得集群内外的各经济体单元因相互凝结而形成千丝万缕的联系,从而实现了范围经济。

3)聚集经济发展的需要。聚集的特征可以是以“地理接近”为标志,也可以是以“组织接近”为标志,或两者兼而有之。不同的标志形式特点不同,适应不同的环境要求,均能起到聚集经济的作用。聚集经济不仅可以减少交易成本,也可以实现要素匹配、优势互补,提高经济效应,同时对区域经济的发展起到聚集经济效应。所谓的“聚集经济效应”是指经济活动正在扩张的地点和地区将会从其他地区吸引净人口流入、资本流入和贸易活动,从而加快区域自身的发展。优质企业集群一旦形成,便会为区域经济的发展带来巨大的聚集经济效应。

4)速度经济发展的需要。速度经济是指企业由于在经营速度上比竞争对手具有更大优势而赢得的一种比较经济利益。在经济全球化条件下,通过优质企业集群可以使得集群内外知识资源、技术资源、资本资源迅速有效整合,从而促进其在区域和国际更高效流动。优质企业集群为要素利用提供有效载体,能使区域的生产要素特别是人力要素和资源充分利用起来,带动生产要素的流动,改善生产要素的供给,提高生产要素的质量。随着优质企业集群的扩大及场能的不断升级,会不断吸收当地劳动力的就业,劳动力能充分释放转化为居民的收入,收入水平的提升加速了本地资本的积累。如此循环,优质企业集群可以实现速度经济。

5)知识经济发展的需要。获取知识经济的根本途径,是提高企业运营过程中的知识含量(徐红涛 等,2018a,2018b,2018c)。同非优企业集群的集成体相比,优质企业集群中的单元企业除对知识信息获取成本的节约和对传播高效率的追求外,更注重前沿产品的研发和对市场趋势的科学研判。优质企业集成在一起,它们之间优质的信息和知识的交互和流动,具有国际视野优秀人员间最具思维“火花”的碰撞,更易激发新知识的萌发和生成。这种为优质企业集群所独有的新知识效应产生于该集群内部,且为群内优质企业所独享。

6)工业转型升级和产业结构调整的需要。工业化进程分三阶段:第一阶段劳动密集型;第二阶段资本密集型;第三阶段是以技术密集与高附加值为特征。根据中国工业报告(2016),我国处于第二阶段向第三阶段的跨越阶段,为实现这一目标,国家正在寻求新的经济发展动力源来提振我国经济发展,其中对具有战略方向的、世界级的、有竞争力的先进企业集群的打造已变得极其迫切。

随着我国经济进入新常态,产业结构调整的步伐也不断加快,企业跨界、产业融合发展成为必然,由此产生的新产业组织和商业模式层出不穷,而在这一过程中涌现出的新要素、新动力和新模式就构成了我国经济的“新经济”时代(徐红涛 2016)。新经济技术革命的基础是以互联网、云计算、大数据、新一代通信等信息技术为主,是基于智能机器人、增材制造、无人驾驶汽车等智能制造技术及纳米、石墨等新材料技术产生的各类新产业、新业态和新模式。国家需要的不仅是研发资金和人才投入等要素数量的增加,更需要优质要素之间、优质要素与系统、优质要素与环境之间的动态优化整合,而这一切的实现离不开众多优质企业的合作与协同。

7)分享经济的需要。“十三五”规划首次提出“发展分享经济”应作为“创新驱动发展战略”的重要组成部分。该经济方针,从强调价值链上下游分工,到提倡价值网络上的交互与协同;从注重内部研发,到拥抱众包的力量;从重视领域内的精耕细作,到实施跨界的组合创新,都做了详细规划。而利用信息基础设施所提供出的强大动力,又让商业创新日益跨出固有的思维框架;移动通信、社交网络和数据处理等能力的突破,使得分享经济成为一种潮流,且迅速渗透到汽车、房产、金融、物流、教育、医疗等多个领域,而让它们彼此联通。

“分享经济”打破了大企业独享数据经济的思维禁锢,在大力倡导资源的共同开发、数据分享的时代背景下,这些运营着优质企业的优秀企业家们,他们对具有对等地位的优质企业间的“强强合作”变得更加积极和热情。

(6)科技进步的客观要求

1)互联网的迅猛发展。QQ、微信、Facebook、Twitter 等社交媒体的使用和推广不仅拉近了个人同个人、个人同组织的空间距离,而且拉近了企业与企业之间的距离,这使得优质企业间业务的交流和合作变得更加便利。这一变化是互联网融合发展的结果,互联互通正在构建一个万物互通的智能世界。

2)物流体系的完备。近年来,以中国桥、中国路、中国高铁、中国航空为代表的基础建设迅猛发展，极大地推动了我国物流体系的不断完备。而反映中国速度的高效率物流，在让空间格局发生重大变化的同时，也带来了经贸模式的变革。它们打破了企业集群对地理集中的模式依赖，让即便不毗邻的优质企业间的“集聚”成为可能。

3)电子商务纵深发展。电子商务的进一步发展，使得我国的经济范式、核心投入、先导部门和企业组织方式都发生了深刻变革。在电子商务的推动下，数据要素的利用、新一代互联网基础建设、制造业智能化体系等随之进一步整合；智能交通、智能电网不断完善。无疑，具有一体化智能特征的电子商务的发展，为优质企业集群的“集聚效能”释放提供了新的机制保障。

4.4 集成力下优质企业集群演化规律

(1)集成论下优质企业的集聚

本部分基于集成力理论，分别从集聚发起企业角度和企业参加意愿角度来论述其聚集的机理。

1)集聚发起企业角度。处于散点状态的优质企业，它们发起集聚的主要动力来源于对客商的吸引力，即能否通过集聚形成供销两旺的局面。以集成力视角对优质企业的“聚集”现象进行阐述(由于优质企业间的集中既有地理上的集聚现象也有组织接近上的集中，故用“聚集”)，可以对优质企业间因集成力的作用而发生“聚集”的内在原因进行解释。

假定：在优质企业分散地中，用 Q_1、Q_2 分别代表两家优质企业的质量；q 代表与这两家优质企业有业务关系的客商企业的质量；$\boldsymbol{F}_1$、$\boldsymbol{F}_2$ 分别代表 Q_1 与 q、Q_2 与 q 之间的集成内力；$\boldsymbol{F}$ 代表集成前作用力 $\boldsymbol{F}_1$、$\boldsymbol{F}_2$ 的合力；θ_1、θ_2 代表 $\boldsymbol{F}_1$、$\boldsymbol{F}_2$ 与合力 $\boldsymbol{F}$ 之间的夹角；$\boldsymbol{F}'$ 代表集成后作用力 $\boldsymbol{F}_1$、$\boldsymbol{F}_2$ 的合力。优质企业间对客商的作用力如图 4.2 所示。

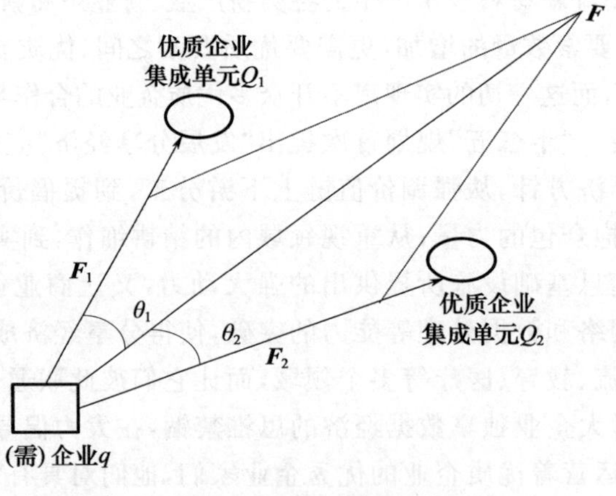

图 4.2 优质企业间对客商的作用力

根据矢量和计算原理：

$$\boldsymbol{F}=\boldsymbol{F}_1+\boldsymbol{F}_2 \tag{4.2}$$

$$|\boldsymbol{F}|=\cos\theta_1|\boldsymbol{F}_1|+\cos\theta_2|\boldsymbol{F}_2| \tag{4.3}$$

而当优质企业 Q_1、Q_2 进行地理集中或组织接近式“聚集”时，$\theta_1=\theta_2=0$，优质企业 Q_1、优质企业 Q_2 与 q 的相对位置，以及它们之间的相互作用力和合力分布，优质企业因“聚集”对单个客商企业的作用力如图 4.3 所示。

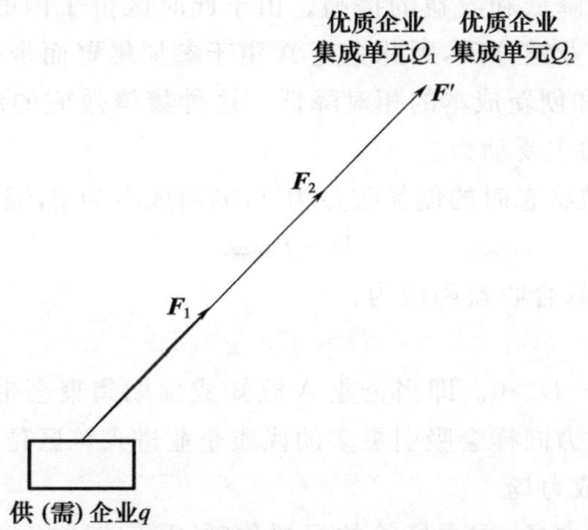

图 4.3　优质企业因“聚集”对单个客商的作用力

此时：

$$\boldsymbol{F}'=\boldsymbol{F}_1+\boldsymbol{F}_2 \tag{4.4}$$

又由于力的作用在同一方向上，可得：

$$|\boldsymbol{F}'|=|\boldsymbol{F}_1|+|\boldsymbol{F}_2| \tag{4.5}$$

比较公式，显然可得：

$$|\boldsymbol{F}'|\geqslant|\boldsymbol{F}| \tag{4.6}$$

这一结论的实际意义是，优质企业通过地理或虚拟组织集中形成“聚集”后，通过集聚行为可以对客商企业形成比聚集前更大的力的作用。即集聚企业发起者当感知到通过聚集行为可以达到供销两旺局面时，形成聚集区的诉求就变得愈发强烈起来。

2)企业参加意愿角度。从参加者角度来说，无论其动机如何多元，最终决定是否要加入集聚区的动力在于对成本—收益的权衡上。根据集聚企业数量的多少，本部分分为少数几家集聚和多家企业集聚两种情况，来分别分析优质企业 A 是否要参加集聚的决策。

①假定：区位 1 内只有少数几家优质企业，且相互分工协作性与关联性都弱，分析优质企业 A 的决策。

优质企业 A 在地理上是否进入该区位集中取决于集聚是否利于企业 A 降低成本或提高收益，由于原有区位 1 内的企业与企业 A 之间横向关联和纵向关联的分工关系都较弱，虽然企业 A 进入集聚区后的创新收益短时间内很难有所提高，但诸如良好的区位、丰富的创新资源要素、优惠的政策、完善的集成设施、靠近市场、竞争环境有利等因素，为企业 A 在区位 1 从事创新活动时间接或直接地带来成本上的降低。

设企业 A 在保持分散状态时的创新收益为 f，创新成本为 g，综合收益为 D，则：

$$D=f-g \tag{4.7}$$

进入区位 1 后，企业 A 的综合收益函数为：

$$D'=f'-g' \tag{4.8}$$

由于 $f'\approx f$，而 $g'<g$，则 $D'-D>0$。故当企业 A 感知或预期这种创新成本的降低可带来收益增加时，就会选择进入区位 1 集聚。这种动力同样会吸引更多的优质企业进入区位 1 参加集聚。

②假定：区位 1 内已有多家优质企业集聚，相互之间分工协作与关联性都较为明显，分析此时优质企业 A 的决策。

由上述假设可知，企业 A 是进入集聚区还是保持原有分散状态，仍取决于进入区位 1 参与集聚是否有利于成本的降低和收益的提高。由于此时区位1内的企业与企业A之间存在一定的横向关联或纵向产业链分工,因此企业A由于参加集聚而带来的创新收益来自于集聚效应,即创新收益的提高和创新成本的相对降低。这种集聚效应的动力就取代了创新环境因素成了企业A参加集聚的主要动力。

设企业A在保持分散状态时的创新收益为 f,创新成本为 g,综合收益为 D,则:

$$D=f-g \tag{4.9}$$

进入区位1后,企业A的综合收益函数为:

$$D'=f'-g' \tag{4.10}$$

由于 $f'>f, g'<g$,则 $D'-D>0$。即当企业A感知或预期集聚会带来创新优势时,就会选择进入区位1集聚。这种动力同样会吸引更多的优质企业进入该区位。

(2)优质企业集群集成力场

沿用自然科学关于引力场、重力场等的习惯称呼,我们把位于两个集成元素之间充满质量、能量和动量,且使两个集成元素发生交合作用的空间称为集成力场(吴秋明,2004),如图4.4所示。

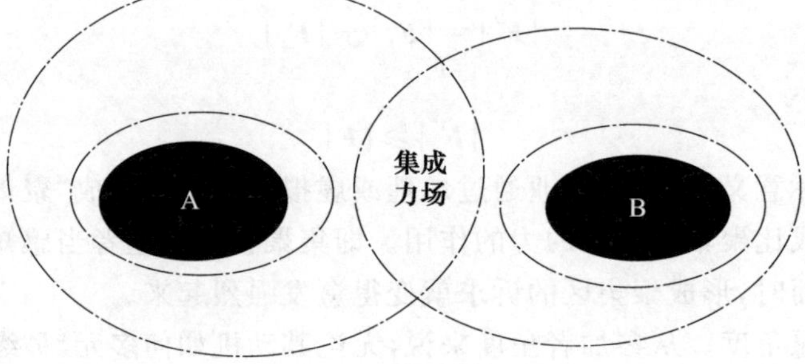

图 4.4 集成力场

同样,在优质企业集群中,每个优质企业都是具有质量、能量和动量的集成单元,它们之间相互交合作用的空间就形成了优质企业集群集成力场(图4.5)。

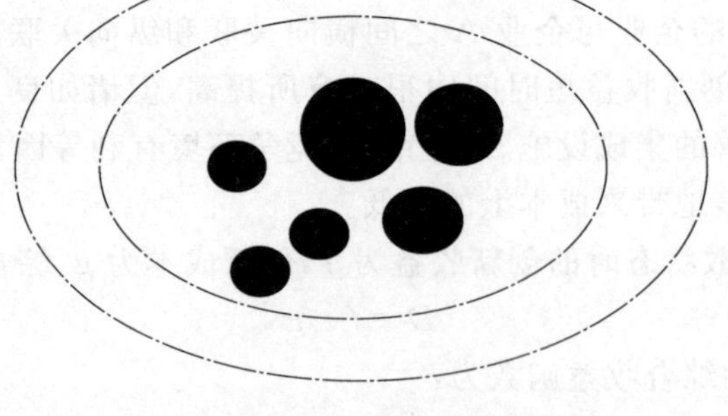

图 4.5 优质企业集群集成力场

通常用空间点函数来表述场,当空间中每一点对应的量是矢量时,该空间为矢量场。由于集成力场的本质是存在力的作用,而力是一个矢量,所以集成力场是矢量场。在优质企业集群所在的集成力场中,集成单元即为该矢量场的组成元素。每个集成单元都同空间的某个点一一对应,而所有集成单元的矢量和就构成了优质企业集群集成力场的场力 $\boldsymbol{F}$,利用直角坐标系可以表示为：

$$\boldsymbol{F}=\{F_x, F_y, F_z\} \tag{4.11}$$

式中，(x,y,z)是点 P 的直角坐标；F_x、F_y、F_z 是矢量 $\boldsymbol{F}$ 分别在 X、Y、Z 轴上的投影，是点的数量函数。

由此可见，优质企业集群集成场力 $\boldsymbol{F}$ 的大小是由所有集成单元即集成力场内所有企业或相关机构的质量、能量、动量等参量共同决定的。

根据集成内力学原理，用 Q_i 表示集成内 n 家优质企业各自的质量$(i=1,2,3,\cdots,n)$，q 表示同集成内企业有业务往来的企业的质量，则集成总的质量为 $Q=\sum Q_i=Q_1+Q_2+Q_3+\cdots+Q_n$。

引用吴秋明(2013)的集成力公式：

集聚前，优质企业间力的作用模型：

$$\boldsymbol{F}=\sum F_i=\sum E_i(t)\frac{q_1(t)q_2(t)}{d_i^2(t)} \tag{4.12}$$

式中，$\boldsymbol{F}$ 为优质企业集成未形成前企业间总的力；E 为环境系数$(E>0)$；$q_1(t)$为某个优质企业的质量；$q_2(t)$为与优质企业有业务关联的企业的质量；d 为在地理分散下某优质企业同与其有业务联系的优质企业间的心理距离；t 为时间参数。

集聚后，优质企业集群的集成力模型：

$$\boldsymbol{F}=\sum F_i=E(t)\frac{\left[\sum Q_i\right]q(t)}{d_i^2(t)} \tag{4.13}$$

式中，$\boldsymbol{F}$ 为集成形成后与其关联的企业的集成内力函数；E 为环境系数$(E>0)$；Q_i 为代表集成内同一产业或具有相关联业务往来的所有企业的质量；$\sum Q_i$ 为集成体质量；$q(t)$ 为某优质企业；d 为集成力场内优质企业间的心理距离；t 为时间参数。

(3)集成力下优质企业集成力场的演化

优质企业集群集成力场是以集成单元，即优质企业为元素构成的。在这些以彼此独立、隐性等级、效益共赢为特征的元素所构成的集成系统中，由于它们之间个体数目众多且有层次性，致使它们间的关系极其复杂，结合系统在与环境进行物质、能量、信息交换中，易受其环境影响且兼具自适性特征，由此得出，优质企业集群的演化是一个以序参量为主导的、以自组织与他组织为结合方式的、以非线性为轨迹的动态、开放、迭代、趋优的过程。

优质企业集群的演化，即为优质企业集群集成力这一动力作用下的优质企业集群集成场系统的演化。集成力是系统中因内外部因素迭代运势，而显现的吸聚力和排斥力的集中体现，结合集成力场的理论及系统动力学理论，我们对优质企业集群系统动力模型进行设置：

$$\begin{cases}\boldsymbol{F}=\boldsymbol{F}_{\text{吸}}+\boldsymbol{F}_{\text{斥}} \\ F(t)=E(t)\dfrac{Q(t)q(t)}{d^2(t)}\end{cases} \tag{4.14}$$

式中，$\boldsymbol{F}$ 为集成力；$\boldsymbol{F}_{\text{吸}}$ 为吸聚力，即企业间的正向作用力，是集群系统内部利益的协调而产生的“聚力”，该力可以促使集群竞争优势不断得以增强；$\boldsymbol{F}_{\text{斥}}$ 为排斥力，即企业之间因存在竞争以及文化、技术、信息、发展战略、资源分布等方面的差异而不可避免存在同吸聚力相反方向的力；E 为集成环境；Q 为集成体质量；q 为集成单元质量；d 为集成单元间心理距离；t 为时间参数。

优势企业集群的演化是个复杂的过程，不是单个向量的简单运算，而是以吸聚力为特征的吸聚力系统同以排斥力为代表的排斥力系统相生相克、此消彼长激烈地争夺话语权的竞争结果。

当吸聚力产生后，排斥力系统和吸聚力系统就会同时存在于那些有业务关联的企业集散地之中。随着交易量的增加，以排斥力和吸聚力为代表的两个系统都得以成长。此时，吸聚力系统和排斥力系统的成长都遵循 Logistic 规律。

吸聚力系统随时间推移的演化公式为：

$$\dot{X}_1(t)=r_1x_1\left(1-\frac{x_1}{N_1}\right) \tag{4.15}$$

式中，r_1 表示吸聚力系统发展的自然成长率，它的值同集聚环境 E、集聚体质量 Q、集成单元质量 q 及集聚单元间心距 d 相关，即 $r_1=w(E,Q,q,d)$；N_1 表示吸聚力系统发展的最大极限规模；$1-\frac{x_1}{N_1}$ 表示有限吸聚力系统成长消耗导致的对它本身增长的阻滞作用；$\frac{x_1}{N_1}$ 表示相对于吸聚力系统的最大极限 N_2 而言，当吸聚力规模为 x_1 时供养吸聚力系统的贡献资源量。

当排斥力出现后，排斥力系统和吸聚力系统同处于众多优质企业的散落点之中，且都需要一定的企业资源作为补给。此时，一方的消耗必然对另一方的成长产生影响，排斥力系统对资源的消耗会阻碍吸聚力系统的发展。考虑到排斥力系统的影响，需要从吸聚力系统演化方程中的因子 $1-\frac{x_1}{N_1}$ 中减去排斥力的影响项，该项与排斥力系统的规模成正比。于是，吸聚力系统的完整演化方程为：

$$X_1(t)=r_1x_1\left(1-\frac{x_1}{N_1}-\sigma_1\frac{x_2}{N_2}\right) \tag{4.16}$$

式中，N_2 表示排斥力系统发展的极限容量；σ_1 表示每一单位排斥力（相对 N_2 而言）消耗的供养吸聚力的资源量是每一单位聚合力（相对 N_1 而言）消耗的供养吸聚力的资源量的 σ_1 倍。

排斥力系统的演化方程与吸聚力系统类似为：

$$X_2(t)=r_2x_2\left(1-\sigma_2\frac{x_1}{N_1}-\frac{x_2}{N_2}\right) \tag{4.17}$$

式中，σ_2 表示单位吸聚力消耗的供养排斥力的资源量是单位数量排斥力消耗的供养排斥力的资源量的 σ_2 倍。

吸聚力系统与排斥力系统之间竞争的演化方程组如下：

$$\begin{cases}\dfrac{dx_1}{dt}=r_1x_1\left(1-\dfrac{x_1}{N_1}-\sigma_1\dfrac{x_2}{N_2}\right)\\[2ex]\dfrac{dx_2}{dt}=r_2x_2\left(1-\sigma_2\dfrac{x_1}{N_1}-\dfrac{x_2}{N_2}\right)\end{cases} \tag{4.18}$$

这里 σ_1 与 σ_2 一般是相互独立的。在某些特殊情形下，有 $\sigma_1\sigma_2=1$。当 $\sigma_1\sigma_2\neq1$ 时：

$$\begin{cases}f(x_1,x_2)=r_1x_1\left(1-\dfrac{x_1}{N_1}-\sigma_1\dfrac{x_2}{N_2}\right)=0\\[2ex]g(x_1,x_2)=r_2x_2\left(1-\sigma_2\dfrac{x_1}{N_1}-\dfrac{x_2}{N_2}\right)=0\end{cases} \tag{4.19}$$

解方程组即式(4.19)可得到4个平衡点，即 $P_1\left(N_2,\frac{N_1(1-\sigma_2)}{1-\sigma_1\sigma_2}\right)$、$P_2\left(\frac{N_2(1-\sigma_1)}{1-\sigma_1\sigma_2},N_1\right)$、$P_3\left(\frac{N_1(1-\sigma_1)}{1-\sigma_1\sigma_2},\frac{N_2(1-\sigma_2)}{1-\sigma_1\sigma_2}\right)$、$P_4\left(\frac{N_2}{1-\sigma_1\sigma_2},\frac{N_1}{1-\sigma_1\sigma_2}\right)$。

利用近似线性方法判断上述4个平衡点的平衡性，再在平衡点处将式(4.19)做泰勒展开并保留一次项，得到吸聚力和排斥力系统竞争模型的演化方程组近似线性方程组的系数矩阵：

$$\mathbf{A}=\begin{bmatrix} f_{x_1} & f_{x_2} \\ g_{x_1} & g_{x_2} \end{bmatrix}=\begin{bmatrix} r_1\left(1-\frac{2x_1}{N_1}-\frac{\sigma_1 x_2}{N_2}\right) & -\frac{r_1\sigma_1 x_1}{N_2} \\ -\frac{r_2\sigma_2 x_2}{N_1} & r_2\left(1-\frac{\sigma_2 x_1}{N_1}-\frac{2x_2}{N_2}\right) \end{bmatrix} \tag{4.20}$$

特征方程系数为：$P=-(f_{x_1}+g_{x_2})|_{P_i}$，$i=1,2,3,4$；$q=\det\mathbf{A}|_{P_i}$，$i=1,2,3,4$，应用动态系统的系数矩阵及判别指标方法对4个平衡点的结果及稳定性条件进行分析，汇总结果列入表4.1。

表4.1　吸聚力、排斥力系统竞争演化方程组的平衡点及其稳定条件

平衡点	系数关联	判别值	稳定条件
$P_1\left(N_2,\frac{N_1(1-\sigma_2)}{1-\sigma_1\sigma_2}\right)$	$r_1-r_2(1-\sigma_2)$	$-r_1r_2(1-\sigma_2)$	$\sigma_1<1,\sigma_2>1$
$P_2\left(\frac{N_2(1-\sigma_1)}{1-\sigma_1\sigma_2},N_1\right)$	$-r_1(1-\sigma_1)+r_2$	$-r_1r_2(1-\sigma_1)$	$\sigma_1>1,\sigma_2<1$
$P_3\left(\frac{N_1(1-\sigma_1)}{1-\sigma_1\sigma_2},\frac{N_2(1-\sigma_2)}{1-\sigma_1\sigma_2}\right)$	$\frac{r_1(1-\sigma_1)+r_2(1-\sigma_2)}{1-\sigma_1\sigma_2}$	$\frac{r_1r_2(1-\sigma_1)(1-\sigma_2)}{1-\sigma_1\sigma_2}$	$\sigma_1<1,\sigma_2<1$
$P_4\left(\frac{N_2}{1-\sigma_1\sigma_2},\frac{N_1}{1-\sigma_1\sigma_2}\right)$	$-(r_1+r_2)$	r_1r_2	$\sigma_1>1,\sigma_2>1$

对于吸聚力、排斥力系统的竞争演化方程组，需要找到具有全局稳定性的平衡点，在上面得到局部稳定性的基础上，利用相平面和相轨线辅助进行分析，在代数方程组式(4.19)中，记：

$$\begin{cases} \varphi(x_1,x_2)=1-\frac{x_1}{N_1}-\sigma_1\frac{x_2}{N_2} \\ \psi(x_1,x_2)=1-\sigma_2\frac{x_1}{N_1}-\frac{x_2}{N_2} \end{cases} \tag{4.21}$$

注意到：

$$\begin{cases} x_1(t)=r_1x_1\left(1-\frac{x_1}{N_1}-\sigma_1\frac{x_2}{N_2}\right)=r_1x_1\varphi(x_1,x_2) \\ x_2(t)=r_2x_2\left(1-\sigma_2\frac{x_1}{N_1}-\frac{x_2}{N_2}\right)=r_2x_2\psi(x_1,x_2) \end{cases} \tag{4.22}$$

根据 σ_1 和 σ_2 不同的取值范围、直线 $\varphi=0$ 和 $\psi=0$ 的相对位置，分情况进行讨论。吸聚力、排斥力系统竞争模型平衡点稳定性的相平面见图4.6。

①$\sigma_1<1,\sigma_2>1$。此时，由表 4.1 可知，对于 $P_1\left(N_2,\dfrac{N_1(1-\sigma_2)}{1-\sigma_1\sigma_2}\right)$，有 $p>0$，P_1 稳定。P_1 的稳定性还可从 $t\to\infty$ 时相轨线的趋向来分析。图 4.6a 中的相平面 $x_1\geqslant 0$ 和 $x_2\geqslant 0$ 被直线 $\varphi=0$ 和 $\psi=0$ 分为 3 个区域：S_1：$dx_1/dt>0$，$dx_2/dt>0$；S_2：$dx_1/dt>0$，$dx_2/dt<0$；S_3：$dx_1/dt<0$，$dx_2/dt<0$。此时，P_1 为全局平衡点。可以证明，轨线从 3 个区域中的哪任意一点出发，都趋向 P_1。

②$\sigma_1>1,\sigma_2<1$。此时，图 4.6b 中的相平面 $x_1\geqslant 0$ 和 $x_2\geqslant 0$ 被直线 $\psi=0$ 和 $\varphi=0$ 分为 4 个区域：S_1：$dx_1/dt>0$，$dx_2/dt>0$；S_2：$dx_1/dt>0$，$dx_2/dt<0$；S_3：$dx_1/dt<0$，$dx_2/dt<0$，S_4：$dx_1/dt<0$，$dx_2/dt<0$。此时，P_2 是全局平衡点。可以证明，当 t 趋于无穷大时，轨线从 4 个区域中的任意一点出发都趋向 P_2。

③$\sigma_1<1,\sigma_2<1$ 时，图 4.6c 中的相平面 $x_1\geqslant 0$ 和 $x_2\geqslant 0$ 被直线 $\psi=0$ 和 $\varphi=0$ 分为 4 个区域：S_1：$dx_1/dt>0$，$dx_2/dt>0$；S_2：$dx_1/dt>0$，$dx_2/dt<0$；S_3：$dx_1/dt<0$，$dx_2/dt>0$；S_4：$dx_1/dt<0$，$dx_2/dt<0$。此时，全局平衡点为 P_3。可以证明，当 t 趋于无穷大时，轨线从 4 个区域中的任意一点出发都趋向 P_3。

④$\sigma_1>1,\sigma_2>1$ 时，图 4.6d 中的相平面 $x_1\geqslant 0$ 和 $x_2\geqslant 0$ 被两条直线 $\psi=0$ 和 $\varphi=0$ 分为 4 个区域。S_1：$dx_1/dt>0$，$dx_2/dt>0$；S_2：$dx_1/dt<0$，$dx_2/dt>0$；S_3：$dx_1/dt>0$，$dx_2/dt<0$；S_4：$dx_1/dt<0$，$dx_2/dt<0$。可以证明，P_4 是全局平衡点，不论轨线从哪个区域出发，当 t 趋于无穷大时都趋于 P_4。

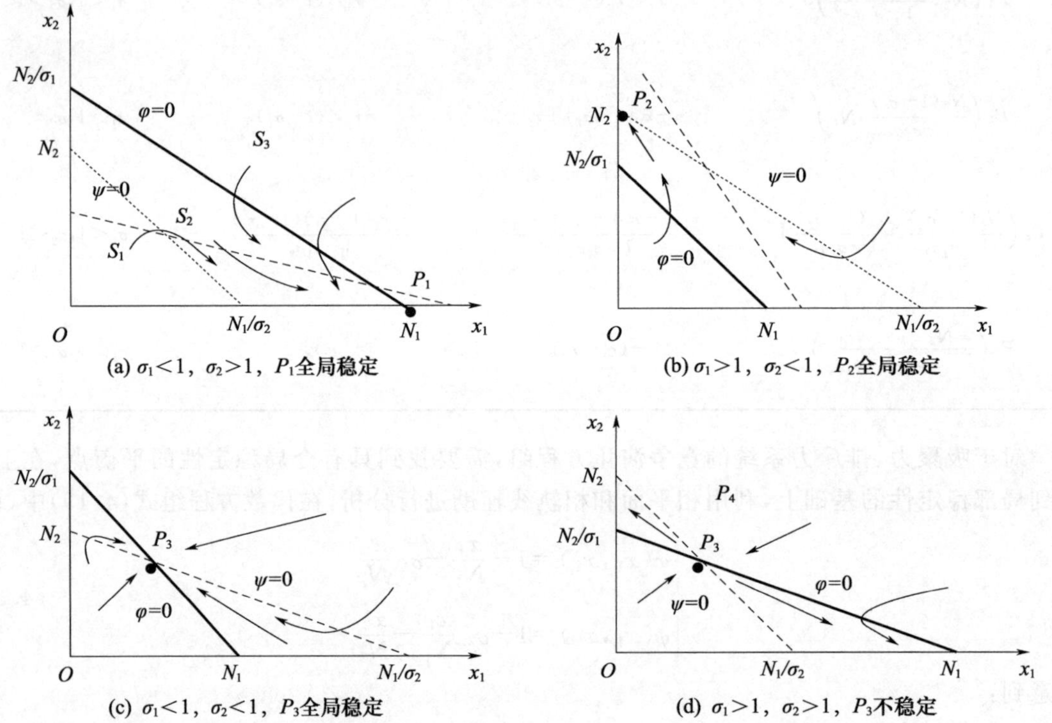

图 4.6　吸聚力、排斥力系统竞争模型平衡点稳定性的相平面

4.5　集成力下优质企业集群的演化阶段

承接上述研究，将优质企业集群所受吸聚力、排斥力影响下的各个力点进行连接，就形成

了优质企业集群的演化曲线。基于集成力的优质企业集群的演化曲线如图 4.7 所示。

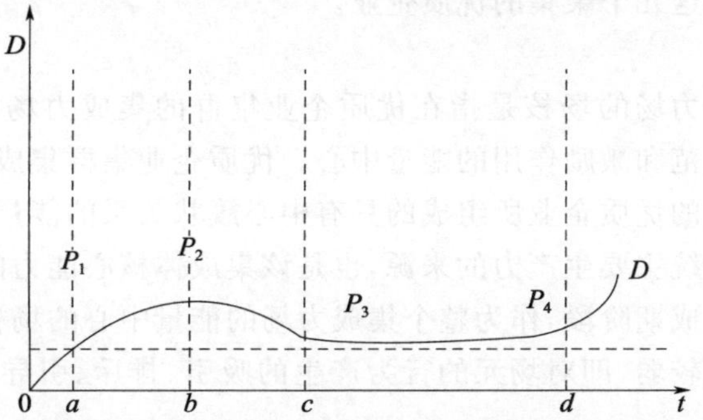

图 4.7　基于集成力的优质企业集群演化曲线

通过吸聚力、排斥力系统竞争模型平衡点稳定性的相平面分析及优质企业集群的演化轨迹，可得出优质企业集群演化的各个阶段。

(1)集群形成期

在到达 P_1 点之前的这一阶段，吸聚力同排斥力都比较小，且吸聚力系统略占上风，此时为优质企业集群形成期，见图 4.7 中 $0a$ 阶段。

(2)分歧磨合期

在 P_1 点和 P_2 点之间的这一阶段，吸聚力同排斥力都在急速上升，此时为优质企业集群分歧期，见图 4.7 中 ab 阶段；在 P_2 点和 P_3 点之间的这一阶段，排斥力呈下降趋势，此时优质企业集群进入了磨合期，见图 4.7 中 bc 阶段。由于这两个阶段都具有吸聚力和排斥力双双活跃性，我们将两个期合称为分歧磨合期。

(3)运营平稳期

在 P_3 点和 P_4 点之间的这一阶段，排斥力下降到最低水平，吸聚力处于绝对优势，此时优质企业集群进入运营平稳期，见图 4.7 中 cd 阶段。

(4)集群危机期

在 P_4 点之后的阶段，排斥力开始迅猛发展，吸聚力同排斥力的厮杀又进入新的阶段，此时优质企业集群进入危机期，如果不能顺利度过危机期集群将走向衰退，见图 4.7 中 d 点之后阶段。

4.6　集成力下优质企业集群演化阶段的特征

优质企业集群的集成力场是在其场核巨大能量的牵引和驱动下，通过各场系及其各能级，作用于该集成力场特定时空范围内的每一个集成元素，从而使集成力场在其各场系有序运行、各能级相互作用的基础上产生一种具有相当程度的穿透力和辐射力的组织效应，并最终实现集成要素之间的协同合作，从而实现共同发展。由于优质企业集群的集成力场演化须经历形成期、分歧磨合期、运营平稳期和集群危机期 4 个演化阶段，因此不同阶段中场的要素状态有其特定的特点，具体说来有以下表现特征。

4.6.1　集群形成期特征

(1)场元特征

优质企业集群集成力场的场元是指集成力场的组成元素，在优质企业集群形成期阶段，由于优质企业间的聚集行为还没有形成真正的集成效应,此时场元属性比较单一,即构成元素状况仅体现于为数不多的这几个聚集的优质企业。

(2)场核特征

优质企业集群集成力场的场核是指在优质企业集群的集成力场中对场元的行为产生吸引、排斥、引导、约束、规范和激励作用的能量中心。优质企业集群集成力场的场核是由该集成力场内具有较大影响力的优质企业所组成的具有中心簇状关系的能量体。优质企业集群集成力场的场核是该集成系统主要生产力的来源,也是该集成体核心能力的来源。

在优质企业集群形成期阶段,作为整个集成力场的能量中心的场核尚处于能量集聚过程,故对外表现特征上还比较弱,即对场元的行为产生的吸引、排斥、引导、约束、规范和激励作用力均不太强。

(3)场线特征

优质企业集群集成力场的场线指能将若干场元进行联结而形成的一组关系。按其联结方向划分,可以分为两类。一类是横向场线,又称场轨。同一横线上的等级是相同的,表示元素间具有横向关系,不同层级的关联表示企业运行时的纵深程度或按流程运作的延伸情况。距离场核越近,受场力作用越大,同该集成体的联系越紧密;距离场核越远,受场力作用越大,同该集成体的联系就相对松散。另一类是纵向场线,又称场维,即优质企业集群集成力场的维度。

在优质企业集群形成期阶段,横向场线是其外在表现,纵向场线尚待形成,优质企业间的相互联系有待加强。

(4)场系特征

优质企业集群集成力场的场系是该集成力场中与场核直接连接,为了系统有序管理而划分的动态子系统模块。

在优质企业集群形成期阶段,场系尚处于构建状态且功能很脆弱。

(5)能级特征

优质企业集群集成力场的能级是在同一场系中,按所受场力的大小划分出来的不同层次。层次高,受场力的影响大,同时对系统的反作用力也大,反之则相反。优质企业集群集成力场能级的科学划分是场系得以有序、功能优化的具体保证。各场系的能级不仅需要具有一定层次的组织机构,更重要的是各层次的组织机构能够发挥作用。只有这样,优质企业集群内每一个层级上的组织机构才能卓有成效地工作。

在优质企业集群形成期阶段,由于能量中心集聚的场能不强,导致能级水平尚不完善。

(6)场界特征

优质企业集群集成力场的场界即为场力作用的最大范围、边界。优质企业集群集成力场的场界不是一成不变的,当集成力场的场能增强时,其场界相应变大;当优质企业集群集成力场的场能变弱时,就会有元素脱离集成体而使得其边界缩小。当优质企业集群集成力场消亡后,场界也随之消失。

在优质企业集群形成期阶段,由于能量中心集聚的场能不强,导致集成力场的作用范围有限,场界较小。

4.6.2 分歧磨合期特征

(1)场元特征

历经集成形成期的“破土”后,优质企业集群转入分歧磨合期,随着科研机构、中介机构、协会,以及对该集成力场具有政策指导力的相关政府机构等相继加入，该阶段的场元数量急剧增加，类别属性也进一步丰富，但由于分歧突出，单元要素频繁地进进出出，而使得场元构成极不稳定。

(2)场核特征

优质企业集群由形成期演化到分歧磨合期后，随着场元数量的急剧增加及类别属性的进一步丰富，作为整个集成力场的能量中心的场核也开始不断增强，由此产生的对场元行为的吸引、排斥、引导、约束、规范和激励作用的调控能力显现。

(3)场线特征

待优质企业集群演化到分歧磨合期后，场线的构成变得复杂起来，具体表现为：由形成初期阶段的横向场线为外在表现特征，演变为在横向场线延伸下的纵向场线交织发展，此时不仅优质企业间的相互联系得以加强，同时场元间诸如科研机构、中介机构、协会等同优质企业单元间的联系也得以提升。

(4)场系特征

优质企业集群由形成初期演化到分歧磨合期后，随着场元数量的急剧增加，场元类别属性不断丰富，整个集成力场的能量中心的场核不断增强，场线的构成不断变得复杂情形下，优质企业集群集成力场的场系结构也发生了很大的改变，突出表现为动态子系统模块开始出现。

(5)能级特征

历经形成初期，优质企业集群集成力场转入分歧磨合期后，在能量中心集聚的场能不断增强下，优质企业集群集成力场的能级水平也不断提高，每一个层级上开始出现了自己的组织机构，且这些组织机构在磨合中初步实现其功能性。

(6)场界特征

优质企业集群由形成初期演化到分歧磨合期后，随着场元、场线、场系、场能、场级的不断生成和演变，优质企业集群集成力场的场界也发生了很大的变化，在其集成力场所释放出的组织效应的穿透和辐射影响下，优质企业集群集成力场场界的边界也不断得以扩展。

4.6.3　运营平稳期特征

(1)场元特征

历经形成初期、分歧磨合期后，优质企业集群进入了运营平稳期演化阶段，随着优质企业数量的增多及科研机构、中介机构、协会，以及对该集成力场具有政策指导力的相关政府机构等的参与，该阶段的场元种类得以很大地充实和丰富，同时场元构成趋于稳定。运营平稳期的优质企业集群集成力场场元构成如图 4.8 所示。

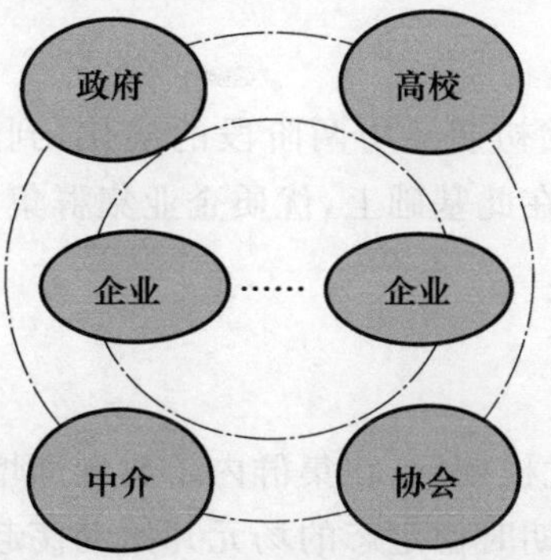

图 4.8　运营平稳期的优质企业集群集成力场的场元构成

(2)场核特征

优质企业集群由分歧磨合期演化到运营平稳期后,随着场元数量的充实和构成稳定性的实现,作为集成力场能量中心的场核已变得相当固实和强大,由此产生的对场元行为的吸引、排斥、引导、约束、规范及激励作用等方面的影响力也达到较佳水平。

(3)场线特征

当优质企业集群演化到运营平稳期后,场线的构成变得更加复杂起来。横向的场轨形成了优质企业集群的集成力场中不同层次的分界线,且横线从场核处按波浪式层层发出;不同层级的关联表示了企业运行时的纵深程度或按流程运作的延伸情况。纵向的场维已经能够反映出诸如工艺关联维度、资源关联维度的元素关联性。

这种横向场线和纵向场线交合的点所形成的连接键连同场轨、场维共同构成了运营平稳期的优质企业集群集成力场的场线(图 4.9)。

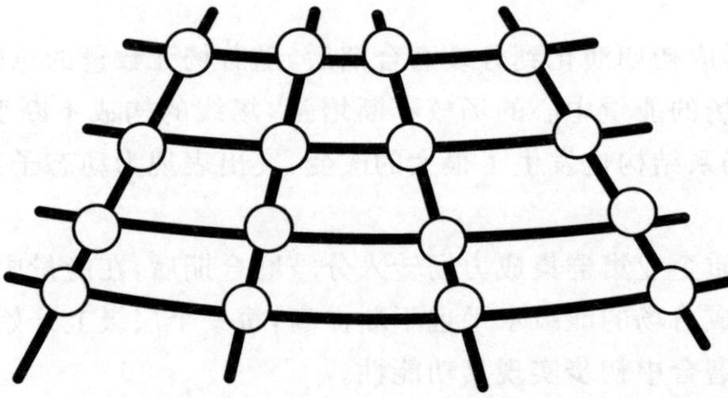

图 4.9　运营平稳期优质企业集群集成力场的场线

(4)场系特征

历经集群形成期、分歧磨合期,优质企业集群进入了运营平稳期演化阶段后,优质企业集群集成力场的场系基本上得以健全,形成了较完备的诸如面向联合研发而分的技术选择模块、创新模式模块、技术开发模块、产品设计模块;面向生产而分的生产方式模块、参与主体模块;面向市场的目标市场选择模块、开发方式模块、产品销售模块等子系统模块。

(5)能级特征

当优质企业集群演化到运营平稳期后,优质企业集群集成力场的能级从高到低已呈现出不同阶梯渐进式特征。优质企业集群集成力场的能级也得以清晰地划分:以场核为中心,向四周辐射,层次高,受场力的影响大,同时对系统的反作用力也大;层次低,受场力的影响小,对系统的反作用力也小。

(6)场界特征

优质企业集群由最初的形成初期经历两阶段的演化,到运营平稳期后,其场元、场线、场系、场能、场级达到了最好水平,在此基础上,优质企业集群集成力场的场界也达到了最大。

4.6.4 集群危机期特征

(1)场元特征

优质企业集群演化到集群危机期后,在集群内矛盾逐渐增强且矛盾强度逐渐剧烈环境下,集成力场的组成元素,之前平稳期时稳定态的场元开始动荡起来,有些优质企业单元开始脱离集群体,中介机构、科研院所等同群内单元的合作量也开始下降。

(2)场核特征

历经集群形成期、分歧磨合期、运营平稳期,优质企业集群集成力场的场核进入了危机期演化阶段。由于场元结构的不稳定性特征的显现,此时的优质企业集群集成力场的场核的能量出现了损减,场核对场元行为的引导约束力也开始变弱,随着集群内矛盾冲突的加剧及排斥力逐渐变强势,优质企业集群的这一中心簇状的能量体存在分裂解体的可能性风险将会进一步增加。

(3)场线特征

优质企业集群演化到危机期后,随着场元、场核的急剧变动,在平稳期建成的场线开始出现局部断裂,部分由横向场线及纵向场线交合而成的连接键也开始消失。

(4)场系特征

优质企业集群演化到危机期,在场元数量减少、场核能量损减、场线逐渐减少的情形下,集成力场的场系也发生了很大的变化,表现为在前期所形成的不同层面上的子系统模块的功能性萎缩及部分解体。

(5)能级特征

优质企业集群由最初的形成期,历经分歧磨合期、运营平稳期的演化,到达危机期后,在场核的剧烈变动下,集成力场的能级由内向外开始出现消退特征,随之而来的是集成力场的能量辐射效应逐渐衰减。

(6)场界特征

优质企业集群演化到危机期后,在场元减少、场核损减、场线渐短、场系功能化消失加剧及能级衰减等一系列负面效应的影响下,优质企业集群集成力场的场界开始内缩,直接导致集群规模变小。

4.7　集成力下优质企业集群演化阶段的影响因素

由以上研究可知,优质企业集群集成力场的演化是在集成力的作用下而进行的。集成力的大小关乎优质企业集群的存在状态,故对于优质企业集群演化阶段影响因素的研究就要追溯于场内受力强度的研究。我们知道集成力是优质企业在集成力场内所受的力,我们若想将个体特性转化为系统特性就得避开单个元素的影响来观察整个系统。根据场理论场强的相关概念,我们将优质集成力场作用力去除单个元素的质量就可得出优质企业集群集成力场的场强,也即优质企业集群集成力场的评价模型:

$$P(t)=E(t)\frac{Q(t)}{d^2(t)} \tag{4.23}$$

式中,P 为集成力场强度;E 为集成体环境系数($E>0$);Q 为集成体的质量;d 为集成体的心理距离;t 为时间参数。

为了便于直观说明,本书对于优质企业集成力场影响因素采用鱼骨图予以展示(图 4.10)。鱼骨图中,鱼头表示需要解决的问题,鱼骨是问题产生的原因或涉及的影响因素。

由优质企业集群的集成力场评价模型可知:优质企业集群集成体环境、集成体质量、集成体心理距离对优质企业集群的集成力大小起决定性作用。故优质企业集群的集成力影响因素的鱼骨图如图 4.11 所示。

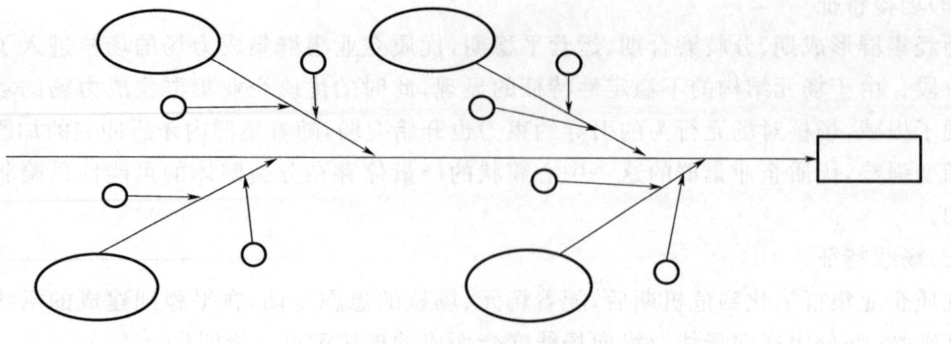

图 4.10　鱼骨图示意

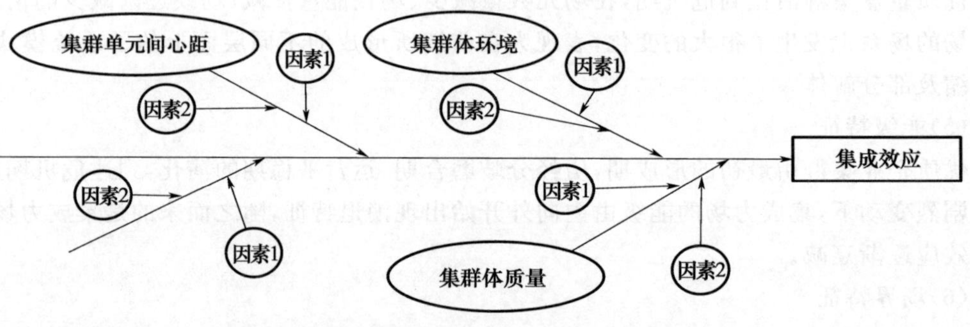

图 4.11　优质企业集群的集成力影响因素鱼骨图

在对优质企业集群集成体环境、集成体质量、集成体心理距离各自因素的分析上，我们运用因素判断打分法。首先把影响集群集成体环境、集成体质量、集成体心理距离的所有可能因素一一列出，设共有 m 个待判断的因素，依次判断 m 个因素的重要性，由评判专家进行判断打分，打分标准为不重要[0,0.3)、较重要[0.3,0.6)、重要[0.6,0.8)、极重要[0.8,1]，因素判断打分表如表 4.2 所示。

表 4.2　因素判断打分表

因素 i	对当前发展的重要性判断 P_i [0,1]	对当前发展的重要性判断 F_i [0,1]	总得分 P_i+F_i [0,2]
因素 1			
因素 2			
⋮			
因素 m			

依据因素判断打分，我们将影响优质企业集群集成体环境的分值最高的 4 个——制度环境、服务体系建设水平、文化氛围、凝聚力程度进行鱼骨图列示，见图 4.12。其中制度环境的因素包含制度完善度和制度执行力；服务体系建设水平的因素包含服务体系完备性和先进性；文化氛围的因素包含文化和谐性和文化主导力情形；凝聚力程度的因素包含集成吸引度和集成忠诚度。

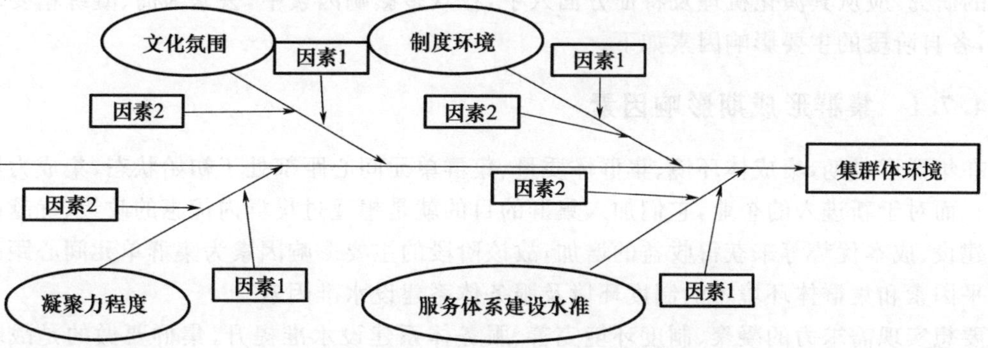

图 4.12　优质企业集群集成体环境的鱼骨图

依据因素判断打分，我们将影响优质企业集群集成体质量的分值最高的 5 个——行业地位、核心技术水平、盈利能力、相对成本优势、发展状况进行鱼骨图列示，见图 4.13。其中行业地位的因素包含区域品牌和优势主导企业；核心技术水平的因素包含关键技术和核心产品；盈利能力的因素包含销售额和利润率水平；相对成本优势的因素包含价格优势和成本优势；发展状况的因素包含产权比率和发展阶段。

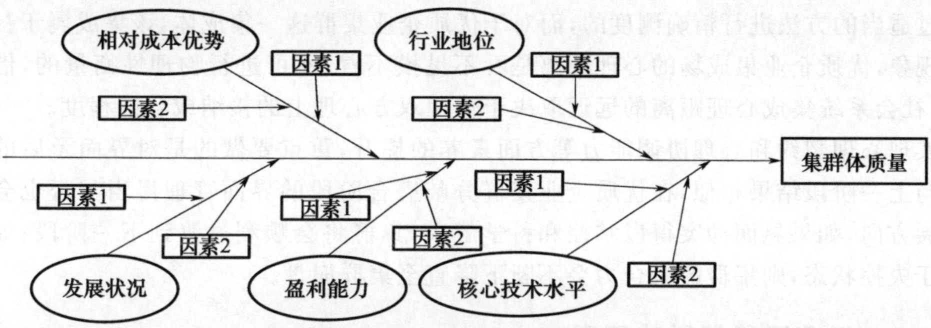

图 4.13　优质企业集群集成体质量的鱼骨图

依据因素判断打分，我们将影响优质企业集群集成单元间心距的分值最高的四个——需求力水平、沟通水平、心理契约度、心理协调度进行鱼骨图列示，见图 4.14。其中需求力水平的因素包含欲望值和支付能力；沟通水平的因素包含沟通方式和传导效率；心理契约度的因素包含信任度和责任感；心理协调度的因素包含趋同性和互动性。

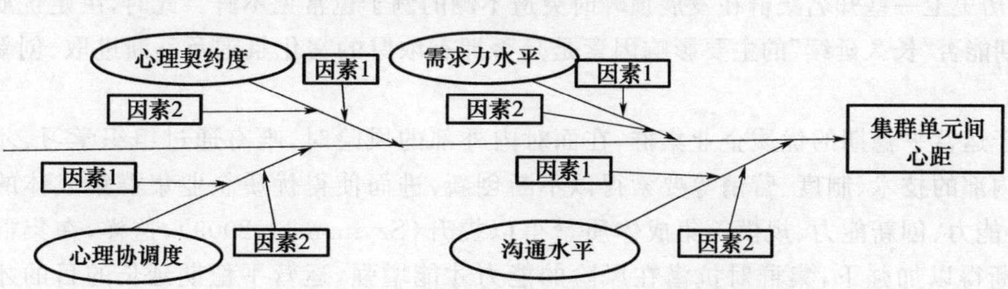

图 4.14　优质企业集群集成单元间心距的鱼骨图

由前节分析可知，优质企业集群的演化分为 4 个阶段，即集群形成期、分歧磨合期、运营平稳期、集群危机期。这 4 个阶段的演化特征在上文也进行了详细的论述，对于每个阶段的影响因素的研究，应从其演化机理及特征方面入手，在众多影响因素中，去繁为简、凝练精要。经过研究，各自阶段的主要影响因素如下。

4.7.1 集群形成期影响因素

在集群形成期，集成体环境、集群体质量、集群单元间心距都处于初始状态，集成力场强度最低。而对于新进入的企业，它们加入集群的目的就是想通过集群内优惠的政策、优越的服务体系建设、成本优势等来获得收益的增加，故该阶段的主要影响因素为集群单元间心距的需求力水平因素和集群体环境中的制度环境及服务体系建设水准因素。

要想实现需求力的凝聚、制度环境完善、服务体系建设水准提升，集群要做的是战略协同规划、组织结构化构建、制度规制上的制定和管理。如果上述问题能顺利解决，集群就会向分歧磨合期方向发展；如果上述问题得不到解决，集群就会因排斥力变大而崩盘。

4.7.2 分歧磨合期影响因素

在分歧磨合期，矛盾和冲突凸显，故决定优质企业集群分歧磨合阶段的主要因素是沟通水平和凝聚力程度，在该阶段亟待做的是如何实现集群内集成单元间心理距离的缩短。根据牛顿万有引力定律对于距离的考量，物理上的距离主要指两个物体之间的绝对空间距离，这个是可以通过适当的方法进行精确测度的，而对于优质企业集群这一集成体，该集成属于社会系统的集成现象，优质企业集成场的心理距离是看不见摸不着、不可进行物理性衡量的，借助社会场研究，社会系统集成心理距离的远近取决于作用双方心理上的接纳或容纳程度。

要实现心理契约和心理协调能力等方面素养的提升，重点要做的是对界面矛盾的研判和管理。与上一阶段结果相似，在优质企业集群分歧磨合阶段的界面管理得当与否也会决定集群的发展方向，如果界面冲突得以掌控和科学解决，集群将会顺利过渡到下一阶段；如果界面冲突处于失控状态，则集群的聚合力会不断下降直至集群崩盘。

4.7.3 运营平稳期影响因素

历经集群形成期、分歧磨合期，集群演化到运营平稳期，尤其在战略协同、组织结构、界面矛盾等管理行为下，集成体环境、集群体质量、集群单元间心距在不同程度上都得以提升。该时期，优质企业集群虽然在结构、规制、运作等方面趋于稳定，集群效应凸显，但随着市场偏好、信息流动、技术突破、文化传递等一般环境因素的变化及自身的不可控性，这些显现的及潜在的风险不应忽视，历史上一些知名集群在发展顶峰时突遭不测的例子也常见不鲜。此时，决定优质企业运营平稳期能否“长久延续”的主要影响因素是是否拥有浓厚的文化氛围及不断进取、创新的学习态度。

处于运营平稳期的优质企业集群，在面对内外部的风险时，唯有通过组织学习，才能使得集成体内部的技术、制度、营销等要素得以不断创新，进而使得优质企业集群集成体的服务能力、核心能力、创新能力、规模等集成体质量得以提升（Szymanski，2009），这样，在集群自身竞争力不断得以加强下，集群对抗潜在风险的能力才能增强，运营平稳期延长的目的才能得以实现。

4.7.4 集群危机期影响因素

在集群危机期，由于集成体环境、集群体质量、集群单元间心距又回到了急剧变动阶段，致使此时集群的集成力场强度急速振荡。处于各种隐形矛盾显性化、集群制度的僵硬、文化的畸形等引致风险爆发点上的危机期的优质企业集群，在发展上，面前有两条路：一是风险失控，集群解体；二是风险得控，集群的发展进入新的阶段。故此，决定优质企业集群危机阶段走向的主要影响因素是对长期积攒于集成体环境、集群质量、集群单元间心距危机的化解能力。

对风险的化解，首先要识别其产生的源头，然后了解风险演化特点，最后通过一系列的机制管控，唯有此，风险的化解方才有效。危机期集群的发展目标不仅要实现风险控制，还应通过革新，实现集群的蜕变。所以，处于集群危机期的主要管理应是风险控制和系统创新。

4.8　本章小结

本章以集成理论为视角，着力对优质企业集群形成机理进行研究。首先基于集成力学研究了优质企业间的“聚集”原理，接着对优质企业因“聚集”而构成的集成力场进行构建，之后研究了优质企业集群的形成、演化的过程，探讨了优质企业集群演化的阶段，对优质企业集群形成期、分歧磨合期、运营平稳期、集群危机期各自阶段特征做了详细论述，之后对其各个演化阶段的影响因素做了剖析研究。这些研究则为后面优质企业集群的管理研究埋下了伏笔。

第5章 基于集成论的优质企业集群的管理架构

5.1 集群管理的提出

克鲁格曼把“集聚经济”所产生的优势明确称为集聚效应，并先后提出了企业集群的规模效应、辐射效应、扩大效应等集成效应。但又有学者从反向思维出发，提出了集聚优势耗散理论，他们认为集聚优势将由于区域资源的稀缺性以及集聚企业不再同质化而消失，这种态势一旦发生，不仅集聚优势会迅速降低，随之而来的将是群内企业的纷纷“外迁”。除此之外，也有学者从集聚文化差异等角度提出了集聚弱效应理论。对于上述悖论现象，我国学者王缉慈(2001)认为，企业地理的近邻效应，虽然对提高区域竞争力和创新能力有一定作用，但也存在影响集聚优势发挥的许多问题。也就是说，企业集群如果单纯依靠地理毗邻而成，那么其存在意义就与工业园区无太大差别，即仅仅停留于本地企业链的打造，其最终结果并不一定能够真正促进“集聚经济”优势的发挥。

如上所述，集聚优势耗散、集聚文化差异甚至是文化冲突的存在、企业联系的形成和增强等问题都属于企业集群管理的范畴。

假如优质企业集群仅仅是完成了企业在地理上的集中，而实际上集聚企业相互之间缺乏专业化分工与协作机制，集而不群、貌合神离，如同一盘散沙一般，甚至于在内部开展过度竞争，那么集聚建立之初所预期的正向经济效应则不可能实现，即“集聚不经济”。那种认为集群一定会产生经济的思想，仅仅是一种空想。这个道理就如同企业本身是各种生产要素的群合体，但企业并不一定会盈利一样。从企业的集聚到整合增效，其过程相当复杂，离不开科学的管理，即企业集群管理。

参照前面建立的优质企业集群评价模型(见式4.23)，对于：

$$P=P(t) \tag{5.1}$$

①当 $P=0$ 时，集成力场内呈现混沌之态，元素之间不受场力约束，集成效应也不复存在；

②当 P 较小时，集成力场强较小，场内耦合度较低，集成系统内元素之间的作用情况松散；

③当 P 较大时，集成力场强较强，场内耦合度较高，集成系统内元素之间的运行有序，集成效应也较优；

④当 P 值达到最大时，集成力场强达到最强，场态最紧密，集成效应达到最优状态。

优质企业集群需要管理，对于这一结论，我们也可以从下述分析中得到进一步印证。对于优质企业集群的管理，我们称为集成管理。集成管理是为了使集群状态达到最优，而根据资源优化配置原理对其偏好、状态等元素进行调整优化的过程。

基于优质企业集群评价模型，在集成管理作用下我们可以建立集群优化模型：

$$\text{Max } P=P[p(x_i)] \tag{5.2}$$

$$
\text{s.t.}\begin{cases}
p\{p[x(r_i)]\} = \sum_{i=1}^{n} p[x(r_i)] \\
\sum_{i=1}^{n} k(x_i) \leqslant \sum_{i=1}^{n} r_i \\
k(x_i) \leqslant r_i \\
\sum_{i=1}^{n} r_i \leqslant A \\
x_i \geqslant 0 \\
r_i \geqslant 0 \\
i = 1,2,3,\cdots,n
\end{cases} \tag{5.3}
$$

式中，x_i 为优质企业集群中元素的状态；$p(x_i)$为优质企业集群中元素的目标函数；r_i 为优质企业集群中元素的资源量；$k(x_i)$为优质企业集群中元素的资源函数；A 为元素资源可获取总量；P 为优质企业集群的总体目标函数。

利用优化技术，任取两集成元素 x_1、x_2 代入模型中，可得 x_1^*、x_2^* 为最优解，可证得：

$$P[p(x_1^*),p(x_2^*)] \geqslant p(x_1^*)+p(x_2^*) \tag{5.4}$$

上述是任取两个集成元素，将此一般性推广到若干个集成元素，可得：

$$P[p(x_i^*)] \geqslant p(x_i^*) \tag{5.5}$$

通过集成管理，由各单项元素集成后所产生的整体效应大于各单项元素效应的简单加和。

通过以上分析可以得出，优质企业集群的发展需要集成管理。

5.2　优质企业集群管理的目标

5.2.1　增强凝聚力 实现内部效应

通过对集群的科学管理，在实现环境特征值 E 不断得以提高和改善、集成体总质量 Q 不断得以提升以及集成单元间的沟通、心理契约和心理协调能力等因素不断加强而使得单元间心理距离 d 得以缩短的同时，集群体内部凝聚力不断增强，以实现以下内部效应。

(1)分工更细和交易费用降低

优质企业集群的形成使得刚性的大批量标准化生产进一步向柔性专业化生产转变。在集成系统内部分工日益加深的情况下，优质企业间的交易更加频繁，生产协作网络更加缜密。这种具有弹性、专业化的协作又吸引了周边寻找交易伙伴的加入，从而增加了交易频率，进而扩大了协作网络，这种协作网络又对周边进一步形成吸引，在如此迭代反复的过程中，优质企业集群给群内优质企业带来分工的精细化和交易费用降低的效应也将进一步凸显。

(2)社会资本效应

社会资本对外表现为声誉资本，对优质企业集群内的优质企业而言表现为相互间对秩序和规则尊崇的意识感。持有社会资本学说的学者认为，镶嵌于社会关系中的经济行为是企业间协作关系建立的原动力，而这种原动力又维持和滋养了组织内所形成的社会资本。对于优质企业集群而言，这种社会资本产生的效应更大。这是因为优质企业集聚在一起，彼此间优质资源互补的需求感比非优集群更强烈，这样在合作时更易形成他们之间相互尊崇的规则，而这种规则便转化为具有协调行动和集体决策的优质企业集群集成力场强大的功能——优质企业集群的社会资本效应。优质企业集群发展得越好，其社会资本效应越强；社会资本效应越强，优质企业集群的集成效应发挥就更充分。

(3)新知识效应

与非优企业集群的集成体相比，优质企业集群中的单元优质企业除对知识信息获取成本的节约和对传播高效率的追求外，更注重于前沿产品的研发和对市场趋势的科学研判。优质企业集成在一起，他们之间优质的信息和知识的交互和流动、具有国际视野优秀人员间最具思维“火花”的碰撞，更易激发新知识的萌发和生成。这种为优质企业集群所独有的新知识效应，产生于该集成力场内部，且为场内优质企业所独享。

5.2.2 扩大影响力 实现外部效应

通过对集群的科学管理，在实现环境特征值(E)不断提高和改善、集成体总质量(Q)不断提升以及集成单元间的沟通、心理契约和心理协调能力等因素不断加强而使得单元间心理距离(d)缩短的同时，使得集群在区域经济中的影响力不断扩大，以实现以下外部效应。

(1)回波效应

回波效应是由1974年诺贝尔经济学奖获得者冈纳·缪尔达尔(Gurmar Myrdal)提出的。所谓的“回波效应”是指经济活动正在扩张的地点和地区将会从其他地区吸引净人口流入、资本流入和贸易活动，从而加快区域自身的发展。优质企业集群的集成力场会为区域经济的发展带来巨大的回波效应(韩纪江 等，2014)。

(2)极化效应

佩鲁(Perrowx)认为，主导部门和有创新能力的企业，在某些地区或大城市聚集发展而形成的生产、贸易、金融、科技、人才、信息、交通运输、服务、决策等经济活动中心恰似一个“磁极”，能够产生较强的吸纳辐射作用。优质企业间因“强强联合”而形成的集群，其体量和影响力是非优集群所不及的，故其所形成的“增长极”更具有“支配”效应，表现为更具有吸引和扩散的作用、技术的创新与扩散作用、资本的集中与输出作用、获取巨大规模等经济效应。

(3)外部网络效应

优质企业集群对区域经济的影响是一个网络化的动态过程。假定优质企业集群中的某一优质企业A的坐落位置是区位1。接下来生产同种最终产品的企业B在进行区位决策时，就会因考量其聚集经济而选择区位1作为生产区位。这样随着每一个新的最终产品企业进驻，在此动态过程中，因经贸合作而使得该集成体内外的各经济体单元相互凝结而形成千丝万缕的关系，所以优质企业集群会给当地区域经济活动带来巨大的网络效应，这一过程的发展有其规律。优质企业集群网络效应发展如图5.1所示。

(4)带动效应

带动效应起源于“雁阵理论”。在经济全球化条件下，优质企业集群通过对集成体内外知识资源、技术资源、资本资源的有效整合，从而促进其在区域和国际上更高效流动。优质企业集群为要素利用提供有效载体，能使区域的生产要素特别是人力要素和资源充分利用起来，带动生产要素的流动，改善生产要素的供给，提高了生产要素的质量。随着优质企业集成力场场容的扩大及场能的不断升级，会不断吸收当地劳动力的就业，劳动力的充分释放转化为居民的收入，收入水平的提升加速了本地资本的积累。如此循环，优质企业集群实现了区域经济的拉动。

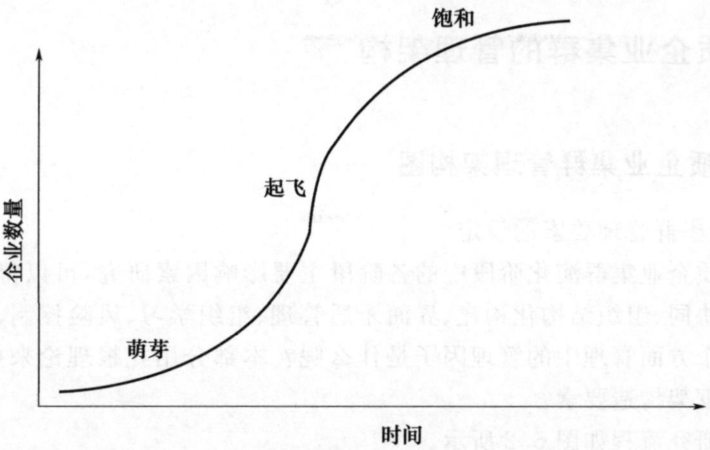

图 5.1　优质企业集群网络效应发展图

5.3　优质企业集群管理的原则

5.3.1　共商原则

优质企业集群内部各方都是独立的利益团体，在涉及投资额度、收益分配等利益问题时，需要通过伙伴间的协商来确定。优质企业集群内部应建立通畅的沟通渠道和有效的沟通方式，以增强彼此间的信任。组织间信任的建立和维持依赖于各方共同遵守的制度规范，因此，优质企业集群内部应在共同协商的基础上制定一个公平、合理、双赢甚至多赢的协议合同，而公平、规范的制度建立的关键在相互理解的基础上。

5.3.2　共管原则

共管原则，即优质企业集群内各集群企业在共同协商的基础上，对集群管理所实施的共同管理的行为方式。坚持集群事务由集群内各集群单元共同参与解决，积极推进集群治理规则的公平、民主化。各方应建立共同遵守的管理章程，进而在优质企业集群内部建立一个责、权、利相统一的共同管理体系，以明确其责任、权利和义务。

5.3.3　共享原则

共享原则，即优质企业集群内各集群企业在共商、共管的基础上，对于因集聚效应而滋生出的各种优质资源，所享有的平等享用的协定规则。共享原则的目的是通过利益的分享，让各自独立的个体在集群中感觉到彼此间是相互平等的，以此增强集群企业对优质企业集群的荣誉感和主人翁责任感。为此，集群内各成员要秉持共同、综合、合作、可持续的新发展观，坚持创新驱动，打造富有活力的增长模式；坚持协同联动，打造共赢的合作模式；坚持公平包容，打造平衡普惠的发展模式，以让优质企业集群内各成员企业共享集群发展成果。

5.4 优质企业集群的管理架构

5.4.1 优质企业集群管理架构图

(1)优质企业集群管理要素的设定

由第 4 章优质企业集群演化阶段中的各阶段主要影响因素研究,可以得出优质企业集群应做好包括战略协同、组织结构化构建、界面矛盾管理、组织学习、风险控制、系统创新 6 个方面的管理。这 6 个方面管理中的管理因子是什么呢?本部分用扎根理论来提炼其管理因子,以期为集群管理框架构造要素。

扎根理论的研究流程如图 5.2 所示。

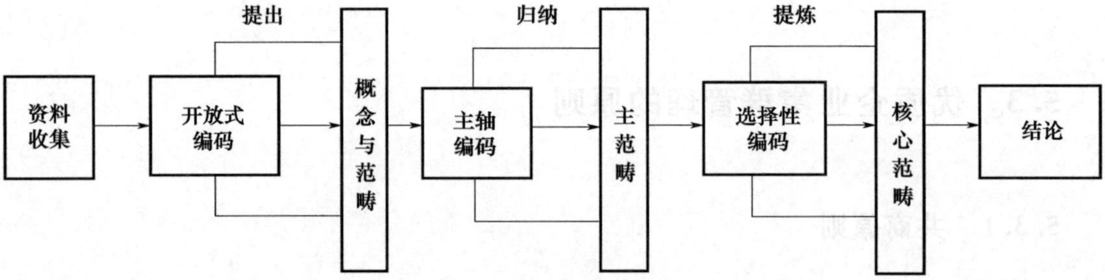

图 5.2 扎根理论研究流程

凯西·卡麦兹(2009)在对扎根理论要义论述时指出,扎根理论立足于对经验资料的梳理,扎根的过程即资料整合、经验概括、生成概念的过程。扎根理论方法在挖掘概念内涵与外延时尤为适用,而本研究恰是对优质企业集群管理指标的探索,所以扎根理论在该研究中的应用是非常合适的。

本研究选取了经济较发达的长江三角洲和珠江三角洲区域中的具有代表性的 24 个优质企业集群进行调研,并对这些集群中担任政策建言、监督或管理角色的 42 名企业家进行深度访谈,访谈内容包含关于优质企业集群中演化阶段所涉及的战略协同、组织结构管理、界面矛盾管理、组织学习、风险控制、系统创新在内的集群管理范畴问题,通过这次灵活、开放式的访谈活动,我们获得了很多关于集群管理方面非常有价值的信息。

1)开放编码。访谈结束后,我们对原始资料进行整理,通过原生编码、范畴挖掘、范畴命名等一系列开放式编码操作,整理出了 152 条关键语句、得出 113 个初始概念,然后通过对这些初始概念进行归纳,最终得到了 51 个范畴。依照这些范畴的特点,进行以下命名:A_1 优化资源配置,A_2 衍生创新,A_3 分散风险,A_4 降低成本,A_5 加快收益,A_6 各单元协同,A_7 同步联动,A_8 目标融合,A_9 取长补短,A_{10} 临时性组织,A_{11} 结构稳定,A_{12} 信息反馈效率,A_{13} 职权有效,A_{14} 虚拟化运作,A_{15} 边界模糊,A_{16} 结构重塑,A_{17} 区域环境,A_{18} 区域界面冲突,A_{19} 集群环境,A_{20} 集群凝聚力,A_{21} 集群界面冲突,A_{22} 企业对集群认同感,A_{23} 企业间心理距离,A_{24} 企业间合作水平,A_{25} 有机学习,A_{26} 高效学习,A_{27} 扁平化运作,A_{28} 可持续学习,A_{29} 知识渗透,A_{30} 信息捕获,A_{31} 资源梳理,A_{32} 知识积累,A_{33} 技术创新,A_{34} 集群特征诱因,A_{35} 资源共享诱因,A_{36} 结构性诱因,A_{37} 危机意识,A_{38} 风险源头控制,A_{39} 传播渠道控制,A_{40} 预警机制，A_{41}信息化，A_{42}人才培训，A_{43}校企合作，A_{44}研发投入，A_{45}人才引进，A_{46}金融优惠政策，A_{47}经费扶持，A_{48}企业孵化，A_{49}技术联盟，A_{50}产业链合作，A_{51}协同创新平台。开放编码示例见表 5.1。

表 5.1　开放编码示例

访谈资料	概念化	范畴化	范畴属性
在集群中常用的战略性思维所涵盖的方面及这些思维在实践中对集成效应的影响	a_{31}战略性层面思考	A_{14}虚拟化运作	集群形成期
组织结构化是否是管理集成的必然结果，集成模式对结构化的影响	a_{43}影响性分析	A_{16}结构重塑	集群形成期
集群在合作度、开放度与集群增长绩效关联及其界面冲突的成因、解决建议	a_{52}成因性思考	A_{21}集群界面冲突	分歧磨合期
将知识集成融入组织学习之中，立足于专业知识的集成视角，能否体现出指导、交换、社会化、内化对集群提升的必要性	a_{66}因素探究	A_{29}知识渗透	运营平稳期
危机预警系统包括电子预警系统、人工预警系统和指标预警系统，由专业人士负责收集信息，并对这些信息进行分析、决策	a_{92}预防式控制	A_{40}预警机制	集群危机期
通过协同创新平台的搭建，将集群内各类新型产业组织和科技企业整合在一起，开展产学研及其他创新主体深层次合作	a_{113}模式创新	A_{51}协同创新平台	集群危机期

2)主轴编码。开放编码完成后，进入主轴编码。主轴编码是在开放编码的基础上，对这33个范畴进行分类，从而建立它们之间关联的过程。主轴编码包括主范畴确立和次范畴确立两个过程，在确立过程中还要利用编码范式将次范畴和主范畴进行关系连接。

3)选择编码。选择编码是对开放编码的进一步处理，即通过对主范畴的核心范畴的发掘，以“故事线”的形式对各种关联变量进行连接，进而实现理论框架的构建。在选择编码阶段，确定“企业集群实施哪些方面的管理可对其发展最具有效性”为核心范畴，围绕核心范畴故事线可抽象为：对组织结构的管理、对战略协同的管理、对界面矛盾的管理、对组织学习的创建和管理、风险控制、组织创新。主轴编码的范畴与范畴间关系如表 5.2 所示。

表 5.2　主轴编码的范畴与范畴间关系

主范畴	次范畴	关系的内涵
战略协同	B_{11}整合增效战略（A_1、A_2、A_3、A_4、A_5）	经过集群资源优化整合，实现了集群效应，促进了集群发展
	B_{12}协同旋进战略（A_6、A_7）	群内各部门、单位相互协调，发挥同步联动作用，让集群内每个个体单元都能得到效能提升
	B_{13}虚拟战略（A_8、A_9、A_{10}）	借助外力战略，通过虚拟化运作，将目标任务与各个子单元的优势能力相融相合，取长补短

续表

主范畴	次范畴	关系的内涵
组织结构化	B_{21}科层制结构（A_{11}、A_{12}、A_{13}）	增强工作关系中稳定因素，有利于各个子单元间信息的流通和反馈，加强职权的有效性运转
	B_{22}泛边界网络化（A_{14}、A_{15}、A_{16}）	虚拟企业、虚拟组织的涌现，使得群内组织边界更加模糊，加之互联网的普及，群内非线性管理和扩展秩序日渐变为主流，泛边界网络化更具弹性和效能
界面矛盾	B_{31}区域层面界面（A_{17}、A_{18}）	集群同区域外环境之间相互影响，一方面是冲突不断，另一方面是不断渗透
	B_{32}集群层面界面（A_{19}、A_{20}、A_{21}）	一定地理范围内的集群企业、相关机构、集群（协会）等组成单元之间既相融相生，又充斥着利益纠葛
	B_{33}企业层面界面（A_{22}、A_{23}、A_{24}）	群内企业间的协作永远是它们业务往来的主旋律，但各自利益最大化的追求又使得它们在企业间合作层面上患得患失，冲突不断
组织学习	B_{41}学习型组织创建（A_{25}、A_{26}、A_{27}、A_{28}）	在群内建立学习型组织，无疑是在为系统创造性思维能力的培育建立了一个有机、高效、扁平化、可持续发展的平台，它们也是提升集群整体竞争力不可或缺的要素
	B_{42}组织学习管理（A_{29}、A_{30}、A_{31}、A_{32}、A_{33}）	知识、信息、技术等流动性资源在价值链、作业单元间弥漫和渗透时，系统内组织要善于通过捕获、梳理、整合等学习管理将其凝练和升华，变为其促进创新的内生动力
风险控制	B_{51}风险识别（A_{34}、A_{35}、A_{36}）	空间集聚性、关联企业间分工、集群文化、资源交换通道、集群“近交”等是爆发危机的源头
	B_{52}风险管理（A_{37}、A_{38}、A_{39}、A_{40}、A_{41}）	加强自身危机管理意识、强化集群内部的整合、控制风险的传播渠道、掌控风险传播媒介、建立和完善集群危机的预警系统
系统创新	B_{61}要素创新（A_{42}、A_{43}、A_{44}、A_{45}）	创新系统的有效运转离不开多样化的创新要素，而创新要素的积累正是集群创新驱动实施亟须解决的问题
	B_{62}制度创新（A_{46}、A_{47}、A_{48}）	集群内部的体制机制要不断朝着有利于创新集群的方向发展，不断改进和营造良好的政策环境
	B_{63}组织创新（A_{49}、A_{50}、A_{51}）	通过组织创新，不断地建立协同创新平台，优化组织协同度，提高企业单元合作效率

依据以上方法，依次对剩余3个优质企业集群进行重复编码和检验，编码结果表明过程中未发现全新范畴的引入，核心范畴“组织结构管理、战略协同、界面矛盾管理、组织学习创建与管理、风险控制、系统创新”为优质企业集群有效管理范畴也得到了精确，说明研究达到预期效果，所得出的各个范畴和“故事线”具有较好的理论饱和度，可以停止进一步采样。

(2)优质企业集群管理框架图

按照集成理论，优质企业集群集成力场作用机制发挥决定了优质企业集群集成力场效应能否实现，要实现集成效应，就要对该集成力场作用机制进行管理，即对场纲系统、场制系统、场闸系统及优化系统进行科学的管理。结合优质企业集群形成机理研究成果，我们根据作用机制的特征和功能，提出了6个“集成管理模块”的15个要素指标所构成的优质企业集群管理框架图(图5.3)。

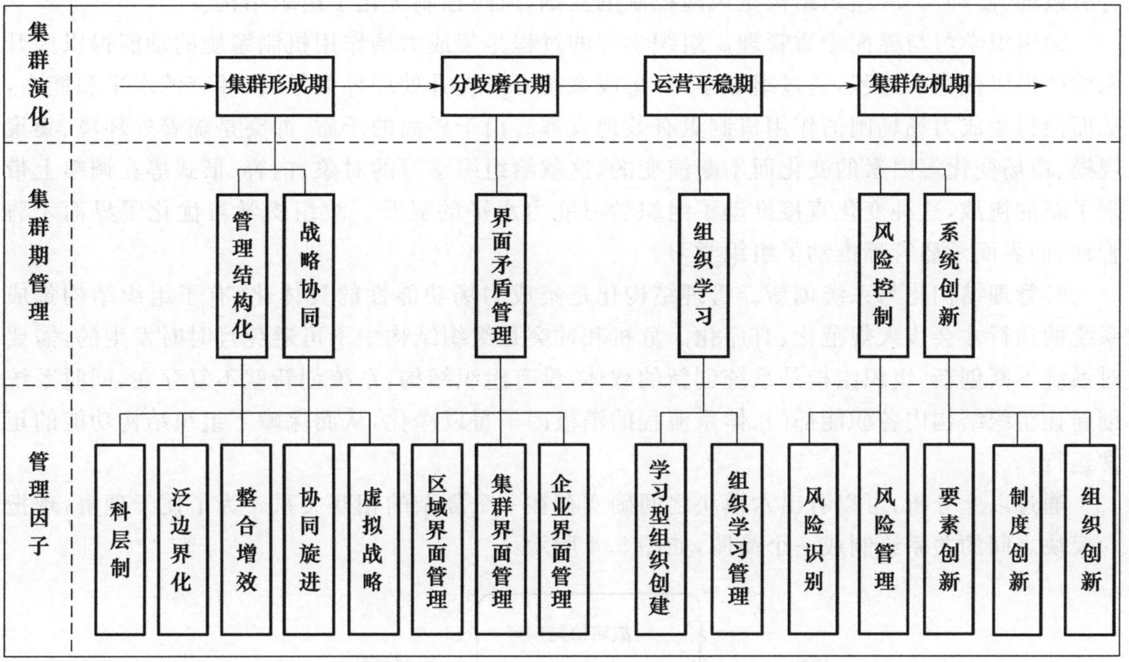

图 5.3 优质企业集群管理框架

战略协同、管理结构化两个管理模块分别是对优质企业集群集成力场作用机制中战略子系统、结构子系统管理的体现，界面矛盾管理、风险控制两个管理模块是对优质企业集群集成力场控制子系统方面管理的体现，而组织学习、系统创新两个管理模块在集成力场作用机制中所起的功能是优化作用。管理结构化模块、战略协同模块、界面矛盾管理模块、组织学习模块、风险控制模块、系统创新模块六者的关联不是孤立的，它们之间存在着复杂的相互联系、相互影响的关系，具体说来关系如下。

1)战略协同与管理结构化。战略协同对集群发展具有纲领性作用，当然对其组织的构造也具有决定作用，有什么样的发展战略就需要相应的组织结构与之相配，发展战略发生变化，组织结构也应发生调整。组织结构的设计和管理对发展战略的实现具有重要影响作用，没有组织结构，发展战略就得不到有力的执行，集成力场的发展也只能是“空中楼阁”。

2)战略协同与界面矛盾管理。战略协同对界面矛盾管理也具有决定和统领性作用。处理界面的矛盾、冲突时所采用方法、手段的选择都是发展战略顶层设计下的具体运用。科学的战略是有效界面管理的前提；高效的界面管理则是战略协同得以实现的重要保证。

3)战略协同与组织学习。战略协同作为集成系统的纲领，必然对组织学习的主体、内容、方式等提出了要求和规范。组织学习是战略协同实施的推动器，没有组织学习，战略协同只能在原地停滞。组织学习让集成系统的价值观、文化在集成力场内各个层面内得以弥漫和渗透，同时也使得技术束和知识流在集成系统内自由流动。故而，战略协同与组织学习的关系为：没有战略协同，组织学习就成无根之本；没有组织学习，战略协同只能是“无本之木”“无水之源”。

4)风险控制与管理结构化。组织结构不仅是风险控制的对象，也给风险控制的运行提供了框架基础。集成系统在风险控制过程中,借助结构载体传递到各个层面,并将其制度化。通过结构传递内外管控信息的过程,也是风险控制对组织结构功能性检测的过程。通过风险控制运行情况,可以将集成系统中不协调的部分显示出来,这样有助于管理者对组织结构进行及时有效的“修补”。故组织结构是风险控制的基础,风险控制优化了组织结构。

5)组织学习与界面矛盾管理。组织学习的过程是集成力场作用机制系统的动能得以提升和效能得以优化的过程,通过组织学习,集成系统可以提升处理界面矛盾、冲突的水平和能力,从而使得集成力场场闸的作用机制更有效地发挥。由于界面的矛盾、冲突是随着外环境、集聚规模、市场变化等因素的变化而不断演变的,这就给组织学习的对象、内容、形式等在调整上带来了新的挑战,这种变化直接推动了组织学习能力水平的提升。故组织学习优化了界面矛盾管理,而界面矛盾管理推动了组织学习。

6)管理结构化与系统创新。管理结构化是集成力场功能性的具体化,有了组织结构集成系统的运行才会步入规范化、有序化。危机和冲突是组织结构中不可避免且时时发生的,需要对系统不断创新,组织结构是系统创新的载体,没有组织结构,系统创新就不复存在,同时系统创新让组织结构内各职能部门、体系流程的消极因子得以净化,从而保障了组织结构功能的正常运行。

通过以上分析,可以看出六模块之间确实存在一个复杂的相互关系。为了便于理解,现把六模块之间的关系绘制成一个简图,如图 5.4 所示:

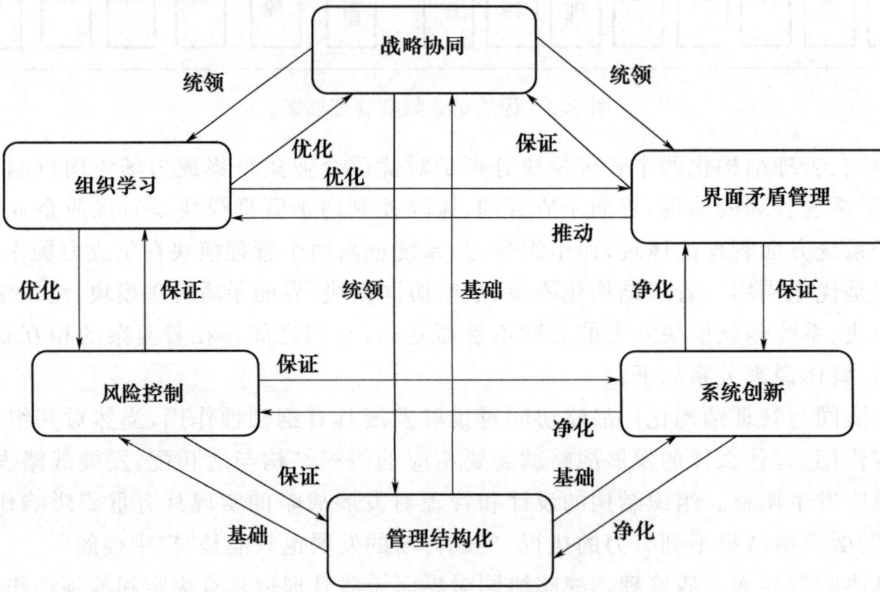

图 5.4 管理集成六模块之间关系

5.4.2 基于集成力的集群管理架构的实证

5.4.2.1 *研究方法介绍*

结构方程模型(SEM)起源于 20 世纪 60 年代,20 世纪 90 年代初开始得到广泛运用,相比于传统的统计方法,结构方程模型有较多的优势。首先,结构方程模型解决了潜变量标识的难题;其次,结构方程模型并没有严格的限制条件,可以容许并有效处理自变量与因变量所存在的测量误差，又可采用多个可观察变量去分析潜在变量之间的结构关系，弥补了传统统计方法的缺陷；其三，结构方程模型允许处理多重非独立相关关系的估计问题，并同时处理多个潜在变量和可观察变量，使其可以分析复杂关联的变量关系。

(1)信度检验

信度表示同样的研究对象，运用同样的观测方法得出同样观测数据或者观测结果的可能性，它表示测验结果的可靠性程度或者一致性程度。已有的文献普遍应用克龙巴赫系数 α (Cronbach's α)的取值水平来判断所搜集数据的内部一致性水平。克龙巴赫 α 系数一般在 0 和 1 之间，其越接近 1，则该量表信度越高。一般认为，当克龙巴赫 α 系数大于 0.7 时，该量表具有较高的信度。

(2)效度检验

效度指的是问卷的有效性和准确性，即所测量结果能够反映出其所要考察内容的程度，当效度越高，则该问卷所测量的结果与所要考察的内容越吻合。

(3)模型适配度检验

模型适配度是假设的路径分析模型图与搜集的数据相互匹配的程度。一个适配度完全符合评价标准的模型图说明了研究者假设的模型图比较符合实际数据的情况。本研究借鉴王文中(1997)的研究，采用当前广泛使用的指标来检验模型的适配度(表 5.3)。

表 5.3　结构方程模型适配度检验标准

名称	拟合指数	取值范围	适配临界值
卡方自由度比	$\frac{x^2}{df}$	>0	<3
近似误差均方根	RMSEA	(0,1)	<0.05 (适配度好)
适配度指数	GFI	(0,1)	>0.9
规准适配度指数	NFI	(0,1)	>0.9
增值适配度指数	IFI	(0,1)	>0.9
比较适配度指数	CFI	(0,1)	>0.9
简约适配度指数	PGFI	(0,1)	>0.5

5.4.2.2　*结构方程的初始模型*

(1)指标体系的构建

1)集群管理指标。基于上述优质企业集群管理范畴的扎根理论研究，可以得出，优质企业集群管理维度可从战略协同的整合增效战略、协同旋进战略、虚拟战略，管理结构化的科层制结构、泛边界网络化，界面矛盾管理的区域层面界面管理、集群层面界面管理、企业层面界面管理，组织学习的学习型组织创建、组织学习管理，风险控制的风险识别、风险管理，系统创新的要素创新、制度创新、组织创新这 15 个指标来构建。

2)集群"场力"影响参量指标。根据前面提出的企业集群"场力"影响参量及场理论场强的相关概念，我们将集成力场作用力除去某元素质量就可得出集成力场评价模型(见式 4.23)，有以下规律：当 $P=0$ 时，集成力场内呈现混沌之态，元素之间不受场力约束，集群尚未形成；当 P 较小时，集成力场强较小，场内耦合度较弱，集成系统内元素之间的作用情况松散，集群处于较低发展水平阶段；当 P 较大时，集成力场强较强，场内耦合度较高，集成系统内元素之间的运行有序，集群发展水平也较优；当 P 值达到最大时，集成力场强达到最强，场态最紧密，集成效应也能达到最优状态，集群发展水平最优。

根据以上理论基础，我们对企业集群的竞争力水平影响因素主要指标进行提取，构建以下维度指标：集群环境维度，本书从凝聚力程度、制度环境、服务体系建设水平、文化氛围 4 个指标进行构建；集群体质量维度，本书从行业地位、核心技术水平、相对成本优势、盈利能力水平、发展状况这 5 个指标进行构建；集群单元间心距维度，本书从需求力水平、沟通水平、心理契约度这 3 个指标进行构建。

3）集群竞争力指标。对于集群的竞争力维度，根据 Bagozzi（2018）的研究，我们对评价其竞争力水平的主要指标进行提取，分别为集群内企业数量、合同数量、集群内成果和专利数、平均企业链环节情况、集群体内 R&D 投入对经济增长弹性水平。

4）控制变量的设置。对于控制变量，由于我们研究的对象是由优质企业所组成的集群，所以将控制变量设置为集群企业的属性必须为优质。

（2）理论假设

1）"场力"参量与集群竞争力。集成力的提升强调集成环境、集成体质量、集成单元间心距的密切结合。由于环境和环境作用的不同，集群内外间的集成内力也不相同。政治、经济、科学技术、法律、自然、文化、社会等一般环境因素不可控性较强，它们都将影响集群的经营绩效。相对于自然系统，社会系统集成单元的质量比较灵活，但集成单元的质量无论对自然系统还是社会系统集成内力的形成都有影响。陈捷娜（2018）提出，环境、质量仅仅是集群拥有较高集成内力的必要条件，并不是充分条件，如若要提高这种内力，还需考虑心理距离。心理协调有助于提高集群企业主体间的向心力、凝聚力，缩短它们之间的心理距离，从而提高集群作为一个整体对集群外企业的吸附力。因此，提出假设：

H1a：集群环境的优化，有利于集成力提升；

H1b：集群体质量增加，有利于集成力提升；

H1c：集群单元间心距的缩短，有利于集成力的提升。

集群环境净化程度越高、集群体质量越高、单元间心距越短，集群体对单元的吸引力就越大，反之亦然。企业间商业氛围的浓重和彼此间合作意愿的加深，在使得集群规模不断扩大的同时竞争力水平也会不断提升。按集成力理论，集群环境、集群体质量、集群单元间心距归属于"场力"参量。结合以上观点，我们提出假设：

H1："场力"参量的优化，有利于集群竞争力水平的提升。

2）战略协同与集群竞争力。要提高集成管理水平，首先应进行战略观念上的创新。整合增效是集成管理的出发点，同时也是集成管理的归宿，贯穿于集成管理活动的全过程。Hunt（2015）认为从竞争战略来看，整合增效战略同其他战略相比对提升集成体整体竞争力具有更高的战略价值。Drucker（2014）提到协同旋进战略是集成体在发展过程中的轨迹路线。应用协同旋进，强调协作基础上的竞争，应用协作的理念，通过要素间合作，使得集成要素之间优势互补，取得共同的、和谐的发展。Audia（2017）认为虚拟战略在日益复杂的经济体表现形态上更具适应性。Doug（2018）指出若让集群体成为更具竞争力的集成体，对战略的选择是非常重要的，通过运用科学的战略，可以成功地引领集成体的发展趋势。陈捷娜等（2011）认为，虚拟战略是实现集成增效的基本手段、基本过程和基本途径。

因此，提出假设：

H2a：整合增效战略，有利于集群体质量增加；

H2b:协同旋进战略,有利于集群体质量增加;

H2c:虚拟战略,有利于集群体质量增加。

我们将整合增效战略、协同旋进战略、虚拟战略三者合在一起,称之为发展战略。由以上分析,我们可以提出假设:

H2:集群战略的实施,有利于集群竞争力水平的提升。

3) 管理结构化与集群竞争力。一个系统,若无结构,或结构紊乱,必无效率可言。组织结构是集成要素分工与协作的基本形式和框架,没有科学、合理的组织结构,集成要素就不可能形成有效的系统,也就不可能发挥出整体功能。吴秋明(2004)认为科层制组织结构是目前应用最广泛的结构,而这种结构的科学管理对组织绩效的提高有关键作用。Ahuja(2011)提到科层制组织结构,不仅可以提升组织文化,对单元间关系的协调和人际关系融洽也具有很大促进作用。

因此,提出假设:

H3a:科层制组织结构管理,有利于集群环境的优化;

H3b:科层制组织结构管理,有利于集群体质量的增加;

H3c:科层制组织结构管理,有利于集群单元间心距的缩短。

Kanter(2017)指出泛边界网络结构是信息化、全球化下对组织结构提出的新范式。泛边界网络化的组织结构,如战略联盟、虚拟企业、虚拟团队,是集成管理的重要形式。Daft(2018)认为泛边界网络结构打破了组织边界,其特点是通过增加节点来让组织结构的触角更具灵敏性和适应性,但更具要求的应是对其管理理念的突破。

因此,提出假设:

H3d:泛边界网络化结构管理,有利于集群环境的优化;

H3e:泛边界网络化结构管理,有利于集群体质量的增加;

H3f:泛边界网络化结构管理,有利于集群单元间心距的缩短。

陈捷娜(2018)认为,集群企业应该进行组织结构化,以提高集群企业间分工的协作程度,实现群内各行为主体的密切合作和组织剩余的增加。我们将科层组织结构、泛边界网络化结构二者合在一起,称之为管理结构化。由以上分析,我们可以提出假设:

H3:管理结构化,有利于集群竞争力水平的提升。

4)界面管理与集群竞争力。集群要注重界面的管理。集群界面矛盾产生于集群企业的集成系统的形成与维持过程。两个或两个以上的集群企业在整合过程中,界面矛盾经历了从无到有、由少到多、从量变到质变的过程。Daft(2018)指出对界面的管理,应从 3 个层面入手:区域层面、集群层面、企业层面。陈捷娜(2018)指出,科学地进行区域层面、集群层面、企业层面的界面矛盾管理,不仅可以帮助集群实现集群环境的优化、单元企业间心理的协同,而且可以帮助集群实现要素的合理配置,实现外部经济、速度经济等效应,进而获得集群规模的不断扩大。

因此,提出假设:

H4a:区域层面的界面管理,有利于集群环境的优化;

H4b:区域层面的界面管理,有利于集群单元间心距的缩短;

H4c:集群层面的界面管理,有利于集群环境的优化;

H4d:集群层面的界面管理,有利于集群单元间心距的缩短;

H4e:企业层面的界面管理,有利于集群环境的优化;

H4f:企业层面的界面管理,有利于集群单元间心距的缩短。

界面矛盾有其自身的运动规律,正确认识和理解界面矛盾及其发展规律是开展有效集群界面管理活动的基础,也是提高集群核心竞争力的必要步骤。我们将区域层面管理、集群层面管理、企业层面管理三者合在一起,称之为界面管理。由以上分析,我们可以提出假设:

H4:界面的科学管理,有利于集群竞争力的提升。

5)组织学习与集群竞争力。企业要么创新,要么死亡。Eisenberger(2017)指出组织学习是组织创新发展的源泉。集群企业间的学习和交流,加速集群企业对于知识的吸收、获取、整合等,从而有利于促进知识资源的优化配置。Tidd(2015)认为组织学习的管理对集成环境和集成单元协同具有非凡作用,学习型组织创建是集群获得竞争优势的保障。因此,我们提出:

H5a:学习型组织创建,有利于集群环境的优化;

H5b:学习型组织创建,有利于集群体质量的增加;

H5c:学习型组织创建,有利于集群内单元间心距的缩短;

H5d:组织学习管理,有利于集群环境的优化;

H5e:组织学习管理,有利于集群体质量的增加;

H5f:组织学习管理,有利于集群内单元间心距的缩短。

组织通过学习和对组织学习的管理把创造出的新知识传递到组织层面,从而推动组织动态能力的提升。我们将学习型组织创建、组织学习管理二者合在一起,称之为组织学习。由以上分析,我们可以提出假设:

H5:组织学习,有利于集群竞争力水平的提升。

6)风险控制与集群竞争力。集群中的风险一旦产生,其传染式传播对集群将造成灾难性破坏。风险的识别,是风险控制的首要环节,同时也决定了风险控制的成败。竞争力强的集群,风险控制的措施也同样完备,毫不夸张地说风险管理已经成为提升集群竞争力的重要因素。由此,我们提出假设:

H6a:风险识别,有利于集群环境优化;

H6b:风险识别,有利于集群内单元间心距的缩短;

H6c:风险管理,有利于集群环境的优化;

H6d:风险管理,有利于集群体质量的增加;

H6e:风险管理,有利于集群内单元间心距的缩短。

没有风险控制,集群效应就得不到保障,而集群竞争力更无从谈起。故此提出:

H6:风险控制,有利于集群竞争力水平的提升。

7)系统创新与集群竞争力。创新是集群发展的动力,要素创新是创新的源头。要素创新对于集群体质量的提升有着内在驱动作用。制度上的创新,在优化集群环境的同时,可以很好地拉近集群企业间的心理距离。组织革新,对于集群内部的运作效率提升非常关键,在打破组织僵化的同时,使得组织柔性提升。由此,我们提出假设:

H7a:要素创新,有利于集群体质量提升;

H7b:制度创新,有利于集群环境的优化;

H7c:制度创新,有利于集群内单元间心距的缩短;

H7d:组织创新,有利于集群体质量的增加;

H7e:组织创新,有利于集群内单元间心距的缩短。

我们将要素创新、制度创新、组织创新合称为系统创新，提出：

H7:系统创新，有利于集群竞争力水平的提升。

8)“场力”参量优化在集成管理对集群竞争力提升影响上的作用。集成管理通过影响“场力”参量，来实现对集群竞争力的提升。我们提出假设：

H8:“场力”参量优化在集成管理对集群竞争力提升影响上具有中介效应。

集成力研究模型如图 5.5 所示。

图 5.5　集成力研究模型

(3)量表设计

根据以上分析，本研究的变量包括战略协同、管理结构化、界面矛盾管理、组织学习、风险控制、系统创新、集群环境、集群体质量、集群单元间心距、集群竞争力水平 10 项，测量题项共 32 项，变量及测量题项如表 5.4 所示。

表 5.4　模型中的变量及测量题项

变量	测项代码	测项定义
战略协同	ZH	整合增效战略管理的作用
	XT	协同旋进战略管理的作用
	XN	虚拟战略管理的作用
管理结构化	KC	科层制组织结构
	FB	泛边界网络化结构
界面矛盾管理	QG	区域层面界面管理的作用
	JQ	集群层面界面管理的作用
	QY	企业层面界面管理的作用
组织学习	ZC	学习型组织创建的作用
	JC	组织学习管理
风险控制	FS	风险源头识别的重要性
	FG	风险管理的重要作用
系统创新	YC	要素创新
	DC	制度创新
	ZC	组织创新
集群环境	CE_1	凝聚力程度
	CE_2	制度环境
	CE_3	服务体系建设水准
	CE_4	文化氛围

续表

变量	测项代码	测项定义
集群体质量	IQ_1	行业地位
	IQ_2	核心技术水平
	IQ_3	相对成本优势
	IQ_4	盈利能力水平
	IQ_5	发展状况
集群单元间心距	CD_1	需求力水平
	CD_2	沟通水平
	CD_3	心理契约度
集群竞争力水平	CP_1	集群体内优质企业数量
	CP_2	合同数量
	CP_3	集群体内成果、专利数情况
	CP_4	平均企业链环节情况
	CP_5	集群体内 R&D 投入对经济增长弹性水平

5.4.2.3　数据收集和描述性统计

(1)数据收集

本研究以浙江、江苏、福州、广东等东部发达地区的高新技术经济区、科技园区、火炬高新园区中的优质企业所组成的企业集群为例进行实证分析。用李克特五点量表法设置问卷,并通过访谈和发放问卷对上述区域的企业进行随机抽样。本次共发放问卷 500 份,走访 45 个优质企业集群组织机构,回收有效问卷 425 份,有效回收率为 85%,达到了研究的要求。

(2)描述性统计

本研究对样本各变量的测量题项进行描述性统计,包括各变量测量题项的样本量、极大值、极小值、均值以及标准差,如表 5.5 所示。可以看出,变量测量指标的标准差均较小,这表明样本的差异较小,评价结果一致性良好。

表 5.5　问卷变量的描述性统计

变量	测量题项	样本量	极小值	极大值	均值	标准差
战略协同	ZH	425	1	5	3.41	1.117
	XT	425	1	5	2.56	1.234
	XN	425	1	5	3.01	1.011
管理结构化	KC	425	1	5	3.16	1.213
	FB	425	1	5	2.89	1.241
界面矛盾管理	QG	425	1	5	2.54	1.203
	JQ	425	1	5	2.57	1.114
	QY	425	1	5	2.80	1.301

续表

变量	测量题项	样本量	极小值	极大值	均值	标准差
组织学习	ZC	425	1	5	2.92	1.264
	JC	425	1	5	3.01	1.311
风险控制	FS	425	1	5	3.21	1.425
	FG	425	1	5	2.88	1.076
系统创新	YC	425	1	5	3.14	1.343
	DC	425	1	5	3.42	1.255
	ZC	425	1	5	2.64	1.005
集群环境	CE_1	425	1	5	3.86	1.301
	CE_2	425	1	5	2.12	1.143
	CE_3	425	1	5	2.98	1.171
	CE_4	425	1	5	3.34	1.223
集群体质量	IQ_1	425	1	5	2.76	1.315
	IQ_2	425	1	5	2.89	1.009
	IQ_3	425	1	5	3.01	1.024
	IQ_4	425	1	5	2.32	1.341
	IQ_5	425	1	5	2.11	1.293
集群单元间心距	CD_1	425	1	5	1.98	1.124
	CD_2	425	1	5	2.64	1.049
	CD_3	425	1	5	2.21	1.314
集群竞争力水平	CP_1	425	1	5	2.10	1.007
	CP_2	425	1	5	3.03	1.237
	CP_3	425	1	5	2.48	1.145
	CP_4	425	1	5	1.78	1.226
	CP_5	425	1	5	1.98	1.307

5.4.2.4　模型检验及分析

(1)模型变量间的相关性检验

信度检测的是测量结果的系统变异程度，信度越大，说明潜变量的各观测变量具有共方差的程度越高，可观测变量的方差对潜变量的解释程度越高。本研究使用 SPSS 18.0，以克龙巴赫 α 系数作为评判标准对量表整体和子量表的内部一致性进行检验，如表 5.6 所示。

表 5.6　各子量表的信度检验

变量	测项	校正后相关系数	删除该指标后 α 值	克龙巴赫 α 系数
集成管理因子	—	—	—	0.911

续表

变量	测项	校正后相关系数	删除该指标后α值	克龙巴赫α系数
战略协同	ZH	0.757	0.789	0.857
	XT	0.789	0.756	
	XN	0.665	0.865	
管理结构化	KC	0.580	—	0.730
	FB	0.580	—	
界面矛盾管理	QG	0.650	0.813	0.834
	JQ	0.758	0.710	
	QY	0.683	0.785	
组织学习	ZC	0.509	—	0.662
	JC	0.509	—	
风险控制	FS	0.524	0.762	0.745
	FG	0.601	0.737	
系统创新	YC	0.576	0.803	0.771
	DC	0.598	—	
	ZC	0.622	—	
“场力”参量	—	—	—	0.853
集群环境	CE_1	0.456	0.700	0.723
	CE_2	0.533	0.669	
	CE_3	0.594	0.611	
	CE_4	0.539	0.671	
集群体质量	IQ_1	0.618	0.806	0.830
	IQ_2	0.611	0.882	
	IQ_3	0.474	0.890	
	IQ_4	0.653	0.889	
	IQ_5	0.589	0.884	
集群单元间心距	CD_1	0.651	0.696	0.784
	CD_2	0.774	0.623	
	CD_3	0.778	0.620	
集群竞争力水平	CP_1	0.766	0.729	0.788
	CP_2	0.642	0.744	
	CP_3	0.728	0.726	
	CP_4	0.571	0.815	
	CP_5	0.486	0.767	

由表5.6可以看出，保留在变量测度中题项的相关系数均大于0.45，各潜变量的测度变

量的克龙巴赫 α 系数大都达到了 0.7 以上，仅有组织学习这一项的克龙巴赫 α 系数为 0.662，虽然较低但也符合克龙巴赫 α 系数最小为 0.6 的评判标准，所以检验结果表明各子量表的信度较高，变量之间具有较高的内部结构一致性。

优质企业集成管理因子子量表的 KMO(Kaiser-Meyer-Olkin)为 0.888，很适合进行因子分析。Bartlett 球体检验的 χ^2 统计值为 1223.452，显著性概率是 $\alpha>0.000$，说明数据具有相关性，适合进行因子分析(表 5.7)。

表 5.7　集成管理因子子量表 KMO 样本测度和 Bartlett 球体检验结果

结果		值
KMO		0.888
Bartlett	χ^2	1223.452
	df	44
	sig	0.000

对集成管理因子子量表的各变量用最大化正交旋转法提取 3 个公共因子，通过旋转后的因子载荷检验得到管理因子量表的原题项总变差达到 80.206%，其分布达到预期(表 5.8)。

表 5.8　最大化正交旋转后的因子载荷矩阵

因子	因子 1	因子 2	因子 3
整合增效战略	0.843	0.282	0.166
协同旋进战略	0.889	0.125	0.174
虚拟战略	0.650	0.379	0.176
科层制组织结构	0.505	0.794	0.205
泛边界网络化结构	0.551	0.621	0.259
区域层面界面管理	0.204	0.284	0.374
集群层面界面管理	0.170	0.151	0.300
企业层面界面管理	0.259	0.276	0.384
学习型组织创建	0.166	0.322	0.642
组织学习管理	0.156	0.582	0.626
风险控制	0.243	0.438	0.616
系统创新	0.226	0.397	0.598
特征值	2.487	1.899	1.417
方差贡献率/%	24.964	18.094	14.270
累计方差贡献率/%	24.964	65.925	80.206

“场力”参量的 KMO 值为 0.898，Bartlett 球体检验的 χ^2 统计值为 1192.983，显著性概率是 $\alpha>0.000$，说明数据具有相关性，适合做因子分析(表 5.9)。

表 5.9　KMO 样本测度和巴特莱特球体检验结果

结果		值
KMO		0.898
Bartlett	χ^2	1192.983
	df	65
	sig	0.000

对"场力"参量的各子量进行因子分析,用主成分分析法提取公因子,因子旋转也用方差最大化正交旋转法提取公共因子,3 个因子解释"场力"参量子量表的所有题项总变差达到 64.985%,其分布也基本达到预期(表 5.10)。

表 5.10 "场力"参量最大化正交旋转后的因子载荷矩阵

因子	因子 1	因子 2	因子 3
凝聚力程度	0.428	−0.004	0.635
制度环境	0.494	0.030	0.679
服务建设水准	0.449	0.166	0.767
文化氛围	0.420	0.281	0.714
需求力水平	0.729	0.080	0.222
沟通水平	0.767	0.204	0.004
心理契约度	0.802	0.176	0.149
行业地位	0.310	0.758	0.146
核心技术水平	0.224	0.648	0.333
相对成本优势	0.264	0.426	0.652
盈利能力水平	0.288	0.537	0.620
发展状况	0.336	0.232	0.737
特征值	3.103	2.345	3.134
方差贡献率/%	26.102	21.886	19.454
累计方差贡献率/%	27.827	45.646	64.985

所有集成管理因子维度的 AVE 对角线值都大于 0.50,即表明企业集成管理因子测度模型中潜变量具有充分的收敛效度(表 5.11)。

表 5.11 管理因子测度模型中潜变量的相关性

潜变量	战略协同	管理结构化	界面管理	组织学习	风险控制	系统创新
战略协同	(0.815)					
管理结构化	0.665**	(0.789)				
界面管理	0.547*	0.615**	(0.753)			
组织学习	0.542**	0.668***	0.703**	(0.714)		
风险控制	0.632**	0.586**	0.615**	0.560**	(0.797)	
系统创新	0.593**	0.647**	0.602**	0.673**	0.617**	(0.809)

注:* 表示 $p<0.05$,** 表示 $p<0.01$,*** 表示 $p<0.001$,下同。

"场力"参量和集群竞争力水平测度模型中所有潜变量的 AVE 值都大于 0.50,因此"场力"参量和集群竞争力水平提升测度模型中的潜变量具有充分的收敛效度(表 5.12)。

表 5.12 "场力"参量和集群竞争力水平测度中潜变量的相关性

潜变量	集群竞争力水平	集群环境	集群体质量	集群单元间心距
集群竞争力水平	(0.744)			
集群环境	0.431**	(0.749)		
集群体质量	0.286**	0.458**	(0.700)	
集群单元间心距	0.160*	0.362**	0.400**	(0.997)

(2)模型的验证性分析

初始模型中共有 8 个潜变量和 27 个显变量,其中发展战略、管理结构化、界面管理、组织学习、风险控制、系统创新共 6 个潜变量是外生变量,集群环境、集群体质量、集群单元间心距及集群竞争力水平 4 个潜变量为内生变量。除了潜变量和显变量外,为了保证模型的验证过程能够成立,本研究还设置了 $e_1 \sim e_{32}$ 共 32 个显变量的残差变量和 $e_{33} \sim e_{36}$ 共 4 个潜内生变量的残差变量且路径系数默认值为 1,如图 5.6 所示。

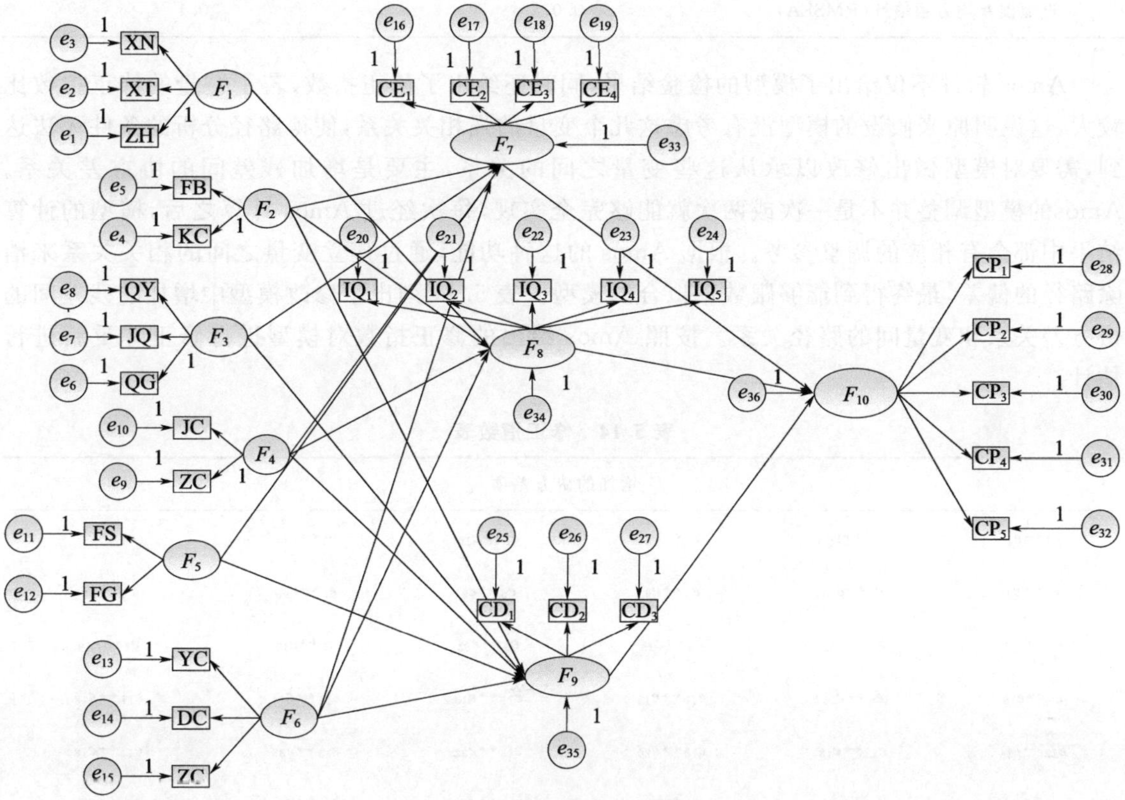

图 5.6　初始 SEM 模型路径

模型拟合性是模型评价的核心内容,其主要功能是验证所提出的变量间关联的模式是否与实际数据拟合(杨国枢,1989)。本研究所用模型整体拟合优度、增量拟合优度和近似误差 3 个指数为测量维度,经过计算得到各项拟合度指标(表 5.13)。

表 5.13　初始 SEM 模型的拟合度指标

拟合指标	测度模型取值	判别标准
卡方检验值 χ^2	1797	靠近自由度
自由度(df)	656	越大越好
χ^2/df	2.674	≤2
拟合优度指标(GFI)	0.715	≥0.9
调整拟合优度指标(AGFI)	0.726	≥0.8

续表

拟合指标	测度模型取值	判别标准
比较拟合优度指标(CFI)	0.773	≥0.9
Tucker-Lewis(TLI)	0.758	≥0.9
均方根残差(RMR)	0.447	≤0.08
近似误差均方根估计(RMSEA)	0.078	≤0.1

Amos 软件不仅给出了模型的检验结果，同时还给出了修正指数，若干变量的修正指数比较大，这说明原来假设的模型没有考虑这几个变量的强相关关系，使得路径分析的条件无法达到，需要对模型做出修改以承认这些变量之间的关系，主要是增加残差间的协方差关系。Amos的模型调整并不是一次或两次就能够完全实现，每次经过 Amos 计算之后，横型的计算结果中都会有相应的调整参考。根据 Amos 的这种功能，通过建立变量之间的相关关系来消除路径的偏差，最终得到能够跟数据拟合的模型。表 5.14 列出了修改模型中增加的残差间的协方差关系和变量间的路径关系。按照 Amos 给出的修正指数对模型进行修正并重新进行估计。

表 5.14　修正指数表

增加的协方差项					
$e_1 \leftrightarrow e_4$	$e_1 \leftrightarrow e_5$	$e_1 \leftrightarrow e_6$	$e_1 \leftrightarrow e_{10}$	$e_1 \leftrightarrow e_{14}$	$e_4 \leftrightarrow e_5$
$e_4 \leftrightarrow e_9$	$e_4 \leftrightarrow e_{10}$	$e_5 \leftrightarrow e_6$	$e_5 \leftrightarrow e_9$	$e_5 \leftrightarrow e_{10}$	$e_6 \leftrightarrow e_9$
$e_6 \leftrightarrow e_{11}$	$e_6 \leftrightarrow e_{12}$	$e_6 \leftrightarrow e_{28}$	$e_6 \leftrightarrow e_{32}$	$e_7 \leftrightarrow e_{10}$	$e_7 \leftrightarrow e_{18}$
$e_9 \leftrightarrow e_{15}$	$e_9 \leftrightarrow e_{36}$	$e_{11} \leftrightarrow e_{12}$	$e_{11} \leftrightarrow e_{13}$	$e_{11} \leftrightarrow e_{14}$	$e_{11} \leftrightarrow e_{18}$
$e_{13} \leftrightarrow e_{14}$	$e_{13} \leftrightarrow e_{18}$	$e_{13} \leftrightarrow e_{20}$	$e_{13} \leftrightarrow e_{32}$	$e_{13} \leftrightarrow e_{33}$	$e_{14} \leftrightarrow e_{18}$
$e_{14} \leftrightarrow e_{20}$	$e_{14} \leftrightarrow e_{21}$	$e_{15} \leftrightarrow e_{20}$	$e_{15} \leftrightarrow e_{21}$	$e_{16} \leftrightarrow e_{17}$	$e_{17} \leftrightarrow e_{20}$
$e_{17} \leftrightarrow e_{21}$	$e_{20} \leftrightarrow e_{21}$	$e_{20} \leftrightarrow e_{22}$	$e_{21} \leftrightarrow e_{22}$	$e_{28} \leftrightarrow e_{29}$	$e_{30} \leftrightarrow e_{31}$
$e_{31} \leftrightarrow e_{32}$	$e_{31} \leftrightarrow e_{37}$	$e_{31} \leftrightarrow e_{38}$	$e_{32} \leftrightarrow e_{34}$	$e_{32} \leftrightarrow e_{37}$	$e_{32} \leftrightarrow e_{38}$
$e_{32} \leftrightarrow e_{39}$	$e_{34} \leftrightarrow e_{37}$	$e_{37} \leftrightarrow e_{38}$	$e_{38} \leftrightarrow e_{39}$		
添加的路径关系					
战略协同↔集群环境					
战略协同↔集群单元间心距					

通过对初始路径进行调整，用模型总体拟合情况、基本拟合标准、模型内在结构拟合情况来评估修正后的结构方程模型拟合效果，拟合指标如表 5.15 所示。可以看出，$\chi^2=831$，自由度为 621，二者比值在 1.0～2.0，且 GFI、CFI 与 TLI 都比 0.9 大，RMR 小于 0.08，RMSEA 小于 0.1，说明模型与数据的拟合程度很高。

表 5.15　修正后 SEM 拟合度指标

拟合指标	测度模型取值
χ^2	831
df	621
χ^2/df	1.232**
GFI	0.986**
AGFI	0.894**
CFI	0.945**
TLI	0.937**
RMR	0.078**
RMSEA	0.031**

使用结构方程建模技术分析，可得测度模型中潜变量的参数估计和修正 SEM 结构模型的参数估计，分别如表 5.16 和表 5.17 所示。

表 5.16　测度模型中潜变量的参数估计

因子←变量	标准化估计值	估计值	标准误	临界比	显著性
整合增效战略←战略协同	0.544	1.000	1.021	1.236	***
协同旋进战略←战略协同	0.583	0.975	0.069	1.122	***
虚拟战略←战略协同	0.706	0.911	0.063	1.449	***
科层制结构←管理结构化	0.620	1.000	0.879	2.365	***
泛边界网络化←管理结构化	0.511	1.287	0.396	4.212	***
区域层面管理←界面管理	0.747	1.000	1.021	1.036	***
集群层面管理←界面管理	0.538	1.114	0.086	1.554	***
企业层面管理←界面管理	0.760	1.077	0.193	1.486	***
学习型组织创建←组织学习	0.763	1.000	0.762	2.167	***
组织学习管理←组织学习	0.662	0.729	0.124	3.491	***
凝聚力←集群环境	0.708	1.000	0.154	2.089	***
制度环境←集群环境	0.537	1.392	0.131	1.143	***
服务体系建设←集群环境	0.548	0.876	0.143	1.739	***
文化氛围←集群环境	0.451	0.865	0.161	1.074	***
行业地位←集群体质量	0.658	1.000	1.763	2.437	***
核心技术←集群体质量	0.751	1.465	0.147	3.361	***
相对成本优势←集群体质量	0.553	1.700	0.158	1.143	***
盈利能力←集群体质量	0.680	1.024	0.108	1.666	***
发展状况←集群体质量	0.517	0.797	0.148	4.452	***
需求力←集群单元间心距	0.595	1.231	0.082	1.569	***

续表

因子←变量	标准化估计值	估计值	标准误	临界比	显著性
沟通←集群单元间心距	0.795	1.028	0.111	0.151	***
心理契约度←集群单元间心距	0.616	0.818	0.109	1.433	***
群内优质企业数←集群竞争力	0.879	1.000	0.119	0.058	***
合同数量←集群竞争力	0.482	0.829	1.455	2.076	***
成果、专利数←集群竞争力	0.666	0.973	0.048	4.117	***
平均企业链←集群竞争力	0.623	0.582	0.047	1.630	***
R&D经济增长弹性←集群竞争力	0.743	0.522	0.069	1.515	***

表 5.17 修正 SEM 结构模型的参数估计

路径	标准化估计值	估计值	标准误	临界比	显著性
集群体质量←战略协同	0.560	2.084	1.074	1.920	0.023
集群环境←管理结构化	0.569	1.504	0.856	1.736	0.035
集群体质量←管理结构化	0.667	3.031	1.401	2.144	0.031
集群单元间心距←管理结构化	0.693	2.494	1.161	2.040	0.040
集群环境←界面管理	0.598	0.056	0.194	0.649	0.042
集群单元间心距←界面管理	0.573	0.856	0.367	2.283	0.026
集群环境←组织学习	0.136	0.119	0.234	1.785	0.013
集群体质量←组织学习	0.726	0.744	0.283	2.552	0.010
集群单元间心距←组织学习	0.521	0.437	0.294	2.174	0.029
集群竞争力←集群环境	0.230	0.512	0.129	4.098	0.000
集群竞争力←集群体质量	0.264	0.138	0.196	2.587	0.009
集群竞争力←集群单元间心距	0.284	0.197	0.065	1.419	0.050

对于“场力”参量优化在集成管理和集群竞争力提升之间产生中介效应的验证上，本研究采用自展(bootstrap)法进行检验，设集成管理对集群竞争力水平提升的总效应为 c，集成管理对“场力”参量优化的效应为 a，“场力”参量优化对集群竞争力水平提升的效应为 b，集成管理对集群竞争力水平提升的间接效应为 c′，如图 5.7 所示。

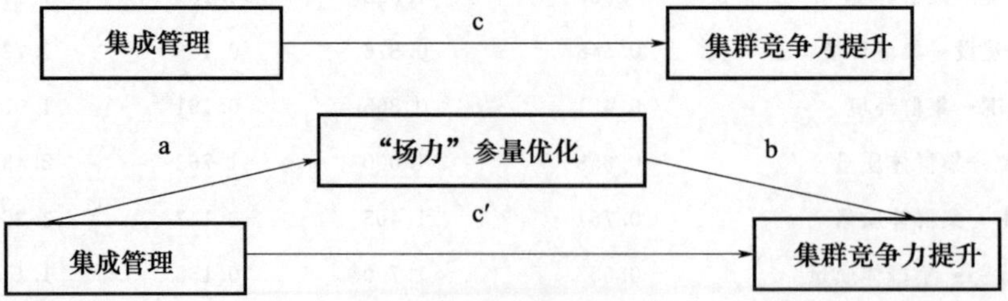

图 5.7 中介效应原理

为了有效避免估计偏差，我们进行了 99 次模拟，并选择 95% 为置信区间，最终得到中介效应检验表，如表 5.18 所示。

表 5.18　中介效应检验表

变量关系	Bootstrapping 间接效应			
	Bias_corrected(95%CI)		Percentile(95%CI)	
	Lower	Upper	Lower	Upper
战略协同→“场力”参量优化→集群竞争力提升	0.165	0.653	0.164	0.712
管理结构化→“场力”参量优化→集群竞争力提升	0.442	0.957	0.421	1.011
界面管理→“场力”参量优化→集群竞争力提升	0.354	0.879	0.259	0.651
组织学习→“场力”参量优化→集群竞争力提升	0.548	0.773	0.331	0.668

(3)结论

1)“场力”参量同集群竞争力水平关系的验证。关于集群环境优化对集群竞争力水平的影响，由路径系数的标准化估计值、非标准化估计值、临界比分别为 0.230、0.512、4.098，显著性概率为 0.000<0.001 可知，路径系数在 0.001 显著性水平下显著，说明集群环境优化与集群竞争力水平提升呈显著正相关，H1a 得证；关于集群体质量对集群竞争力水平的影响，由路径系数的标准化估计值、非标准化估计值、临界比分别为 0.264、0.138、2.587，显著性概率为 0.009<0.05 可知，路径系数在 0.05 显著性水平下显著，说明集群体质量增加与集群竞争力水平提升呈显著正相关，H1b 得证；关于集群单元间心距对集群竞争力水平的影响，由路径系数的标准化估计值、非标准化估计值、临界比分别为 0.284、0.197、1.419，显著性概率为 0.050 可知，路径系数在 0.05 显著性水平下显著，说明集群单元间心距缩短与集群竞争力水平提升呈正相关，H1c 得证。

由以上分析可得：假设 H1 成立。

2)集群集成管理同集群竞争力水平提升的验证

① 战略协同同集群竞争力水平关系的验证。由路径系数的标准化估计值、非标准化估计值、临界比分别为 0.560、2.084、1.920，显著性概率为 0.023<0.05 可知，路径系数在 0.05 显著性水平下显著，说明战略协同有利于集群单元质量的增加，结合表 5.16 中战略协同分别对整合增效战略、协同旋进战略、虚拟战略管理在检验水平 0.001 下显著，可得 H2a、H2b、H2c 成立。

综合以上分析，结合假设 H1 的验证结果，可得出：假设 H2 成立。

② 管理结构化同集群竞争力水平关系的验证。关于管理结构化对集群环境的影响，由路径系数的标准化估计值、非标准化估计值、临界比分别为 0.569、1.504、1.736，显著性概率为 0.035<0.05 可知，路径系数在 0.05 显著性水平下显著，说明组织结构模式有利于集群环境的优化，结合表 5.16 中组织结构模式分别对科层制组织结构、泛边界网络化结构在检验水平 0.001 下显著，可得 H3a、H3d 成立；关于组织结构模式对集群体质量的影响，由路径系数的标准化估计值、非标准化估计值、临界比分别为 0.667、3.031、2.144，显著性概率为 0.031<0.05 可知，路径系数在 0.05 显著性水平下显著，说明组织结构模式有利于集群体质量的增加，结合表 5.16 中组织结构模式分别对科层制组织结构、泛边界网络化结构在检验水平 0.001 下显

著，可得 H3b、H3e 成立；关于组织结构模式对集群单元间心距的影响，由路径系数的标准化估计值、非标准化估计值、临界比分别为 0.693、2.494、2.040，显著性概率为 0.040<0.05 可知，路径系数在 0.05 显著性水平下显著，说明组织结构模式有利于缩短集群单元间心距，结合表 5.16 中组织结构模式分别对科层制组织结构、泛边界网络化结构在检验水平 0.001 下显著，可得 H3c、H3f 成立。

综合以上分析，结合假设 H1 的验证结果，可得出：假设 H3 成立。

③ 界面矛盾管理同集群竞争力水平关系的验证。关于界面矛盾管理对集群体环境的影响，由路径系数的标准化估计值、非标准化估计值、临界比分别为 0.598、0.056、0.628，显著性概率为 0.042<0.05 可知，路径系数在 0.05 显著性水平下显著，说明界面矛盾管理有利于集群体环境的优化，结合表 5.16 中界面矛盾管理分别对区域层面、集群层面、企业层面管理在检验水平 0.001 下显著，可得 H4a、H4c、H4e 成立；关于界面矛盾管理对集群单元间心距的影响，由路径系数的标准化估计值、非标准化估计值、临界比分别为 0.573、0.856、3.283，显著性概率为 0.026<0.05 可知，路径系数在 0.05 显著性水平下显著，说明界面矛盾管理有利于集群单元间心距的缩短，结合表 5.16 中界面矛盾管理分别对区域层面、集群层面、企业层面管理在检验水平 0.001 下显著，可得 H4b、H4d、H4f 成立。

综合以上分析，结合假设 H1 的验证结果，可得出：假设 H4 成立。

④ 组织学习同集群竞争力水平关系的验证。关于组织学习对集群环境的影响，由路径系数的标准化估计值、非标准化估计值、临界比分别为 0.136、0.119、1.785，显著性概率为 0.013<0.05 可知，路径系数在 0.05 显著性水平下显著，说明组织学习有利于集群环境的优化，结合表 5.16 中组织学习分别对学习型组织创建、组织学习管理在检验水平 0.001 下显著，可得 H5a、H5d 成立；关于组织学习对集群体质量的影响，由路径系数的标准化估计值、非标准化估计值、临界比分别为 0.726、0.744、2.552，显著性概率为 0.010<0.05 可知，路径系数在 0.05 显著性水平下显著，说明组织学习有利于集群体质量的增加，结合表 5.16 中组织学习分别对学习型组织创建、组织学习管理在检验水平 0.001 下显著，可得 H5b、H5e 成立；关于组织学习对集群单元间心距的影响，由路径系数的标准化估计值、非标准化估计值、临界比分别为 0.521、0.437、2.174，显著性概率为 0.029<0.05 可知，路径系数在 0.05 显著性水平下显著，说明组织学习有利于集群单元间心距的缩短，结合表 5.16 中组织学习分别对学习型组织创建、组织学习管理在检验水平 0.001 下显著，可得 H5c、H5f 成立。

综合以上分析，结合假设 H1 的验证结果，可得出：假设 H5 成立。

3）中介效应的验证。由表 5.18 可以看出，在“场力”参量优化对集成管理与集群竞争力水平提升的中介效应检验中，间接效应中 Bias_corrected 和 Percentile 的 95%的置信区间均包含 0。故可得出：“场力”参量优化在集成管理和集群竞争力水平提升间存在中介效应，假设 H6 成立。

综合以上，可得验证结果，如表 5.19 所示。

表 5.19　验证结果统计

假设	假设内容	支持程度
H1a	集群环境的优化，有利于集群竞争力水平的提升	支持
H1b	集群体质量增加，有利于集群竞争力水平的提升	支持
H1c	集群单元间心距的缩短，有利于集群竞争力水平的提升	支持

续表

假设	假设内容	支持程度
H1	“场力”参量，有利于集群竞争力水平的提升	支持
H2a	整合增效战略，有利于集群内单元质量的增加	支持
H2b	协同旋进战略，有利于集群内单元质量的增加	支持
H2c	虚拟战略实施，有利于集群内单元质量的增加	支持
H2	集群战略协同，有利于集群竞争力水平的提升	支持
H3a	科层制组织结构管理，有利于集群环境的优化	支持
H3b	科层制组织结构管理，有利于集群体质量的增加	基本支持
H3c	科层制组织结构管理，有利于集群单元间心距的缩短	支持
H3d	泛边界网络化结构管理，有利于集群环境的优化	支持
H3e	泛边界网络化结构管理，有利于集群体质量的增加	支持
H3f	泛边界网络化结构管理，有利于集群单元间心距的缩短	支持
H3	管理结构化，有利于集群竞争力水平的提升	支持
H4a	区域层面的界面管理，有利于集群环境的优化	基本支持
H4b	区域层面的界面管理，有利于集群单元间心距的缩短	支持
H4c	集群层面的界面管理，有利于集群环境的优化	支持
H4d	集群层面的界面管理，有利于集群内单元间心距的缩短	支持
H4e	企业层面的界面管理，有利于集群环境的优化	支持
H4f	企业层面的界面管理，有利于集群单元间心距的缩短	支持
H4	界面矛盾的科学管理，有利于集群竞争力水平的提升	支持
H5a	学习型组织的创建，有利于集群环境的优化	支持
H5b	学习型组织的创建，有利于集群体质量的增加	支持
H5c	组织学习管理，有利于集群内单元间心距的缩短	支持
H5d	组织学习管理，有利于集群环境的优化	支持
H5e	组织学习管理，有利于集群体质量的增加	支持
H5f	组织学习管理，有利于集群单元间心距的缩短	支持
H5	组织学习，有利于集群竞争力水平的提升	支持
H6	“场力”参量优化在集成管理对集群竞争力提升影响上起中介效应	支持

通过运用 SEM 方法对优质企业集成管理因子、“场力”参量与集群竞争力水平之间相互作用的路径关系分析表明，对集群的发展战略、组织结构、界面和组织学习方面的管理可以有效提升集群竞争力水平，并且其作用路径是通过优化集群环境、增加集群体质量和缩短集群单元间心距 3 个中间变量来实现的，如图 5.8 所示。

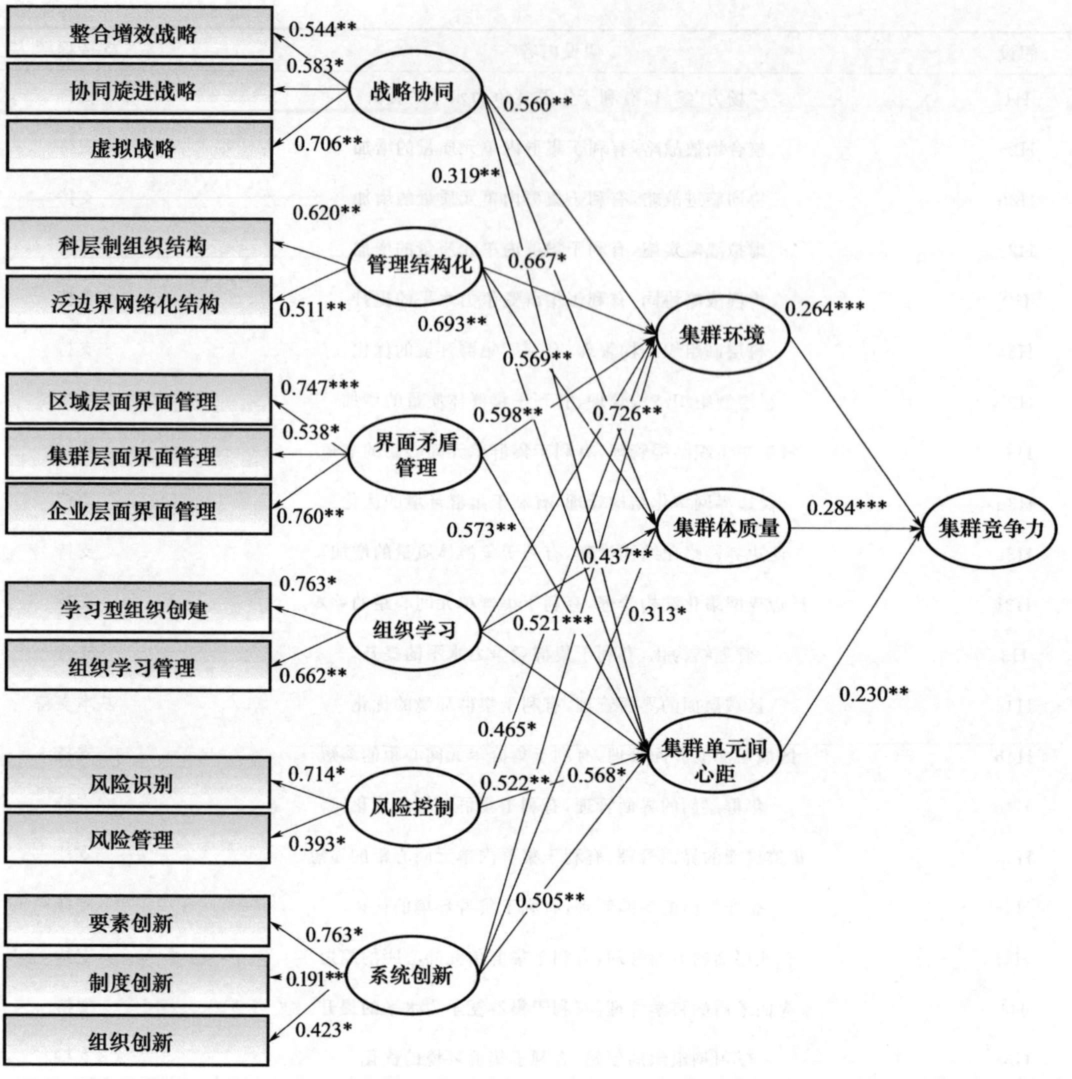

图 5.8　优质企业集群集成管理作用路径

5.5　本章小结

文章以哲学思辨的方式，分析论述了管理的必要性，解决了集群为什么要集成管理的问题，接着依据优质企业集群的属性，依次提出了优质企业集群管理的目标及原则。在此基础上，结合对优质企业集群形成机理中各演化阶段的主要影响因素研究，重点讨论了由集群形成期的战略协同和组织结构、分歧磨合期的界面矛盾管理、运营平稳期的组织学习及其管理、集群危机期的风险控制和系统创新，应用了变量设置、问卷调查、假设验证等一系列研究方法对基于集成力的优质企业集群管理集成模型进行了实证。

第6章　优质企业集群形成期管理

6.1　优质企业集群的战略协同

“纲举目张”，战略统领了集群的发展方向，是指导集群自身发展的纲领；策略是战略下的具体安排，保证集群战略的推行。按照集成理论，集群发展的战略与决策就是集群场纲的具体体现，故对优质企业集群场纲的管理，就形成了优质企业集群的战略协同管理模块。

前面对优质企业集群特征的描述中提到，其追求的是“共赢”，故优质企业集群的战略应为“整合增效”。相应的与其配套的子战略有协同旋进战略和虚拟战略。

①协同旋进战略的特点主要是协同，即集群中诸多子系统的相互协调的、合作的或同步的联合作用的集体行为。这种作用产生的结果可称为协同效应。

②虚拟战略作为集群内各经济单元的一种组织运作模式，概括地说就是“可以借助，何必拥有”，其实质是一种借用外力的战略。企业集群实施虚拟策略，在运作上主要体现为组织虚拟化运作，在组织结构上则主要表现为两种组织形式——虚拟组织和虚拟团队。

6.1.1　战略协同的目标

优质企业集群集成管理的根本目的即为整合增效。通过对集群企业及其生产要素的整合，求得量上的扩张和质上的突变。通过整合，优化资源配置，衍生创新，分散风险，降低成本，加快发展，提高效益。这是优质企业集成管理最基本也是最重要的战略思想。

优质企业集成战略协同中的整合增效，包括两个含义。①常规性的。集群企业通过对现有资源要素的整合、优化结构、调整关系，求得整体功能上的扩张，例如，对集群内有形资源的整合、对集群内人力资源的整合、对集群内知识资源的整合、对集群企业制度创新的整合、对集群企业技术创新的整合、对集群品牌的整合、对集群市场的整合、对集群价格的整合、对集群营销渠道的整合、对集群产业选择的整合、对集群产业联合的整合、对集群内产学研联合的整合等。这种整合同现有管理中应用系统思想和方法提高管理绩效的做法有着异曲同工之妙。②非常规性的。这是集群所包含的另一种企图，而且是有别于以往管理的重要企图。它试图通过一种创造性的思维，尝试性地将现在思维认识中相关或不相关、存在或不存在、所有或非所有的要素组合在一起，探求其功能的突变。

整合增效战略目标的达成，需要与之相适应的一系列子战略支撑体系的配合，即泛系统战略、虚拟战略。战略协同对优质企业集群的推动机制如图6.1所示。

6.1.2　战略协同的策略

(1)协同旋进策略

优质企业集群集成力场内企业要实现共同提升，一定要实施协同旋进战略。对此，我们重点关注的是如何将系统思想和理论应用于集群管理，在管理实践中实施协同旋进战略。

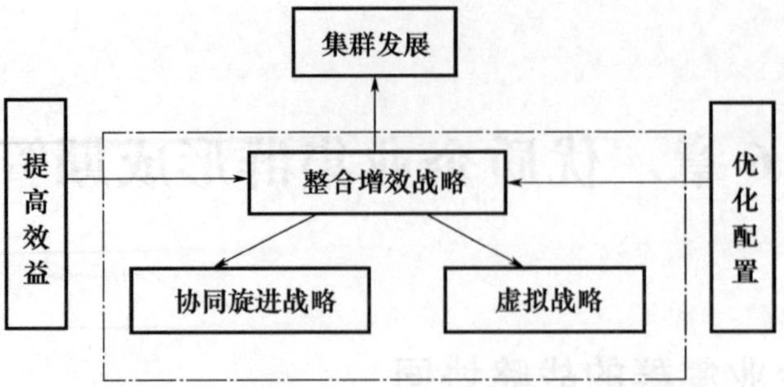

图 6.1 战略协同对优质企业的推动机制

协同旋进战略主要体现在:①集群的构成模式呈泛化。集成管理趋于采用易于协同管理的方式来进行。②进一步拓宽对资源的认识,从原先较为狭隘的“所有”转向“所用”。即不求所有,但求所用,从整个集群甚至更宽的层面来整合资源。③集群强调对外开放,而不是故步自封。在优质企业集群集成管理内部,管理的结构虽然模糊,但其边界依旧存在,被管理的这些资源要素在集成企业之间是自由流动的。④“协同”机制将取代以往的“单一命令”机制。如果说在传统的、单一的组织中,“命令”指挥系统发挥主要作用的话,那么,对于边界泛化的新型集成组织,各个集成单元之间相互独立,不需要服从上级统一“命令”的指挥,“协同”机制将在其中发挥主要作用。⑤以契约为主要形式的管理模式,将取代以内部制度为依据的管理。也就是说,对于传统的组织而言,具有刚性的、既定的内部规章制度,作为其管理的依据,而对于泛边界组织而言,订立双方认可的契约将成为内部管理的主要依据。

(2)虚拟策略

优质企业集群集成企业之间要实现跨地理合作,一个基本手段或基本途径就是,通过某种的组织形式将企业集成起来。在这一逻辑阶段中,虚拟战略就成为整个整合增效战略的主要支持子战略。“虚拟”作为企业的一种组织运作模式,其实质是一种借用外力的策略。在“虚拟”思想指导下的企业经营方式,是由一些独立的厂商、顾客,甚至同行业的竞争对手,通过契约关联成一个组织网络,以达到技术共享、分摊成本、满足市场需求的目的,或者说是在完成向市场提供产品或服务的过程中,通过众多的企业相互关联成的一种合作组织,来实现企业经营的目标。他们围绕一个共同的目标或任务而进行生产运作,完成一个全能企业或组织所要完成的所有任务。

6.1.3 战略协同的实施

(1)集群发展定位的整合战略

对价值链“战略环节”的科学评判,是优质企业集群发展定位的关键。集群也只有找准了方向,才能让群内企业最大限度地集中资源、高效合理地配置资源,进而才能实现重点项目上的突破,最终促进集群企业及整个集群的发展。

这些所谓的“战略环节”,它们既可以是产品开发,也可以是信息、营销或物流管理等。优质企业集群要保持在价值链上的竞争优势,关键是要保持在这一条价值链上战略环节的竞争优势,而优质企业集群发展定位的着眼点应是全球价值链条上的战略发展。优质企业集群的发展定位,不仅要综合考量集群发展的地域条件,如区位条件、比较优势、政策环境、供给和需求结构、地区经济实力、劳动力素质等,还要综合考虑集群内外环境、集群相关利益主体、其他竞争集群的利益定位等。

能否获得准确、及时的信息，能否掌握国内外价值链发展动态，对优质企业集群发展科学定位的与否也至关重要，而一个广泛的正式与非正式的信息联系系统的建立，则成为解决这一问题的关键。要对集群发展进行科学定位，就需要建立一个能及时、可靠、全面反映经济活动和变化的信息传递网络，即建立战略信息搜集反馈系统并有效运行。这一系统要能提供描述集群发展战略定位所必需的数据资料，特别是能够提供具有战略含义的各自因素与发展潜力先兆的，能为未来集群发展战略决策带来边际价值的信息；信息与统计资料应及时、准确，对关键战略因素要有较详细的描述，对敏感性问题要有预测并提供预警信号。

(2)集群产业联合的整合战略

优质企业集群内产业的联合，既是市场变化的要求，也是资源优化配置的要求。产业联合以提高集群和集群企业的核心竞争力为目的，立足本产业优势和特点，对关联度高的产业进行多形式、深层次的联合，建立规模更大、档次更高的新的产业集群和基地，以实现资源共享，使优质企业集群内各个相互独立的子产业集群系统之间形成相互促进、共同发展的新格局。

集群要实现产业联合的整合，首先要重视与供应商和用户的联合。优质企业集群通过与供应商和用户等建立紧密联系，使其对市场的了解更深入、更准确和更及时，从而可以有效地降低环境变化的风险。还要通过与高校、科研院所的联合，借力外脑，集群在获得先进的科技知识和生产技术的同时，还可以获得大量的高素质人才和劳动力，提高自身的研发创新能力。最后，优质企业集群还要跟踪全球同类集群发展方向，需要与世界优质的集群互通信息、互相交流、保持联合、推进协作。如中关村与硅谷等优质企业集群间具有明显的联合性，具体表现在硅谷的核心技术、产品和机制的创新直接影响到中关村的发展。

(3)集群资源整合战略

1)集群自然资源的整合。当前，绿色发展理念深入人心，许多自然资源作为非可再生资源，掠夺式开发对环境的破坏和人类可持续发展进程均带来了不可逆的严重影响。因此，优质企业集群必须考虑集群发展与生态的关系，要做到集群发展和自然资源利用的协同。

首先，集群应加强对集群企业环境保护的宣传，强化监督，减少单个企业的短期行为，对违反集群环境利益的成员予以惩罚；再者，要积极引导集群企业进行技术创新、产业升级、设备更新，采用先进的节能无污染生产手段，为集群可持续发展创造良好的要素环境；最后，要明晰产权，对集群的自然资源进行充分合理的配置与利用，激励集群企业寻求天然资源开发利用与保护的长期平衡。

2)集群资金的整合。优质企业随着投资量级的不断扩大，也时常面临资金短缺的问题。为了摆脱资本市场融资难问题，优质企业应该充分利用集群企业身份，将自身与银行形成相互依赖的网络结构，在充分享有集群平台融资带来的实惠的同时，要严格信用自律、杜绝坏账，要清楚任何企业的一笔坏账都将对集群声誉带来严重破坏，这使得集群企业不敢违约。另一方面，要积极拓宽融资渠道，如设立集群发展基金和风险投资基金等，对于市场前景好又耗钱的优质企业进行资金扶持，使企业和本地机构共同分担高风险、高投资，也分享高收益、高回报。

3)集群高层次人才的整合。优质企业集群的发展同高素质、高质量的人才支撑密不可分。如硅谷的发展，硅谷所网罗的高层次人才中，博士学位的占比最高，这些博士来自斯坦福大学、加州大学伯克利分校、圣塔克拉拉大学等知名高校。就是这些世界一流大学中一大批从事计算机、硬件、软件、生物技术、航空航天工程等的高、精、尖技术的高层次人才奠定了硅谷的当前地位。进行高层次人才整合，首先要创造良好的集群环境，用一流的环境来吸引高层次人才的加入；应加强集群同国内外知名学府、著名培训机构的联合，为集群持续不断地提供智力资源；最后，应加强集群人文文化的熏陶，强化优秀人才的认同感。

4)集群内部企业家才能的整合。企业家的才能不仅是优质企业集群的宝贵资源，同时也是集群升级的重要助推器。对企业家才能的整合和利用与否，影响了集群的持续竞争力，决定了集群未来的发展水平。集群首先应营造充分尊重企业家的良好风气，多宣传企业家辉煌事迹，让集群内的企业家们在有心理获得感的同时，也为集群中各成员树立了榜样的力量；接着，应面向集群企业不同层级员工，开展形式多样、内容丰富的企业家讲座，将这些成功人士的企业治理理念、人生哲学、商业情怀等对集群内的各类企业员工、不同层次的管理者等进行积极的渗透和熏陶，以塑造集群的价值观和培育集群凝聚力。

(4)集群营销整合战略

1)集群品牌的整合。一个良好的集群品牌具有正外部性，不仅会大大降低产品的销售成本，也有助于集群内企业名气的提升。因为，知名度高、美誉度好的集群品牌会使企业无形中戴上一个神秘的光环，如意大利时装的集群品牌打响后，意大利服装的企业就可利用其品牌效应，以专卖专营的形式在全球范围内开直销店；又如浙江衢州的高档领带品牌打响后，集群企业时常带着该品牌去国外参加各类博览会，并利用集群品牌垄断销售，获取纵向一体化利润。

对于集群品牌的整合与打造，是一项长期的艰巨系统工程，须多管齐下，如建立低成本优势、完善产品质量、提供独特的产品或服务、不断地进行产品创新等。其环节有如下几方面：

首先，集群品牌的定位。集群品牌定位应体现集群的产业特性和区域特性，要将特定行业与某一地理或行政区域特色联系起来，即将其放在目标受众心中，给它一个独一无二的位置，由此形成这个市场鲜明的品牌个性。

其次，品牌培育。培育的途径：一是结合企业集群品牌定位，对集群品牌现状进行调查，了解企业集群品牌现状；二是真诚面对消费者，要保证产品和服务与消费者的期望一致，甚至超出他们的期望；三是要勇于承担社会责任，以集群公众形象打造来培育品牌。

最后，集群品牌的维护。集群要加大集群品牌的维护力度，对有损集群品牌的行为采取多种形式如经济法律的严厉制裁，使集群成员综合权衡利弊而共同精心打造集群。

2)集群市场的整合。对于集群市场的整合，首先应做好对集群产品的整合，即集群既要开发适合顾客多层次需求的产品，又要学会改变和引导消费者偏好。再者，要保证产品质量，可以通过联合技术改造以及制定共同遵守的质量标准，从源头上消除质量隐患。优质企业间的以合资、合作或建立联盟等方式对产品进行联合开发，不仅有利于分担因革新而带来的风险，同时在优质资源的相互融合上还有利于达到降低生产成本、改进产品或服务质量的目的。

集群市场整合中进行集群产品价格整合，是集群促销和扩大市场容量的最佳手段。优质企业集群的价格整合，要综合考虑市场需求、竞争状况、产品特性等因素。集群要在有效产品战略的基础上进行有效的价格整合，应通过集群信任、集群文化、集群激励惩戒机制等氛围、契约与制度的营造和安排，来实现集群产品价格结构的相对平衡。

随着互联网、电子商务营销渠道的发展，集群也要利用自身优势进行渠道扁平化革命。要做到营销网、物流网、信息网、客户服务网、互联网五网合一，借助互联网，把产品销售、物流控制、信息沟通、客户管理及意见反馈有机结合起来，以求最短的供应链、最快的反应链、最低的成本来进行运作。同时，集群可以充分利用根植性、机构稠密性和弹性专精的生产方式，通过与集群内供应商、销售商乃至顾客之间建立动态稳定的前后向联系来建立畅通的营销渠道。

6.2 优质企业集群管理结构的创设

6.2.1 集群结构化动因

结构化是系统效率的基本要求。系统的发生、发育、维持、演化、消亡都是作为过程而展开的，即使结构也不是纯粹非过程性的东西，一切结构都是某种潜在或显在过程的表现（李新春，2002）。结构的概念应用到社会系统、具体到一个组织，便是组织结构，组织结构是分工与协作的基本框架，优质企业集群的"场制"是该集成力场作用机制运行的规范，只有将规范嫁接于结构中，"组织结构管理"才会实现。具体说来，组织结构化动因有以下方面。

(1)集群系统功能实现的需要

构建产业集群，旨在通过企业的集合，构建集成系统，进而形成系统优势，赢得市场竞争。系统理论强调结构的重要性，认为结构是系统的基本特征，凡为系统，必有结构。同样，要实现优质企业集群集成系统中场元、场核、场线、场系、场级、场界等要素的综合集成，优质企业集群的结构化必不可少。

(2)集群系统管理的要求

集成系统管理的特征是市场机制与计划机制的结合，而计划机制的运行是依赖结构实施的。集群如果没有结构化，人就无法对其实施任何的行为干预，集群系统的管理将变成"无源之水""无本之木"，而无结构化的集群系统也将变为无序之态。

(3)集群事务开展的需要

集群内基础设施的建造和维修、环境的打造和维护、集群品牌培育与推广，以及集群内部教育培训服务、技术技能认证服务、联合营销、组织学习的开展等实现，是任一单个企业完成不了的，所以必须借助集群整体的力量来实现，而这种实现必须依靠一个组织载体。

(4)集群企业应对外部竞争的需要

只要组织未结构化，群内企业只会"单兵作战"。这种"集而不群"的现象，极易造成集群企业面对外部的竞争时，集成优势丧失殆尽，进而造成高层次人才难以引进、产业链上下游环节的断裂、承接国际先进制造业机会的错失，跨国公司的先进投资也将会因单一企业规模小而流失等一系列多米诺骨牌坍塌效应的出现。

(5)集群企业行为管理的需要

集群的要义在于协同。一体化和协同过程中，集群企业间必然会产生各种矛盾和冲突。集群企业"搭便车""良币驱逐劣币""道德风险"等行为的严惩和集群规制的遵守等管理，都需要以组织结构化为前提。

6.2.2 典型集群结构模式评析

(1)"三层网络"结构

魏江（2012）在阐述集群创新系统时，提出了集群组织是一个包含核心网络、辅助网络和外围网络3个层次的网络模型，如图6.2所示。

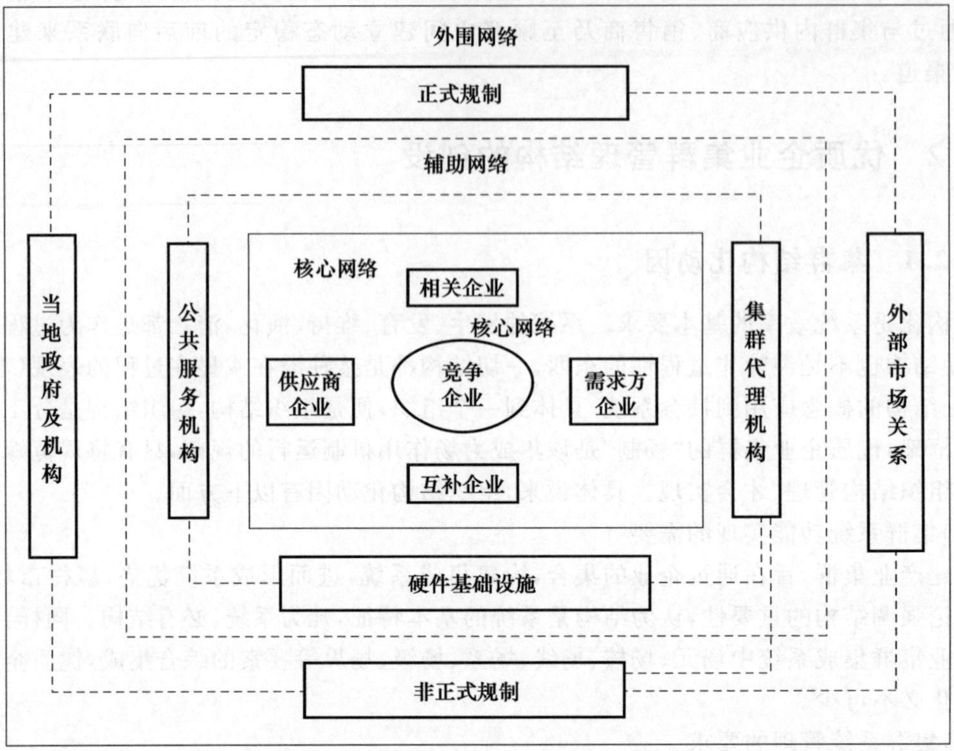

图6.2 “三层网络”结构集群创新系统

(2)“控制中心”结构

易军(2012)在阐述集群理论内涵基础上，以大连虚拟科技园发展规划项目为例，提出了“控制中心”虚拟科技园组织模式，如图6.3所示。

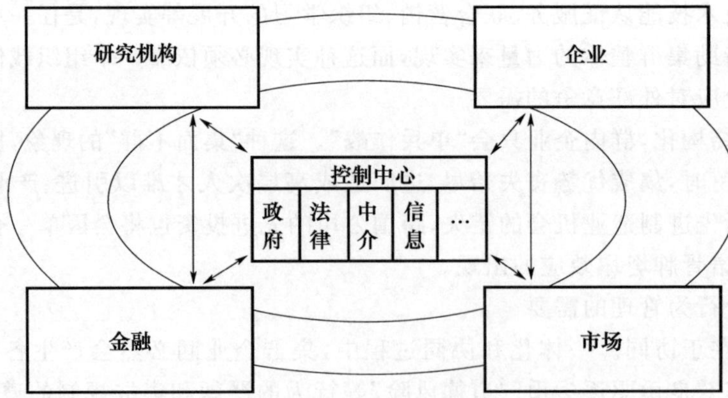

图6.3 “控制中心”虚拟科技园组织模式

(3)“蜂巢”结构

龚绍东(2014)通过分析蜂巢组织结构形态及“蜂巢”结构与集群生成形态相似性，提出集群生成形态的结构概念及模型，如图6.4所示。

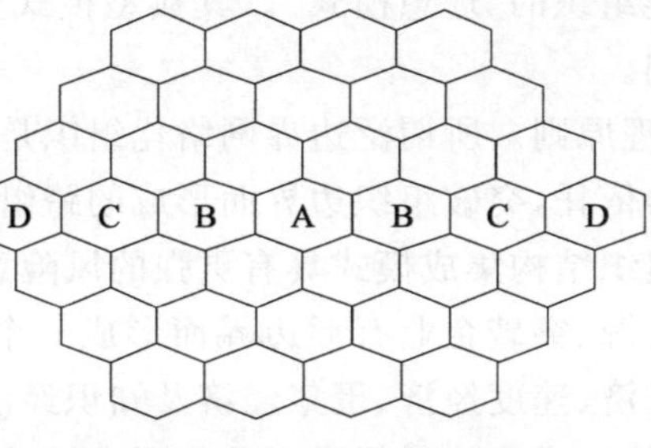

图 6.4　“蜂巢”结构示意

6.2.3　优质企业集群管理结构构建

(1)优质企业集群管理结构的构建原则

赫伯特·西蒙(1988)曾经说过,有效地开发社会资源的第一个条件是有效的组织结构。如同其他管理活动一样,集成管理的实施首先要寻求和建立一定的组织结构,它是一个组织进行管理运作的组织支撑和组织保证。组织结构是分工与协作的基本形式或框架。正如人体的骨架在人体内起着支撑、保护作用,使人体的消化、呼吸、循环等系统发挥正常生理功能一样,组织结构在整个管理系统中同样起着“框架”作用,它决定了企业内部各个组成要素之间发生相互作用的联系方式,决定了组织系统中的人流、物流、信息流是否能保持正常沟通,从而使组织目标的实现成为可能。实践证明,组织结构是影响组织效率的重要因素,组织结构的优劣和与时俱进与否,在很大程度上决定着一个组织的发展水平。

对于单个企业,其组织一旦运行,这个企业便会呈现鲜明性等级结构和稳定性框架结构特征。而优质企业集群则不然,一方面,优质企业集群中各个组成单元间的地位是平等且独立的,故不存在刚性的命令式结构,规范成文的组织制定也不会存在,但这并不等于没有秩序,集群中“龙头”企业所具有的“话语权属”还是存在的,这种现象称为隐形等级(李新春,2002);另一方面,优质企业集群管理结构具有非静态性特征,即它随着组织战略的改变、组织规模的扩大、生产技术的升级及外部环境复杂性的增加,集群的管理结构是不断发展和完善的。这两个特征,决定了在对优质企业集群的管理结构进行设计时,必须兼具传统科层制结构及泛边界网络结构管理的特征。

1)科层制结构管理原则。等级层次原理是系统学以及整个系统科学的基本原理之一,系统分析的重要内容是划分层次结构(李新春,2002)。科层制是新古典集成和集成管理阶段常采用的组织结构模式,它建立在分工基础上,是传统企业组织结构最显著的特征。当(企业)管理协调的单位成本较低时,管理者看得见的手就取代了市场这只看不见的手,管理协调使生产过程中通过能力在数量和速度上大幅提高(速度经济),它所导致的节约要大于来自较低信息和交易费用的节约,正是这种因素导致了科层制组织对市场的替代(林敏,2003)。科层制组织的产生是实践与理论研究紧密结合的结果。而真正从理论上系统地提出科层制的则是被称为“组织理论之父”的马克斯·韦伯(Max Weber)。所谓科层制就是其结构和运行均为成文的规章制度高度控制的组织和制度,它根据一定的目标函数与分工原则,对整个企业活动过程进行合理分解,确立不同部门与不同层级的责任与权力,再由统一的最高权力层进行协调。科层制的组织结构模式在分工的基础上依靠其法理型的统治,在扩大组织规模、加强控制、提高组织效率等方面都曾发挥过积极的作用,对工业化以来各种不同类型的组织产生了广泛而深远的影响，成为工业经济时代各类组织的“理想模式”。其典型模式主要有直线制、职能制、直线职能制、事业部制及超事业部制。

2)泛边界网络化结构管理原则。所谓泛边界网络化组织是指组织间为获取、强化资源、增进其竞争优势，以某种平台为依托，突破组织边界而形成的跨组织的联盟结构。与其他组织结构模式相比，泛边界网络化组织结构集成模式具有更强的风险意识和创新能力，它可以通过整合借力、集成企业内外优势资源、突破企业有形边界而形成一个优势互补、能力更大化的动态集成体，可以强化企业范围经济、速度经济、聚集经济及知识经济等集成效应，从而实现倍增放大的集成管理效果。组织结构科学构建对优质企业集群的推动机制如图 6.5 所示。

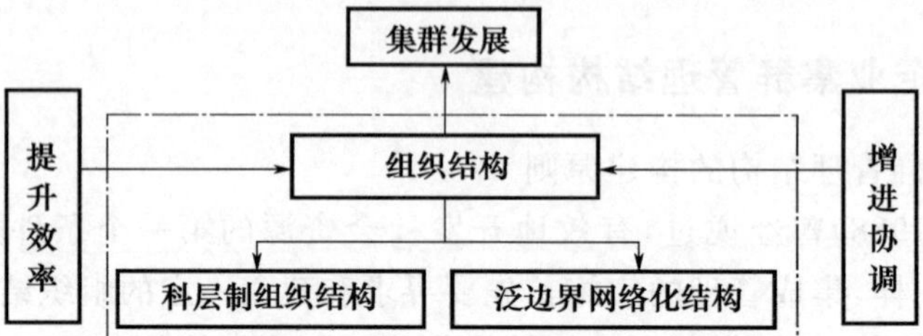

图 6.5　组织结构科学构建的推动机制

(2)优质企业集群管理结构的设计(图 6.6)

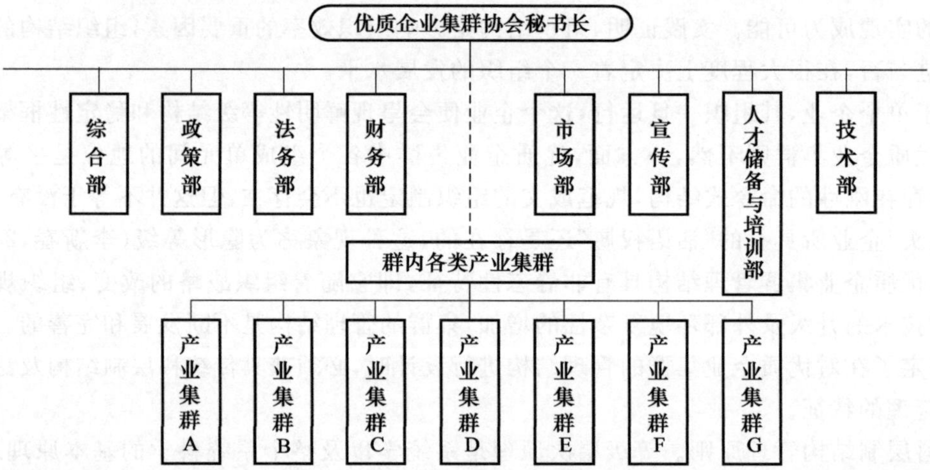

图 6.6　优质企业集群管理结构

6.3　本章小结

本章依据优质企业集群的管理架构图中集群初期管理所涉及的管理要素，分别对战略协同和集群管理结构做了详细研究。

第7章 优质企业集群分歧磨合期管理

7.1 优质企业集群界面的概念

“界面”一词最初的定义是物理学中两个或多个不同物相之间的分界面，其后多被应用于工程技术领域，用以表示各种硬件、仪器、设备的连接状态和咬合关系，之后又被用于人与计算机之间的虚拟交互关系。而后这种交互关系逐渐被扩展描述为以计算机信息技术为平台的企业间的资源交互与流动的关系，由此便将“界面”一词引申至企业管理领域。吴涛等(2003)进一步拓展了“界面”的定义，他们从联结的角度将界面看作相关单元之间的交互，是相关单元之间接触方式和机制的总和。界面，可以被形象地理解为系统内单元之间或系统与外部环境之间的物质、信息和能量传导的介质、通道或载体，它是集成关系形成和发展的基础。

7.2 优质企业集群界面的特性

(1)环境依赖性

界面存在于交互各方的关系中，而交互各方在不同的环境下会表现出不同的行为。这就造成了界面在不同环境下呈现不同的状态的特性。例如，两个人的界面关系在利益冲突的情况下和有共同利益的情况下就有很大的差别。

(2)内驱性

界面的存在是有其内在根源的。在社会生活中，大多数人是因为有某种需要才有意识地与其他人或组织打交道。如果没有需要，也就没有了与人交流的动机，当然就不会有交流的过程，界面也就不会出现。

(3)关联性

虽然从理论上讲，在社会生活中，人们可以与任何人交流，但由于个人或组织的时空局限性，大多数交往发生在人们熟悉的个体或群体间。网络技术的出现虽然大大缩短了人们的物理距离，但交流的方式受到了技术的限制。因此，就目前而言，传统交流方式的信息传递能力还是有绝对优势。这样，交流主体在很大程度上就不得不与其环境周围的个体发生接触。因此，界面的存在状态与集成单元间的相互关联性有很大关系。

(4)交互性

界面的出现是由于各集成单元的相互接触而产生的。这就表明，界面必然是存在于两个或两个以上的独立的个体发生交流或接触的过程中。单个个体无法形成现实的界面。虽然个体的思想意识由于多种价值观的冲突而产生矛盾，但由于没有涉及人们之间的相互关系，所以不在我们的讨论范围内。

(5)动态性

集成单元间的关系是变化的。对组织而言，也是同样的。交流的主体间关系的变化必然影响主体间的接触状况，即影响界面的性状。由此可见，界面是随着集成单元的内在特征和行为的变化而变化的。

界面的这几个特性之间有其内在联系。管理界面是集成单元在一定内驱力的推动下，在比较熟悉的群体中的某种情境下，进行相互交往时形成的一种状态或过程。精练的说法是，界面存在于交互的集成单元之间而又不能脱离于集成单元独立存在。

7.3 优质企业集群界面矛盾的成因

(1)界面双方利益不协调

在理论上，集群中的不同集成单元的目标都是由组织的整体目标所分解而成。在实际的运作过程中，集群整体目标在被划分成单元职能分目标之后，这些目标之间常常会相互冲突。界面双方利益不协调的同时还有目标的差异是导致界面问题的一个重要原因，当一项任务被分解到工作性质不同的单元之后，这些任务在完成时间、运作方式、资源分配等方面均会对不同集成单元产生不同的要求，使得各集成单元都从自己的角度来考虑问题，而忽略其他集成单元的作用和影响。在目标追求上的差异最终将表现为资源分配和产出交接方面的矛盾，即各自强调自己的重要性而要求资源倾斜。

(2)信息因素

信息因素造成了很多的界面问题，其中尤以信息“黏滞”的作用最为突出。在信息收集、传递、处理与分析、分送的过程中，即使不考虑利益因素扰动，信息也会有几种形式的损耗和变形，分别是信息“黏滞”、信息延迟、信息失真与缺失等。这些信息方面的因素造成了界面双方的信息不对称，引发了许多界面矛盾。

(3)文化差异

文化是社会个体的价值观、取向等核心理念的集合体。在社会系统中交互的各个主体，不可避免地在其行为、思维方式等方面带有其文化烙印。不同文化背景给人们塑造了不同的价值观体系，使得人们在交互过程中对对方的某些行为、举止和处世方式产生疑惑。如果没有充分的沟通，就会在彼此的心理上留下阴影，影响彼此的合作关系。所以，文化差异是各种界面矛盾的核心来源之一。知识背景差异和认知差异，从根本上说，都来源于文化差异。

(4)专业差异

随着人类进步进程的加快，知识的总储量在大幅增加。为适应社会化分工的需要，社会成员的知识结构出现了专业化的趋势，人们的社会合作也逐渐有了专业分工的趋势。企业组织由不同专业人员组成。这些人员因为专业差异，对同一事物的看法必然会有所差别，也会给出基于各自专业知识的解释，处理问题的时候也就不可避免地带有专业色彩。因此，不同专业的人们在合作过程中，必然有相左的看法，行为取向也有明显差异。应该看到的是，专业差异虽然会引发界面矛盾或冲突，但在解决这种界面冲突的过程中，随着专业视角的不停转换，这种专业交换会刺激人们对问题重新审视、刺激创新，所以从某种意义上来说专业差异也有其积极作用。

(5)历史原因

界面双方的既往交互历史对界面状态也有较大影响。通常情况下，良好的交互历史可以使双方产生信任，而有过不愉快的合作经历会使双方在新的合作未开始时就有成见。由于“学习效应”的存在，企业的技术绩效与企业之间过去的合作关系呈正相关。已往的交互过程可以是界面双方的沟通触媒，会给界面双方以一定的理性预期空间，使各方能够预期对方在通常情况下的行为。历史因素可能对界面双方再度合作初期的界面矛盾状态有较大影响。

(6)管理因素

除了前述的各种原因外，在集群内部，管理活动本身可能也会带来相当一部分界面问题。在管理职能的衔接部分和管理的各个集成单元中，不当的管理方式都会造成界面问题。从管理各集成单元间的界面看，就有可能存在界面矛盾。如各种制度之间的衔接与配合有缺陷，造成制度真空和制度冲突、控制指标与计划指标间的不一致等。所有这些管理中的失误都会增加组织运行中的阻力，对组织内外的界面状态都有不同程度的影响。

7.4　优质企业集群界面矛盾的管理

李宝山等(1998)指出，管理界面的含义较广，不仅仅产生于实物与实物之间，还产生于实物与虚体之间、虚体与虚体之间，所包含的种类大大拓宽。也就是说，无论是内涵还是外延，管理的界面均要大于工程领域中的界面，不再仅仅代表一种看得见、摸得着的物质上的“接口”，而是向更高层次延展，逐渐脱离了物质表征的约束，直至抽象为兼容自然和社会双重属性的范畴，只要集成双方相互连接并发生作用，无论其是有形的还是无形的，都可以将它们的这种衔接状态称为界面。基于此，优质企业集群界面管理，我们相应地定义如下：针对具有界面交互的优质企业集群单元与外部环境之间客观存在的矛盾与冲突，实施计划、组织、领导与控制活动，解决或减少界面矛盾与冲突，进而提升优质企业集群系统整体功能。

优质企业集群内部界面矛盾的管理主要可以分为以下 3 个层面：第一层面是区域层面，区域界面指的是优质企业集群与外部环境界面，其目标是对外谋求集群整体与外环境的和谐共处，以提升优质企业集群的整体素质；第二层面是集群层面，集群界面指的是集群企业与优质企业集群界面，即位于集聚地理范围内的企业或相关机构与优质企业集群之间的界面；第三层面是集群单元层面，集群单元界面指的是内部各经济单元间的界面，即产生于优质企业集群内部的各组织的表现形式之一——优质企业集群单元之间的界面。界面矛盾管理对优质企业集群的推动机制如图 7.1 所示。

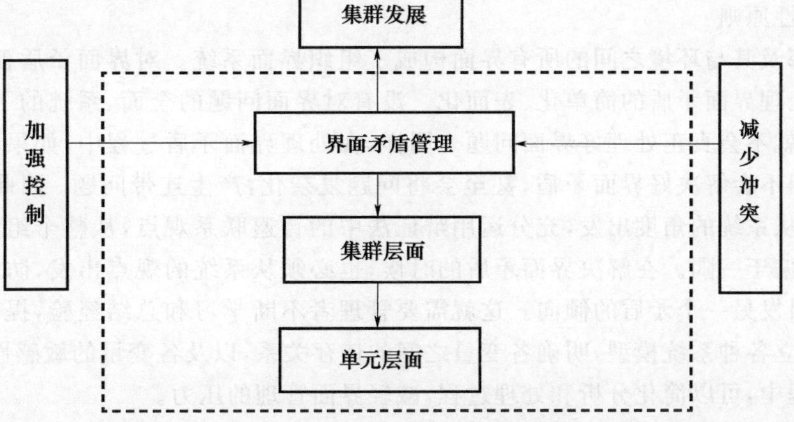

图 7.1　界面矛盾管理对优质企业集群的推动机制

7.4.1 界面矛盾管理应遵循的原则

(1)辩证性原则

辩证的观点是认识和解决界面问题的基本观点，是从更高水平上对界面矛盾和界面管理的再认识。辩证法的三大基本规律是解决界面矛盾的首要哲学依据。第一，对立统一规律。对立统一规律是唯物辩证法的基本规律，也是系统辩证法中的差异协同律的哲学渊源。对立统一规律承认世界的多样性和差异性，并认为差异性是世界产生无序的土壤，同时又存在着有序的可能，而且，差异性是建立秩序的基本前提。界面矛盾本身是对立统一地存在于组织活动中的客观实在，界面矛盾双方既存在斗争、对抗的一面，也存在统一、和谐的基础。进一步说，界面问题在组织内的存在，一方面，产生了对现实的否定，另一方面，也有对现实的肯定，这种肯定与否定的交织、转化就构成了另一层面的对立统一，这种对立统一诱发了组织系统的自我否定，为组织的辩证发展提供了动力。第二，否定之否定规律。否定之否定规律揭示了系统发展的辩证运动过程。界面矛盾的存在，包含着对现有组织的否定，促使组织向新的状态改变，在新的状态下又会出现新的界面矛盾，新的界面矛盾又会推动组织发生新的转变。这种不断的循环过程持续进行，构成了组织的创新和发展过程。界面管理在这一过程中的作用就是控制界面矛盾的发展方向，避免出现严重的生存危机，使组织向适应环境、适应变化的方向转变。第三，质量互变规律。质量互变规律揭示了矛盾运动的具体方式。矛盾本身的发展要经过量的积累，才能发生质的飞跃。新的量变、质变循环又在新的基础上展开。界面矛盾的运动过程同样遵循这一规律。界面管理就是在这一循环过程中对界面矛盾进行监控、调整、诱导，让组织内的界面矛盾不断地促进组织的制度、结构和管理的创新。在组织的运动发展中，三大定律相互交织、相互影响，构成了组织的螺旋式上升过程。界面管理在这一过程中，既要有诱导的作用，又要有限制的作用，保证组织的进化过程顺利、高效。

(2)动态性原则

根据界面矛盾运动规律的分析，界面矛盾有其自身的发展变化规律，在不同的发展阶段，界面矛盾会以不同的方式和强度发生作用，或有利，或有弊。因此，界面管理职能秉持静态观点。试图“毕其功于一役”的想法，会将界面管理简单化、表面化，而不能有效地解决界面问题。按照前述规律，界面管理应该是一个过程，应该随着界面矛盾的产生而产生，随着界面矛盾的性质、方向的变化而变化。基于这种认识，界面管理就应该突出其动态性。

(3)系统性原则

组织内部及其与环境之间的所有界面构成了组织界面系统。对界面矛盾孤立的、片面的认识导致了处理界面矛盾的简单化、表面化。没有对界面问题的全面、系统的了解，以及深入深刻的分析，就不会真正处理好界面问题。同样，在处理界面矛盾过程中，如果“头痛医头，脚痛医脚”，不但不会解决好界面矛盾，甚至会将问题复杂化，产生连带问题。因此，在分析界面矛盾时，必须从系统的角度出发，充分运用辩证法中的普遍联系观点，从整个组织系统中寻找症结，而不能偏于一隅。在解决界面矛盾的时候，也必须从系统的观点出发，防止有因为解决一个矛盾又引发另一个矛盾的倾向。这就需要管理者不断学习和总结经验，提高界面管理的预见能力，建立各种系统模型，明确各变量之间的依存关系，以及各变量的敏感性等，在后续的界面管理过程中，可以简化分析和处理过程，减轻界面管理的压力。

(4)权变性原则

具体问题具体分析是矛盾的特殊性原理的要求。在组织中存在的各种界面问题，其具体表现形式可能会多种多样，其本质原因也可能有所不同。在不同制度、文化环境中发生的同样的问题，其本质原因可能不同，如果用相同的手段进行界面管理，可能会适得其反。因此，界面管理不能简单化、形式化，而应讲究方法和手段的艺术性，要将界面问题放在具体环境中去考察，明确界面问题的特殊性，并因地制宜、因时制宜、因人制宜，采取便捷而有效的手段来实现界面和谐。

(5)突出重点原则

在事物发展过程中，每一个阶段都存在主要矛盾和次要矛盾、矛盾的主要方面和次要方面。主要矛盾和矛盾的主要方面决定了事物的发展方向，而次要矛盾和矛盾的次要方面只起到一种促进作用。但在一定条件下，主要矛盾和次要矛盾、矛盾的主要方面和次要方面也会发生地位的转化。所以，界面管理在对界面问题的认识过程中，首先就要识别矛盾的属性、矛盾的侧重点，抓住主要矛盾和矛盾的主要方面，有效地解决界面问题，真正实现界面管理的效率与效果的统一。

7.4.2　界面矛盾管理的事理逻辑

(1)计划阶段

计划是任何管理活动的首要阶段，是保证目标达成的重要决定性因素。对于界面管理而言，计划属于事前管理或事前控制。在计划制订过程中，由于各种力量、思维方式的影响，计划过程本身就存在各种问题。例如，组织目标与组织宗旨和使命间的冲突、战略与政策间的脱节、短期计划与长期计划间的矛盾、环境变化的不可预见性与计划的权威性之间的失衡等，都是计划给后续阶段的界面状态留下的隐患。所以，应该在计划阶段就对界面矛盾有足够的重视，提高对界面矛盾产生的预见能力，并准备充足的应急方案，预防和控制界面矛盾。

1)环境分析与预测。在环境分析和预测中，应该注意现有界面矛盾的状态和性质，对环境中可能影响目标达成的关键界面进行分析。在外部环境分析中，应分析集群与政府、客户、供应商、金融机构等利益相关者之间的界面，发现状态较好的界面，分析将这种良好的界面转化为战略优势的可能性；找到制约集群发展的界面关系，分析其带来的风险和机会成本，分析是否有可能改善某些界面的关系，以减少集群的发展阻力。在集群内部环境分析中，应注意分析各集成单元间的界面状态，找到制约集成单元提高效率的关键界面，分析界面矛盾的产生原因，找到界面矛盾发生的方式、时机，研究其作用规律。在预测阶段，同样要考虑界面矛盾的变化、发展，以及企业内外的关键界面间的相互关系与运动趋势，为界面管理方案的制定提供前提。尤为重要的是，在制定战略、制度、政策等对组织与环境有较大影响的管理决策时，要充分预测这些决策在实施过程中的难度、阻力，即界面矛盾的来源、方向、作用的强弱等，并制定配套的界面管理措施，为方案的实施做好“润滑”工作。如果必要，还应重新考虑方案的合理性，对方案进行调整。

2)目标确定。无论组织的目标是怎样的，在实现目标的过程中，总会出现各种意外情况，影响目标的实现程度。对组织而言，阻碍目标实现的可能是客观环境变化，也可能是人为因素的影响。但很可能是多种因素相互作用，最终都以界面矛盾的形式展现出来。因为目标与环境不协调造成的界面矛盾，在集群内部，主要在垂直界面上产生。界面矛盾的存在，可能会影响集群内部的合作协调程度，降低组织的效率。因此，集群目标的制定，要充分考虑在环境发生变化、发生重要的界面矛盾或冲突时应如何应对。除了制订弹性计划、进行计划的审计等方法以外，还应在目标制定程序上予以考虑，比较好的方法是进行目标管理。目标管理可能在计划过程中成本较高，耗时较长，但只要整个集群对总目标和具体目标都达成共识，并约定出现意外的处理方法，可以在计划执行中减少大量的界面管理工作量，并可以预防严重的界面冲突。当然目标管理对实施的条件也是有要求的，例如，较为完善的管理体系、适宜的组织文化和员工的素质等。在企业实际中，可以将目标管理的具体方法加以变通，而保留其集群单元参与、重视沟通的重要内核，使其发挥应有的作用。

3）战略的制定。战略是达成目标的手段或工具。从界面管理的角度出发，在战略制定过程中，要结合环境分析与预测中关于界面状态的分析，综合考虑各种界面的影响，将良好的界面状态转化为战略优势，充分利用这种优势提高实现目标的效率。另外，也要注意避免某些有消极作用的界面矛盾对战略实施的影响。还应考虑如何在战略实施中改善某些关键界面关系，以减少战略实施的阻力。在战略方案的设计中，就应充分考虑变动的阻力与后果，给出界面管理的方案，保证战略变革的顺利实施。计划过程是界面管理的先导，界面管理的绩效很大程度上取决于计划的合理性、协调性。在计划工作中就对界面管理予以充分考虑，是提高界面管理效率的重要步骤。因此，一个完整的计划，应该考虑界面管理的相关内容。

(2)组织阶段

组织工作是保证企业组织正常运行的重要步骤。组织作为一个系统，它的所有功能，都是由其结构和要素以及环境决定的。从内部来看，组织系统的结构是各种机构、工作关系等的集合体，要素的质量是由组织的制度、文化和要素的个体差异等因素决定的。作为系统的组成部分，要素之间必然需要沟通，于是就出现了界面。界面状态的好坏、界面矛盾的强度，都与组织这个系统有密切关系。因此，组织阶段应考虑对界面管理的影响，在结构、制度和文化等方面对界面管理予以充分考虑，从结构、制度和文化等方面控制界面矛盾的性质和方向，使其发挥积极作用，减少消极影响。

1）结构设计。从界面管理角度考虑，要控制界面矛盾，使其在一定程度内起到积极作用，应考虑的组织结构设计原则如下：

①减少界面数，增加界面信息流量。为减少信息因素造成的界面矛盾，避免信息在多环节传递中的损耗与失真，就必须减少界面数，增加界面的信息流量。减少界面数的目的是减少信息失真的机会，减少界面协调成本，而增加界面信息流量的目的是加强沟通。这两者是相互对应的。但应注意防止出现信息局部的堆积，造成信息过载。

②密切功能整合于同一权力源。条块分割的结果是功能的割裂，就是要将功能重新整合，形成明确的流程，以流程为基本单元，做好协调。但重组的前提是对功能的分析、流程的确定。在正确流程分解和功能确认的基础上，为提高资源使用效率、减少界面矛盾，就应将联系密切的功能整合于一个领导者的管理范围内，否则，就会出现界面矛盾由基层单元、中层单元向高层单元转移的现象，而且可能会增加界面矛盾的解决难度。

③部分模糊边界。有密切业务联系的不同集成单元，可能因目标差异而出现界面矛盾。所以，在结构设计中，要考虑将不同集成单元的目标整合起来，形成具有共同利益诉求的结合体。这就要求将集成单元间的边界模糊化，使处于边界两侧的利益主体能够在结构上整合，诱导双方的利益和目标整合，减小因目标差异引起的界面冲突强度。边界模糊要达到的是不同部门间的密切功能的整合，防止集成单元造成的本位主义，控制因此而出现的界面矛盾与冲突，而不是将所有边界全部模糊化。边界全部模糊化不但没有意义，还会出现责任不清、秩序

混乱的现象。

以金字塔结构为代表的纵向控制结构在很多时候易于僵化，管理成本高、组织反应慢、决策质量差。为此，从界面管理角度看，为增进沟通、利于协调，应该有充分的横向沟通与整合做补充，以适当控制界面矛盾的水平。

①矩阵制结构。就其实质来看，是在直线职能制垂直形态组织系统的基础上，再增加一种横向的领导系统。矩阵制可以将部门间的协调工作转化为项目组内部的协调工作，将界面内部化，有效地降低了协调的成本。但为争夺资源，部门主管与项目主管之间可能会出现资源争夺，引发新的界面冲突。为此，可以规定优先级，明确各方在具体情况下的权力关系，避免因争夺资源造成的界面矛盾。

②项目团队。团队是指由一组拥有不同技能、知识、信息和经验的人，为完成特定的目标和任务所组成的集成体。团队既可用于单个项目开发，也可逐渐固定下来，作为一种组织模式，不断地重复运作。团队组织形式之所以被企业普遍采用，很重要的原因就在于它对组织效率的贡献。团队与矩阵制结构的重要差别在于，矩阵制的项目组的目标是既定的，运作过程主要以行政命令为主导，属于他组织形式；而团队的目标既可能是既定的，也可能是团队内部决定的，团队的成员组成以自愿、自发为基础，没有很强的行政命令色彩，运作过程也是主要以内部的自律与互律为主，属于较为典型的自组织形式。当团队组织形式成为一种主要组织模式时，组织由他组织状态向自组织状态转化，团队内部的界面矛盾和冲突可以由团队成员自发地调适，可以大幅度减少界面协调成本，有利于界面管理。

③互嵌式结构。界面设计的“凹凸槽原理”将“嵌入与互嵌”方法引入组织结构设计中。这种结构体现了部分模糊边界的设计原则，一方面增大了界面接触面积，另一方面并没有增加人员和岗位。在组织结构设计中，对不同的集成单元的界面进行科学的人工设计，形成“互嵌式”的交接结构，然后依靠他们之间相互作用力量的平衡，保持两者的契合程度。在职务设计上，采取主要领导相互兼职，即让联系紧密、协调频繁的两个部门(集成单元)的主要领导互相兼职，把两个集成单元的边界泛化，把他们整合在一起，形成有机、统一、相互影响、相互制约的系统。因为这种结构部分模糊了边界，双方共同的目标和利益可以促进双方的合作、加强双方的沟通，所以这种结构可以有效控制因为信息因素和目标差异造成的界面矛盾。同时，双方相互制约的状态也保证了一定水平的界面矛盾的存在，促进双方保持较高的合作质量。

④协调委员会。协调委员会是重要的沟通、协调模式。在处理比较复杂的多界面关系、涉及多方的利益冲突时，协调委员会可以发挥重要作用。协调委员会可以处理综合的界面矛盾与冲突，例如，对目标差异、文化差异和管理因素造成的界面矛盾，协调委员会可以通过沟通、协调、谈判、仲裁等方式来调解矛盾，处理纠纷。但协调委员会也有不足，主要是会议的成本高、决策较为缓慢，或会议没有效果等。所以，协调委员会应该与其他各种结构结合使用，主要用于处理突发和紧急事件，或用于日常的信息沟通等。

2)制度设计。界面矛盾不仅可以通过适当的组织结构模式加以控制，也可以通过科学的制度设计，使界面矛盾保持在最佳水平。在制度设计中，应主要考虑以下几个方面：

①重新审视现有的制度规范。通过对界面矛盾成因的分析可以知道，一部分界面矛盾是因为管理因素造成的。组织制度作为管理的重要因素，对界面矛盾有着重要的影响。对制度的重新审视，目的是找到现有界面矛盾在管理方面的原因，对现有制度中不符合界面管理要求的部分予以调整，从制度上消除消极界面矛盾的影响。在制度审视过程中，主要应

注意制度真空和制度冲突两方面。制度真空可能造成具体工作无人负责的情况，当追查责任时，会出现界面冲突；也会给机会主义行为提供机会，造成投机者与守纪者间的界面矛盾。制度冲突可能造成目标冲突，导致行为冲突，诱发界面冲突。找到制度真空和制度冲突，就要对制度进行调整、修改，理顺各种流程和职能间的关系，尽量达到制度耦合，减少搭便车行为和机会主义行为。

②合理设计绩效考核体系以提高整合效率，促进界面管理水平的提升。绩效考核体系的设计，应考虑对合作绩效的评价。组织是社会协作系统，其功能的涌现完全是合作过程中产生的。没有合作的产出，只会有线性的累加，不会有非线性的增长。所以，对集群企业的绩效考核只是其考核的一部分，还应考核其合作的能力和效果。在集群中，全方位评价方法已经开始得到较广泛的应用。对集群企业的评价，尤其是某些无法绝对量化考核其业绩的，应该采取这种全方位评价的方法，将其上级、下级、有密切关系的集成单元对其的评价加权处理，得出其考核结果。另一方面，绩效考核还应考虑联合考核的方法。将有密切工作关系、有共同目标和利益的流程、单元和团队作为一个单元来考核，评价方法与上述类似。这两种考核体系的结合，可以为个体激励和集体激励提供可靠的评价依据。

③科学选择激励模式。激励机制是为实现组织目标、促进集成单元完成任务而采取的各种措施。从界面管理角度来看，激励机制应与绩效考核体系有对应关系，才能起到激励作用。按照界面关系的基本性质，激励模式可分为竞争性激励模式和协作性激励模式。这两种激励模式各有利弊，对界面矛盾的影响也不同。竞争性激励模式强调界面双方的竞争性，设定具有排他性的目标，鼓励各方通过自身努力达成目标，获得事先许诺的利益。这种激励模式给界面各方造成了零和博弈的局面，即使有严格的外部监控，也会出现很多的界面矛盾。这种界面矛盾很可能向恶性竞争转化，不能形成组织合力。但竞争性激励模式也可以明确各方的可能得益，消除了搭便车行为，降低了不确定性，可以降低界面某一方内部的界面矛盾。

3)文化建设。组织文化对界面管理有着潜移默化的影响。强有力的组织文化可以使集群企业获得强烈的认同感，在其行为中有一致的取向，很快可以达成共识，减少界面各方的矛盾和摩擦，可以节省大量的界面管理时间和成本。界面管理强调的主流文化是整合增效。所谓整合增效，就是通过有机地整合降低社会组织运行过程产生的各种摩擦、矛盾，产生组织输出的非线性增长。增效是目的，整合是手段。整合增效是界面管理文化的精髓，所有能够产生整合增效的理念和价值观都是界面管理文化的组成部分。整合增效文化的具体特征有如下几个方面。

①合作共赢。界面管理对界面矛盾的处理是辩证、系统的，最终目的是实现组织对外适应性和内部和谐性的统一。适应性与和谐性都要以一定的经济基础为前提。所以，共赢要作为界面管理文化建设的重要基调。只有充分的合作才能实现共赢，因此，合作是界面管理文化建设的另一基调。合作过程中，整合的思想要贯穿始终，既要有高度的合作意识，又要有明辨是非的坚定立场，将非理性因素降至最低水平。

②求同存异。在界面管理文化建设中，应该承认差异，尊重差异，并利用差异为界面管理服务。差异是组织的原因，也是组织的前提条件。没有差异，就无须组织。但组织的整合过程，不是抹杀区别与差异的过程，而是在差异中发现整合的机会与可能，并创造性地利用差异导致的界面矛盾，为创新提供契机，提高组织的环境适应能力。界面管理的文化建设，同样要在承认、尊重差异的基础上寻找和创造共同的目标和愿景，将各种各样的差异整合在共同的目

标和愿景之中。为所有组织成员的合作共赢建造文化平台,并将这一平台规划成为企业经营活动的重要平台,减少文化缺失造成的价值观体系的混乱,从而减少消极的界面矛盾发生概率,保证组织内部的动态均衡。

③忠诚与道德的统一。对组织的忠诚和坚持职业道德之间虽然有一定的共同之处,但也有一定的差别。对组织忠诚,就可能以组织利益最大化为唯一目标,采取急功近利的做法会危害其他社会组织的合理利益。坚持职业操守,遵守道德规范,可能会给组织的短期利益带来损失。因此,在短期利益的取舍上,对组织的忠诚与职业道德之间可能会出现较大的分歧。为了在组织的长期利益和短期利益之间取得平衡,就应在组织文化建设中将对组织的忠诚和职业道德统一起来,既减少目标差异产生的界面矛盾,又保持适当的专业差异造成的界面矛盾,以期获得组织的长期利益最大化。

④沟通与学习。界面管理强调沟通,是因为多种界面矛盾的原因都与沟通不畅有关。为减少信息因素、各种差异因素和管理因素造成的消极界面矛盾,沟通必须上升为集群文化的基本组成部分,而不只是管理手段之一。沟通是消除各种成见、隔阂的重要方法。但更重要的是,当沟通成为文化的组成部分时,就会在组织成员中形成良好的沟通氛围,将沟通过程由被动状态转化为主动状态,变"要我沟通"为"我要沟通",为界面管理营造良好的环境。

4)资源配置。在组织设计过程中,必然涉及集群内各种资源的分配问题。集群的资源永远都是有限的,而且有质量的差异。各集成单元为争夺资源,会不断强调本单元的重要性,向上层单元施加压力。如果没有得到想要的结果,就会在以后的工作中出现消极怠工、制造摩擦的现象,产生界面矛盾。因此,资源分配就成为一个复杂的博弈过程,是高层集成单元面临的界面管理瓶颈之一。资源分配过程中,既要有科学的分配依据,又要考虑界面矛盾的现状,预计可能出现的界面矛盾和冲突,综合各种因素,决定分配方案。方案设计中,除了要考虑各种资源在时间、空间的配置以外,还应考虑质量因素的影响。所以,资源配置中,必须从界面管理的角度出发,从质和量两方面综合考虑,预防界面矛盾的消极影响。

(3)指挥阶段

巴纳德(2013)曾经提出,管理者的作用就是在一个正式组织中充任系统运转的中心,并对组织成员的活动进行协调,指导组织的运转,实现组织的目标。指挥工作是管理者的日常工作,其中大部分是用于沟通、激励、协调和控制。从界面管理角度看,在指挥工作中,管理者的沟通能力和协调能力是关键。

1)管理者的沟通能力。沟通是界面管理最基本的工具。界面管理在任何时候都要以沟通为先导,以沟通来解决界面矛盾和冲突。沟通可以减少信息不足、增进相互了解、明确彼此差异,尽快地让界面双方达成共识,改善界面关系。尽管沟通对组织所有成员都非常重要,但对管理者尤其重要。因为管理者是重要的管理主体,是信息沟通的枢纽,管理者的沟通能力对界面的影响远大于员工的沟通能力对界面的影响。提高管理者的沟通能力,应注意以下两个问题。

①增强管理者沟通水平。管理者在日常的管理工作中,必然要发布命令、听取汇报、调查和监督执行情况等,这些工作都需要沟通。但由于各种原因的影响,管理者可能会有意无意地忽视沟通的作用,甚至是故意回避某种类型的沟通。这就是典型的沟通动机不足的表现。沟通动机不足,就会降低沟通的质量,继而造成界面矛盾,因此要不断提升其沟通水平。

②沟通方式的选择与组合。沟通的方式可以按不同标准划分。各种沟通方式侧重不同、

作用不同，在实际运用中，必须考虑从各种方式中进行选择，还应进行适当的组合。从界面管理角度来看，沟通的最有效形式是面对面沟通，以口头沟通为主、书面沟通为辅。正式沟通和非正式沟通应组合使用，分别用于处理不同性质的界面矛盾。当然，还应对管理者进行有针对性的沟通技能培训，提高管理者的表达能力、理解能力和概念能力。最后，组织还应提供尽可能多、尽可能方便的沟通方式和渠道，使沟通没有技术性障碍。

2）管理者的协调能力。目标确定、战略确定以后，管理者就是决定因素。虽然员工是创造企业价值的主体，但所有的战略、政策、制度的贯彻实施、监督与控制，都是由管理者来完成的。协调能力不够的管理者，可能还没有解决现有问题就已经造成了新的界面冲突。所以，界面管理特别要求管理者有很强的协调能力。

（4）协调阶段

界面矛盾的极端形式就是界面冲突。管理者在处理界面冲突时，最常用的方法就是沟通与协调。针对界面矛盾与冲突，基本的协调方法有两种：一种是无等级协调，另一种是有等级协调。无等级协调是指以横向沟通、协商为主要手段的协调模式，这种方法可以降低上级管理者的协调工作量，可以加快界面矛盾的解决速度，节省界面管理成本。无等级协调又分为等级中性、充实等级和代替等级 3 种管理方法。

1）等级中性。指通过长期的潜移默化的影响，改变个体的认知模式，以逐渐渗透的方式来达到水平界面的和谐。具体的做法：设立针对合作的激励机制，尤其是跨部门的合作，鼓励共同解决问题；教育培训，包括交叉学科的基础教育和人际技能培训，降低专业障碍，提高跨专业敏感度；工作轮换，加强员工的共情能力；企业文化建设中重点消除本位主义，积极提倡远景和目标的共享等。

2）充实等级。在界面冲突不可调和时，必须用有等级协调模式来解决。但跨部门协作可能会存在权力真空，界面双方的直接上级可能并不是同一个管理者。这样就会增加界面数，也会降低界面效率。充实等级就是指将有等级协调模式中的协调机制定位为某个现有的等级，负责或兼职负责新界面的沟通协调问题。具体的等级定位有项目经理、联络人，以及委员会形式的协调机构等。

3）代替等级。代替等级是指为了提高界面管理效率，减少管理人员的界面管理工作压力，将某些例行性的协调流程固化为某种制度、程序，减少重复的协调工作。但因为无等级协调是自主发生的，对双方的约束力不够强，可能会有不信守承诺的现象。所以，这种模式主要用于双方有一致的利益，都能够认同对方的原则，只是在具体的工作方式、方法上产生分歧的情况。在这种情况下，界面矛盾的水平较低，界面双方可以通过横向沟通来解决矛盾。

（5）控制阶段

控制是管理循环中的最后环节，是检验和纠正执行中偏差的过程。界面管理的控制对象是动态发展的界面矛盾，而且有双重作用。因此，对界面矛盾的控制，既要有及时便捷的监控设施，又要强调控制方法、手段的艺术性。为便于对界面矛盾和冲突的控制，要建立可靠的信息系统。利用计算机技术和网络技术，可以建立较为可靠的管理信息系统。但在正式的管理信息系统中，可能没有对界面矛盾的监控、预警系统，因为界面管理的某些信息是无法量化处理的。所以，界面管理信息系统的建立，一方面要依靠正式的管理信息系统获得相关数字化信息，另一方面又要依靠各种留言板、论坛等网络化传播形式，还可以用传统的书面、口头交流渠道建立界面管理的信息系统，建立全方位的信息渠道，收集有关界面矛盾的各种信息。

7.5　本章小结

本章承接前一章，继续对优质企业集群演化期中所涉的管理进行研究。本章研究的对象是集群分歧磨合期的管理，依据优质企业集群管理架构图中集群分歧磨合期所涉的管理要素，分别对集群界面的概念、特性、矛盾成因、应遵循的管理原则及矛盾管理的事理逻辑等方面进行研究。

第8章 优质企业集群运营平稳期管理

8.1 优质企业集群组织学习的作用

对信息资源的处理能力关系到一个系统的生存状况，组织学习能力就是对组织系统中原有信息资源整合力和组织力的重塑，组织学习对优质企业集群的作用表现在以下几个方面。

①优质企业集群企业及其个人在解决问题过程中依靠组织学习来不断地获取知识和经验，以此为基础提升学习能力，在这个过程中可以有效改变组织刚性弊端，使得集群柔性凸显，从而防止了系统僵化。

②以知识要素在组织内部的流动和扩散为契机，在知识叠加的基础上，企业通过组织学习对信息资源进行组合和再创造实现知识更新。组织学习下，优质企业集群内知识要素的流动与再创造如图 8.1 所示。在这个过程中，通过不断开辟和优化知识路径，有效地提升了集群内信息传递效率。

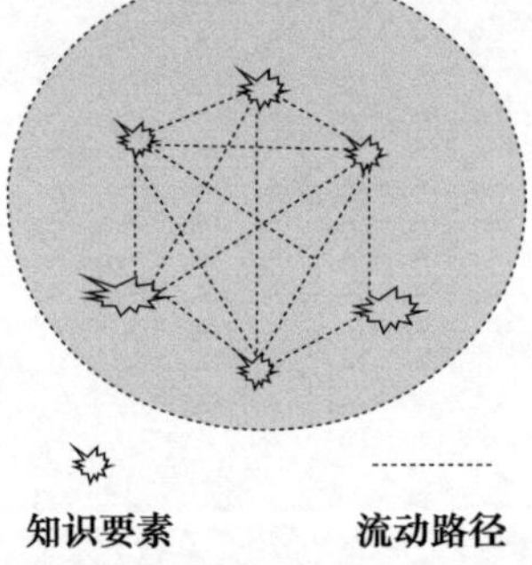

图 8.1 优质企业集群内知识要素流动与再创造

③集群通过组织学习不断地吸收外部同类竞争对手的信息、顾客信息、科研机构信息，通过不断地梳理、整合、利用等学习过程，在创新能力提升的同时，有利于实现知识、技术、观念、管理、营销等方面的革新。组织学习对优质企业集群持续竞争力的推动作用如图 8.2 所示。

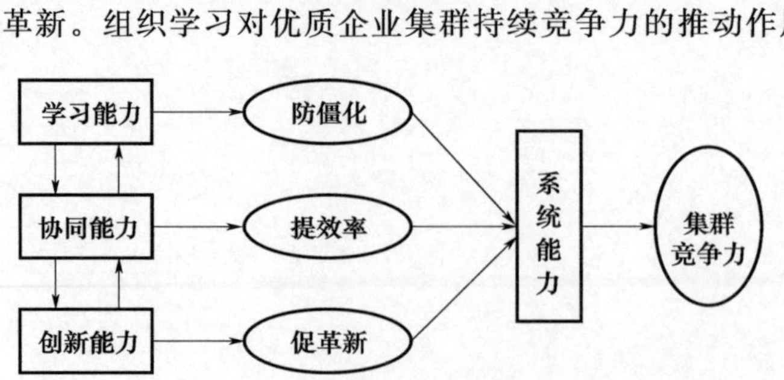

图 8.2 组织学习对优质企业集群竞争力的作用机制

8.2　优质企业集群组织学习的目标和内容

8.2.1　组织学习的目标

阿吉里斯等(2010)在其著作中第一次提出了“组织学习”这一新概念。随后,组织学习的思想得到不断发展,尤其是这些年它一直是西方学术界研究的热点问题,而彼得·圣吉的《第五项学习》更是将其带至新的高度。但是,当前依旧处于“组织学习理论”阶段,即使对组织学习的概念也没有统一,例如,组织学习是指发现错误,并通过重新建构组织的使用理论(人们行为背后的假设,却常常不被意识到)而加以改变的过程,是减少组织的习惯性防御;组织学习是通过理解和获得更丰富的知识来提高行为能力的过程;组织学习是对过去行为进行反思,从而形成指导行为的组织规范;组织学习是组织潜在行为的改变;组织学习是管理者寻求提高组织成员理解和管理组织及其环境的能力和动机水平,从而使其能够决策如何不断提高组织效率的过程;组织学习是一个组织有意识或无意识的过程,这一过程使得组织记忆(Ganizational Memory)的获得、更新成为可能,因而能够为组织活动提供方向,组织学习的定义可从过程和结果两方面来加以描述。本书认为,组织学习应该是综合的概念,在强调结果的同时,也不能忽略过程。

组织学习是组织知识发展的直接推动力。组织学习不仅会使组织知识在量上发生变化,而且能推动组织知识发生质的变革。合适的组织学习能促使组织知识发生变化,从而增强组织的核心能力,优质企业集群中,要想推动其动态能力的发展,离不开集群内的组织学习。

(1)达成共同的愿景

组织的共同愿景来源于员工个人愿景,但不是个人愿景的简单汇聚,它高于个人愿景,一旦形成后会对组织内个体行为给予精神统领和激励的感知。学习型组织能使不同个性的人汇聚,可以帮助他们达成共同愿景,从而有效引导个体、团队、组织系统朝着组织目标前行。

(2)不断学习

学习型组织要达到的又一个目标是组织内的不断学习,这种不断学习包括:①通过对组织良好学习氛围的营造,促进组织成员的终身学习习惯的养成;②在决策层、管理层、操作层等不同层级都开展学习,即形成全员学习局面;③将学习贯穿于组织系统运行的整个过程之中,即形成全过程的学习;④学习型组织不但要重视个人学习和个人智力的开发,也要重视组织成员的合作及群体智力的开发。

(3)促进四“E”的学习模式

这四“E”分别是:E-learing,以计算机科学技术为代表工具的学习模式;Experience,即学习者的体验性;Extension,即学习者学习方法的延伸;Expanded,即学习视野和知识领域的增长。

(4)扁平式结构

组织未来的结构是扁平化,学习型组织就是要促进组织扁平化。组织从最上的决策层到最下的操作层,介于两者间的层级减少,让决策权在扁平式结构中向下层移动,从而让下层的自主权更充分。

(5)个体创造性提高

在组织成长过程中,需要个体创造性地处理组织中的问题。学习型组织,通过组织内学习能力的提高,培养了个体分析问题、解决问题的能力,可以使组织不断突破发展中的障碍,保持组织持续发展势头。

(6)实现员工自主管理

员工自主管理水平的高低,已成为一个组织学习能力水平的重要衡量指标。学习型组织的目标之一,即通过组织学习达到员工的自主管理。这种自主管理,体现在发现问题、设计解决方案、制定解决步骤及实施和效果反馈。

8.2.2 组织学习的内容

优质企业集群在组织学习的每个过程,都要以原来的组织知识为基础,而在组织学习过程产生的新知识又修改和充实着组织知识系统。

(1)知识特征视角学习的内容

按知识特征,组织学习可以分为显性知识学习和隐性知识学习。

1)显性知识学习。显性知识的学习不能形成企业的核心能力,不能让企业获得竞争优势,但是企业生存步伐跟上社会进步所必需的,否则企业就会落后于社会的发展,会被淘汰。集群系统可以通过对这部分知识的学习并把它应用到生产实践活动中去,从中可生成集群系统部分的核心能力。

2)隐性知识学习。隐性知识的学习主要表现为员工之间的相互学习。参与经营活动的人员总是有较多的从经营活动中学习到的企业核心能力类知识,这类知识可能对集群系统的其他部门工作也有意义,因而要通过内部学习来扩大核心能力发挥作用的范围。内部学习可采取人才交流、师傅带徒弟等形式。

(2)组织层面视角学习的内容

按组织层面,组织学习可以分为价值链知识学习、集群知识学习和企业知识学习。

1)价值链知识学习。所谓的价值链知识指处于价值链的不同企业或组织为完成某一商业目的而在协作过程中所形成的知识。较之非企业集群,在企业集群内部就存在大量的业务价值链,每个企业只需专注于自己擅长的业务单元,各企业通力合作,就可完成单个企业无法达到的目的。创造的新知识越多,则整个价值链增值的幅度就越大,价值链上企业业绩提升越大。

2)集群知识学习。企业集群的存在是因为企业集群较之市场更能聚成、运用和创造知识。在企业集群内,企业一般参与多个价值链,多个企业的价值链交织在一起,形成了复杂的网络关系,从而构成企业集成。集群知识的产生是集群企业间学习的结果,集群企业间学习过程如图 8.3 所示。集群由个人、企业和价值链组成的集群知识是个人知识、企业知识和价值链知识的有机组合与升华。由个人知识到集群知识意味着由低级到高级、由局部到整体、由分散到集合,其实质是个体社会化过程,这个过程由集体学习来完成。

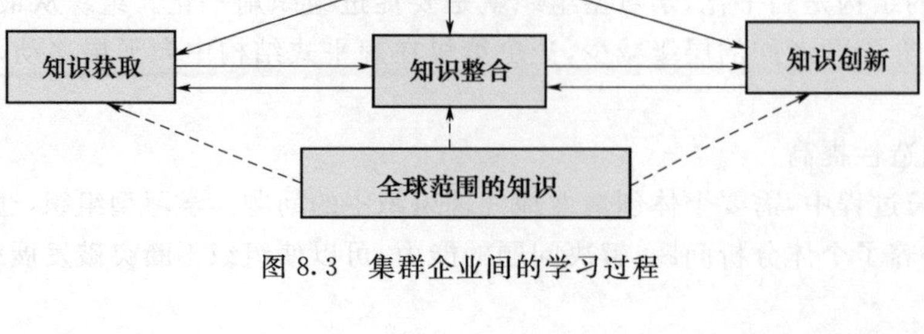

图 8.3 集群企业间的学习过程

3)企业知识学习。企业集群的优势取决于集成企业的表现,而集成企业的表现又取决于知识的掌握情况。正如个人知识千差万别,企业知识也是各有千秋,有些集群以企业知识为主,有些集群以个人知识为主。知识的优劣处于动态过程中,一些知识在某一时期具有竞争优势,但随着时间的推移,这些知识被更多人掌握,重要程度大打折扣,故优质的企业集群一定善于积累、使用并创新知识。

个人是企业的主体,个人知识是企业知识的重要内容,但企业知识不等于个人知识的简单相加,企业具备个人所没有的知识,这就是为何个人失去企业平台后,往往一事无成。而且很多知识不可能单纯依靠从市场买来,只有依靠组织自身形成(图8.4)。

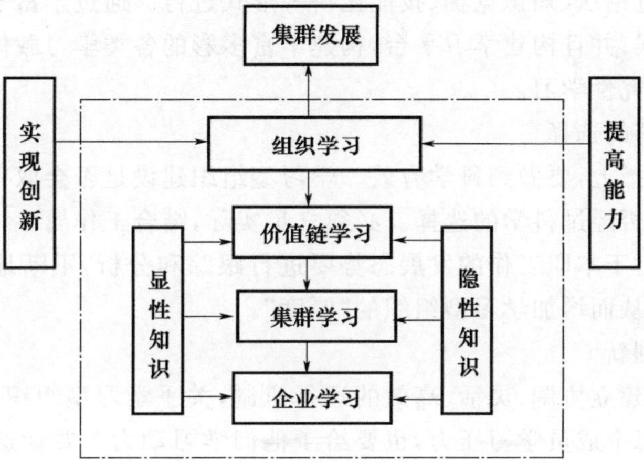

图8.4　企业知识学习框架

8.3　优质企业集群组织学习的创建

(1)运用系统思考向学习型组织转变

企业集群作为一个系统,可以通过五项修炼中的系统思考来不断提高其生存和发展能力。系统思考给企业提供了观察问题、分析问题的新视角,从而有利于学习型组织的形成。

(2)集群高层管理者的重视

集群高层管理者对学习型组织创建的态度,直接决定其创建的成败,同时领导的能动性和创造力对学习型组织的创建也至关重要。一个优秀的领导,不仅要有不断学习的思维,还应大力支持学习型组织的创建,用以身示范和榜样的力量来引导员工积极参与。除此之外,领导要做好学习型组织中员工的培训工作,通过制定激励和保障制度来推动学习型组织的建立。

(3)培养个人主动学习能力

学习型组织中,员工是其参与者,其参与程度也成为学习型组织创建成败的关键因素。对于新入职的员工,应加强对其的指导,帮助其在组织中定位好自己,还应对新老员工之间的沟通牵线搭桥,实现新老员工之间的经验、知识传递和共享。在促进员工之间学习时,还要不断进行对组织学习效能提升课题的探索,不断提升组织学习的水平。

(4)先进学习理念的引入

学习型组织的打造,应倡导终身学习和终身教育。“一学定终身”的理念已经过时,时代的发展要求企业把学历教育延伸到终身教育,将阶段性学习延伸为终身学习。在这种先进学习理念的引导下,企业内部还要大力倡导“学习革命”和“学习为本”,要使组织内的学习成为工作常态。同时加大教育投入,引进或研发多元化教育网络,让组织学习同社会学习资源接轨,在集群内部推行学历教育、职业教育和继续教育。

(5)重视学习载体和学习形式

学习型组织创建中,学习载体的打造和学习形式的策划非常重要。学习型组织离不开学习团队,要组建好学习团队。作为学习团队,其成员就必须都是身处集体之中,这样才能有共同语言和目标,团队才有凝聚力。学习型组织创建中,应以基层单元为载体,其目的是让每个人都参与其中,成为组织学习的一分子。要探索研究组织学习的开展形式,不仅利用固定学习日来开展,也可以通过论坛、知识竞赛、技能比拼等形式进行。通过丰富多彩的组织学习形式,实现学习、工作两不误;并且构建学习平台,构建丰富多彩的各类学习载体,使所有成员能够自觉学习、快乐学习、研究性学习。

(6)重视学习内容的选择

在学习内容的选择上,要做到科学有效。学习型组织建设是否会取得成效,其中重要因素是学习教育的内容是否经过科学的选择。必须立足实际,结合工作属性,坚持按需择学与即时笃学相结合。同时,对于本职工作的发展态势要进行跟踪和分析,不断地获取新知识,梳理知识流,增加知识存量,从而增加学习型组织的“厚度”。

(7)学习机制的创新

能否全面系统地建立协调、灵活、高效的运行机制,关乎学习型组织的成败。学习型组织是全员学习,要给予每个成员学习压力,也要给予他们学习动力。要让这两种“力”双面互动,增加员工学习“外力”、激发他们学习“动力”,这样才能使得学习型组织深入持久地运行。

8.4 本章小结

本章依据优质企业集群管理架构图中集群运营平稳期所涉及的管理要素,继续对集群演化期的管理进行研究。本章依次对集群组织学习的作用、组织学习的目标和内容、组织学习的创建等集群组织学习的方面进行论述。

第9章 优质企业集群危机期管理

9.1 优质企业集群的风险控制

9.1.1 风险诱发的原因

优质企业集群是由一个个独立的个体企业所构成，每个企业本身每时每刻都会面对各种各样的危机，有的危机企业有足够的能力可以及时控制解决，对本企业和集群不会造成任何影响，这些危机是每个企业在日常经营管理过程中所必须面对的，然而有的危机是企业内部无法及时消化控制的，这些危机就变成了系统的风险，其产生的恶性后果会直接波及整个企业集群。

优质企业集群诱发风险的原因有以下几个方面：

(1)企业集群特征带来的诱因

1)集聚性。在地理或组织上的接近形成了“聚集”，这种聚集让集群企业可以更好地进行技术、人才、战略等方面的交流和学习。但也正是因为这种方便的学习与交流，让集群企业使用几乎相同的技术、决策。不好的“习惯”如拖欠员工工资、拖欠贷款、无故加班等行为也更容易像“传染病”一样在集群传播。

2)技术分工。纵向关联的集群企业，每个企业完成生产的一部分，一个企业是无法生产出一件完整的产品的。这是集群企业专业化分工的结果。专业化分工，每个企业从事自己生产的一个环节，可以做到更快、更好、更强，使集群呈现一个最优的生产状态。但这个专业化的分工决定了生产各个环节前后的衔接和依赖程度很高，容易发生“多米诺骨牌效应”。

3)集群文化。集群文化是集群企业依据地方独特社会文化、政治文化，结合集群各企业的组织文化，长时间形成的被集群企业所共同倡导的人生观、价值观、经营理念、社会责任等。集群文化对集群企业来说至关重要，集群企业靠集群文化凝聚在一起，共同的价值观是集群企业合作共存的基础。一旦集群文化染上了“传染病”，整个集群会快速被“传染”，爆发“传染病”危机。

(2)资源共享带来的诱因

1)集群信誉。企业集群产生信誉危机的根本原因是个体道德的缺失。对于企业来说，获取利益是最终的目的。但有些道德缺失的企业在从事经济活动中，为了自己能够获得足够多的利益而做出了不利于其他企业的行为，如在生产过程中偷工减料，从而使得产品质量下降，导致市场信誉降低。个体信誉的惩罚对集群企业来说就是集体信誉的惩罚，根据晕轮效应，集体信誉很容易因个体信誉受到严重损害。

2)畅通的资源交换通道。成熟的集群内部，具有畅通的资源交换渠道，这种渠道在方便集群企业资源交换的同时，也为危机的传播带来了“传染通道”：一方面方便了“传染病”危机在集群内的传播，另一方面也会滋生一些新的“传染病”危机。

由于集群企业会在资源交换通道上共享各式各样的技术经验，因此会使得一些不愿创新的企业采用“搭便车”的策略，直接窃取其他集群企业的研究成果，长此以往，越来越多的企业不愿创新，造成整个集群的“惰性”滋长。同时，企业集群方便的资源交换，让习惯于这种方便的集群企业越来越不愿与外部企业交流合作，长此以往，会形成集群系统的闭塞。而惰性和闭塞恰是风险的温床。

(3)其他诱因

1)企业集群的结构性。每一种系统，如同人的生命一样，都有一个生命周期。企业集群的发展必然也有一个生命周期，这是万物的生长规律。企业设备陈旧、技术老化、缺乏创新型人才、就业矛盾明显、竞争力下降等结构性风险的频发都是避免不了的，只是时间问题。

2)集群“近交性”。在生物学中，近交是指彼此有亲缘关系的个体之间交配的过程。近交可以改良物种的基因，通过反复近交，增加纯种基因、降低杂种基因。但这种结合过程，更容易让一些隐形基因、缺陷基因得到表达。对于企业集群也一样，集群内每个企业的企业文化、人才、战略理念等如同每个基因，在企业的交流学习中如同基因在进行重组。对于企业集群来说，其中每个企业都带着许多相似的基因，在日常频繁的交流、学习、资源共享的过程中这些基因会重组，在产生优化基因的同时，缺陷基因的产生也频发，而这些缺陷基因可以直接导致整个集群风险的产生。

9.1.2 风险传播的特征

国外有学者认为，风险传染是指某一机构发生危机，对与其具有直接或间接关联的机构产生冲击，引发“多米诺骨牌效应”，并对整个系统造成巨额损失的现象。

风险一旦生成，它们在企业集群间的传播与病毒在生物群间的传播相似，都具有以下特征。

①都有“病原体”，风险源的存在是风险扩散传染的前提条件，如果没有风险源，就不会存在风险传播和演变。在企业集群风险传播中，最早出现危机的企业可以被看成风险源，风险源是不受人为控制的，它作为风险扩散中的核心，依托传播介质在企业集群中扩散传染。

②扩散传染都需要介质，风险源的传播需要感染介质，如果没有感染介质，风险的传染是无法形成的。

③都具有极强的“传染性”，传染性是病毒传染病最根本的特征。如果一种疾病根本不具有传染性，就不能称之为传染病。同样，风险的传播，如果只有风险源和感染体介质，而风险源本身不具有“传染性”，它是不会进行扩散“传染”的。

④都存在“免疫性”，人们会因为之前接种了疫苗而在体内产生对抗病原体的抗体。企业集群中的企业有的同样可以自身抵御风险、对危机免疫。我们的研究就是需要为企业集群制作出各种“疫苗”，使企业集群产生风险抗体。

优质企业集群内风险传播机制如图 9.1 所示。

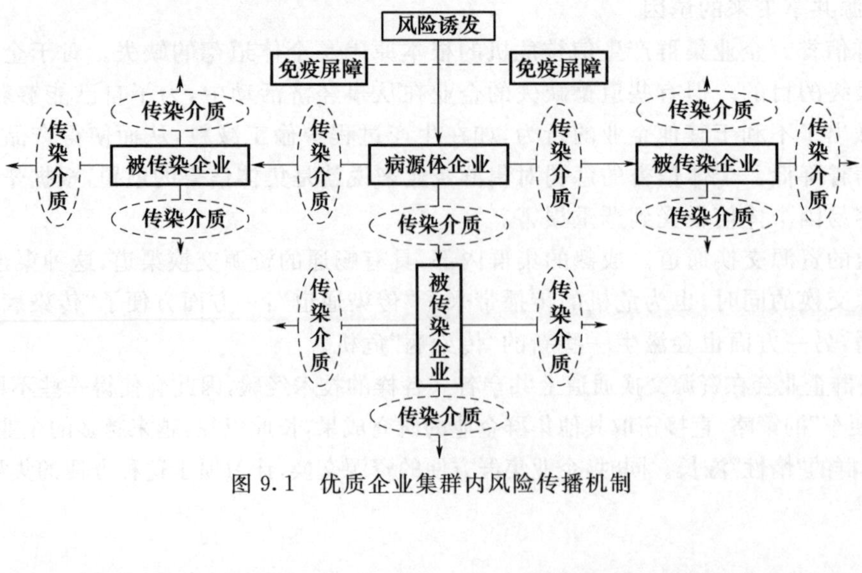

图 9.1 优质企业集群内风险传播机制

9.1.3　风险控制的策略

(1)营造良好的内部控制环境

内部控制环境是内部控制实施的根本环境,是推动企业发展的动力,也是其他风险管理因素实施的基础,其对企业内部控制的构建与实施具有重大的影响,可以说企业的控制环境直接决定了其内部控制与风险管理的效率和效果。

1)深化对内部控制的理解,树立风险管理理念。深化对内部控制的理解,首先应突破对传统的内部控制的理解,应认识内部控制不仅局限于会计层面,还包含更高层次的战略目标,在电力设计企业向多元化经营、总承包和海外项目转型发展的过程中,就要从战略高度进行风险管理和内部控制。再者,无论是企业的管理层,还是企业的员工都应具有风险管理意识,并把风险管理意识贯穿于企业的生产经营过程中,包括业务管理、职能管理、质量与安全管理等各方面。风险管理理念的培养可以通过企业领导层的表率作用、相关的培训及相关的规章制度来实现。

2)建立公司治理结构并充分发挥各机构职责。企业各层级各部门之间应分工明确,并相互监督、相互牵制。公司可以通过公司章程的规定及完善相关的激励约束机制来保障公司机构职责的实现。非常重要的一点是,电力设计企业的最高管理机构,要对内部控制的建立和实施负责。企业应下设内部控制与风险管理的建设、监督管理机构,各机构分别负责各方面的工作,并相互监督、相互制约。

完善法人治理结构,为全面风险管理的内部控制体系建设创造一个良好的内部控制环境。建立一个健全的内部控制体系,实际上就是完善法人治理结构的体现,大多数电力设计企业设立了内部审计机构,但多数内部审计机构隶属于财务总监或总经理领导,因此将电力设计企业的内部审计机构升级为公司董事会审计委员的组成部分或工作部门,这样将进一步明确内部审计机构在电力设计企业内部控制方面的主体地位。

3)培养员工的职业道德和胜任能力。企业员工是企业生产经营活动的执行者,员工良好的职业道德可以保证企业经营活动的顺利进行,可以避免舞弊事件的发生。员工的知识和技能必须与所在岗位所需能力相匹配,这是经营活动和内部控制活动得以有效运行的基本保障。为此,企业应以诚信等职业道德作为员工的行为准则,建立奖惩机制,加强员工的再教育,对关键岗位实行定期轮岗制。

(2)设定集群战略目标

企业应根据企业的使命或愿景来设定企业的战略目标,战略目标是企业的最高目标,其他目标为战略目标服务。企业根据战略目标再层层分解,并由各部门来落实。战略目标的制定应考虑企业的风险容量,企业实现战略目标所面临的风险应在企业风险容量之内。

(3)完善风险管理体系

企业应建立风险导向型内部控制体系,只有把风险管理落实到企业的各个环节,才能控制风险。完善企业风险管理体系应关注以下几点。

第一,建立风险预警机制。企业应通过目标分析、过程分析等方法来识别影响企业目标实现的内部及外部的潜在事项,分清潜在事项是机会还是风险,明确风险预警标准。风险预警机制的建立对企业及时抓住发展机会、及时评估和处理风险具有重大意义。

第二,建立风险评估体系。企业应对已识别的风险进一步进行分析与评估,分析潜在风险是固有风险还是剩余风险,分析风险发生的可能性及其影响,并关注重大风险。评估现有的内部控制对风险的适用性,是否需要追加程序等。在评估风险时应注意运用风险组合观。

第三,建立风险反应机制。风险应对是控制风险的关键步骤,在风险评估后,企业应针对风险发生的可能性、影响的不同程度,采取不同的应对措施,其中应特别关注重大风险。风险应对措施包括回避、降低、承担和分担风险。同时,在风险应对中要考虑成本与效率的问题。

(4)建立良好的控制活动

企业应建立良好的控制活动以确保管理层应对风险的各种措施得以有效执行,控制活动贯穿于企业各个部门、各个层面及其活动。控制活动应该包括:对员工绩效的分析与考核,部门的自我复核,对信息处理的控制(包括一般控制和应用控制),实物资产的控制,责任划分与不相容职位相分离控制。

(5)充分的信息与沟通

在经营过程中,企业应建立信息的传递和沟通以确保员工了解内部控制,明确自己的职责。同时,通过对外部市场信息、政策信息、顾客信息、竞争对手信息的了解和掌握,通过与各方的沟通,有利于企业及时处理风险、抓住机会,实现更好的发展。企业可以通过员工手册及建立信息收集与处理系统来实现。

(6)建立内部控制监督与评价机制

对内部控制的监督与评价是确保内部控制制度得到有效执行的重要手段,同时有利于企业管理层及时了解内部控制存在的问题,可以为内部控制的改进提供建议,有利于内部控制体系的不断完善,进而帮助企业控制各种风险。内部控制监督与评价机制的建立主要包括内部和外部两个方面。

第一,企业应建立独立、权威的内部审计机构。内部审计机构的设置应与其他职能部门分离开来。内部审计机构应具有执行审计决定和审计结论的权利,可以建立具有较强独立性与权威性的董事会领导型或监事会领导型的内部审计机构。内部审计不应只局限于财务报表审计,应对企业资格内部控制系统进行全面的监督和评价,包括对企业财务信息、经营活动、控制活动进行审计及评价。同时,应提高内部审计人员的职业道德和业务素质,并形成不同职务之间相互检查、监督的机制。

第二,提高外部监督与评价。由于内部审计主要对企业领导负责,所以内部审计具有固有局限性,可能会导致一些控制缺陷在权力干预下被掩盖,不利于企业内部控制的改善。所以通常需要独立的第三方参与企业的监督与评价,以实现监督的职能。首先,应完善内部控制信息披露制度,使企业接受政府、社会的广泛监督。其次,可以借助第三方审计力量,最常见的就是定期聘请注册会计师对企业内部控制设计及执行情况进行审计及评价,并出具评审报告。这也有利于监督企业内部控制的构建与实施,也有利于及时发现企业内部控制中存在的问题。

9.2 优质企业集群的系统创新

9.2.1 集群要素的创新

(1)创新要素的培育

系统的有效运转离不开多样化的创新要素以及发达的创新要素市场,而创新要素的积累和市场化流动,正是中国创新驱动战略实施亟须解决的问题。应重点扶持一批当前在应用领域走在前沿的重点高校和科研院所,鼓励他们与企业联合,积极培育高水平应用型人才,形成项目和人才的“双通道”对接。积极构建统一、开放、竞争、有序的现代技术市场体系，通过改制、创新用人机制、创新融资方式等手段，有序探索这一部分创新要素的市场化改革。最后，应建立健全产业科技平台和资源共享机制，集聚、集成产业创新生态系统内的创新信息以及资源，不断提高产业创新过程中创新主体间及其服务机构间协同的效率，不断健全创新中介服务，尽可能构建社会化、网络化以及专业化的创新服务机制，不断加强技术、资本、产业等创新要素间的密切联系，大力推动科技创新资源的优化配置。

(2)人才培养机制的创新

创新人才培养机制，集聚全球创新精英知识经济时代，人才是决定创新集群快速发展的第一要素。优质企业集群要想快速发展成国际领先的创新集群，必须依托本地智库培养产业创新人才，同时依托全国甚至国际化市场引进高层次创新人才。首先，抓统筹规划和联合培养。编制中关村人才发展规划，明确重点战略、目标任务和重点举措。根据产业发展需要，分类别、分层次、分阶段制定人才开发目录。重点依托清华大学、北京大学、中国科学院、中国社会科学院等智库，加强高层次创新人才联合培养与职业技术培训。推进研究型大学与创新型企业在人才培养和职业技能培训方面的深层次合作，通过财政支持和政策引导，以产业实际需求为导向，增强高校和科研院所研究的针对性，进一步创新人才培养模式和机制。其次，抓重点引进和基础配套，网络全球创新精英。根据集群内部重点或新兴产业发展需求，加大对海内外高层次人才的引进，特别是带项目、带技术、带资金、带团队的“四带”人才。科学制订和大力实施人才引进计划，对自主创新人才要加大投入力度，为科技人才创业创造良好条件，在引进人才的随迁配偶、子女落户、就业、入学等方面给予优惠政策，进一步提高引进人才的优惠待遇。同时，注重以重大科技项目培养和凝聚高层次人才，构建多层次、符合园区产业发展需求的创新型人才队伍。

(3)科技与金融的对接

优质企业集群拥有如投行、创投等一批直接融资机构和一批如商业银行、信用社的间接融资机构，通过多种投资途径促进科技与金融对接，推动优质企业集群创新，促进集群快速发展。优质企业集群拥有庞大的智力资源。优质企业集群共有以清华大学、北京大学、中国人民大学为代表的高等院校 41 所；以中国科学院、中国农业科学院、中国林业科学研究院、中国环境科学研究院、中国钢研科技集团有限公司等为代表的国家及省(市)级科研院所 206 所(不含解放军所属研究机构)。截至 2010 年，优质企业集群共有 84 家国家级重点实验室，占全国总数的 30%；国家工程技术研究中心 50 家，占全国总数的 35.5%；国家工程研究中心 37 家，占全国总数的 29.1%；国家实验室 9 个，占全国总数的 40.9%。据科技部火炬中心统计，2010 年优质企业集群示范区拥有国家级研发机构(含产业技术研究院、专业研究院所、重点实验室、工程技术研究中心、企业技术研发中心、博士后工作站等)323 家，与上海(115 家)、成都(106 家)、西安(139 家)和武汉(131 家)等地区国家级高新区相比，集聚优势明显。

(4)中介体系的创新

优质企业集群积极发挥产业技术联盟、行业协会等枢纽型社会组织以及科技企业孵化器、留学人员创业园、企业加速器等科技中介的桥梁作用。

1)产业技术联盟将产学研合作推向战略层面。优质企业集群共拥有 55 家产业技术联盟，涉及软件、通信、互联网等多个行业，联盟通过研发合作、技术标准、产业链合作等多种形式组建。

2)各类协会充当产业发展的桥梁及纽带。中关村目前拥有协会组织 42 家，会员企业近 2

万家，与集群内的创业孵化机构、创投机构、专业服务机构建立了密切的联系，已呈现出“以企业为主体，市场化运作”的发展态势。

3)科技企业孵化器成为创业孵化的核心载体。截至2010年底，北京市共有83家科技企业孵化器，在孵企业数达5458家，毕业企业达5351家，培养出近30家上市公司。

4)留学人员创业园为海归创新创业提供了平台。截至2010年底，优质企业集群共建立了29个创业园，在园企业1221家；创业园目前有海归2045人，累计吸引了772名“海归”创办了548家企业，毕业企业322家。

5)企业加速器成为创业孵化的新兴形态。2007年，优质企业集群基地在全国范围内建立了第一家企业加速器，能够有效地满足快速成长企业对于发展环境的需求，政策支持是优质企业集群创新快速发展的基石。

9.2.2 集群制度的创新

(1)配套政策的推行

以相关配套政策为辅助。由于国家体制的历史原因，当前我国的集群创新生态系统过度依赖政府塑造的“人工生态”，而非依赖市场自发产生的“自然生态”，其创新体系较之于美国等发达国家而言，集群创新生态系统所包含的子体系建设远不成熟，因而在支持创新活动方面表现出明显的脆弱性，无法保持持续、健康发展，因而需要通过改革来不断健全和完善，以提高创新生态系统的质量。首先，应丰富创新生态系统建设的与各类科技型企业特点相适应的融资体系。譬如，探索一些为研发而提供的金融创新政策，不断提高科技型中小企业的信用等级，满足其快速发展的融资需要；也可建立健全基于国家创新基金为核心的政府种子基金支持体系，合理引导风险投资参与自主创新战略的实施。其次，应健全集群创新生态系统建设的科技政策体系。美国的集群创新生态系统的科技政策主要以高度发达的市场经济体制为基础，而市场可在其胜任的领域高效配置资源，是政策进行有效干预的基础。对于面向市场的产品科研部分，政府对于市场的反应常常表现出滞后性，其应将中小企业的产品研发逐渐交给市场，进而促使企业研发能真正地建立在充分把握市场信息的基础之上。至于那些存在于市场与政府之间的“混合部分”也可以市场需求为导向，尽可能地降低无谓的效率损失，充分给予企业作为科技运用主体的自由发展空间。最后，还应完善集群创新生态系统建设的法律保障体系。目前的重点应放在不断完善与中国国情特点相适应的产权制度上。私人产权是保持市场竞争高效运作的基础，要最大程度地发挥市场主导作用则必须加强对私人产权的完善保护，尽可能地对产权进行明晰。

(2)制度创新

通过不断的制度创新，集群内部的体制机制不断朝着有利于集群创新的方向发展，为优质企业集群创新快速发展营造了良好的政策环境，对于优质企业集群发展成为世界一流创新集群奠定了基础。

1)深入开展股权激励试点，同意在优质企业集群范围内的高等院校、科研院所中，开展职务科技成果、股权和分红权激励的试点，在院所转制企业以及国有高新技术企业中进行股权和分红权激励改革，探索建立了适应创新型经济发展的长效激励机制。

2)深化科技金融先行先试改革，以企业信用建设为基础，积极争取中央政策支持，构建技术与资本高效对接机制，吸引聚集金融服务资源，形成了中关村独有的科技金融体系。

3)开展重大科技专项经费列支间接费用试点，进一步提高科研人员的创新积极性。

4)支持新型产业组织(如战略联盟)和民营科技企业参与、承担国家重大科技项目。

5)研究制定支持创新创业的税收政策,提高企业研发投入和技术人员创新的积极性。

6)深化政府采购新技术新产品试点,将政府采购纳入规范化和常态化管理。

7)实施工商管理改革试点。一是试行“债转股”,为企业融资开辟新途径;二是出台“股权激励”登记办法,推动“知本”向“资本”转化;三是允许企业转换组织形式满足企业转型发展需要。

8)改革社会组织管理,对登记管理体制、规范社会组织名称、放宽社会组织会员条件和活动领域等内容做出了新的规定。

9.2.3　集群组织的创新

(1)创新生态闭环

硅谷创新集群的强大在于其已打造为一个较为成功的创新生态闭环,而且在此基础上塑造了灵活、体系完整的生态系统,且系统内部已产生一个以企业为主体,其他创新主体协同,创新环境产生高效支撑的创新链体系。包括风险投资基金、科技咨询机构、创新孵化器和加速器在内的创新中介服务机构的良性发展,是硅谷创新集群获得持续竞争优势的重要因素。正是由于这些因素的存在,硅谷创新集群内部高新技术方面的创意方可迅速经过研发产生产品进而推向市场。鉴于此,包括中关村创新集群、东湖高新创新集群、张江创新集群在内的我国创新集群要成为国际创新集群的领先者,应考虑与包括硅谷创新集群在内的世界著名创新集群的中介机构开展战略合作,主动吸引其在天使投资人、风险投资基金、创新咨询机构、创新孵化模式等领域的建设经验,探索具有中国特色的创新中介建设模式,借助高端创新中介和中介服务模式的引入来积极促进我国创新集群内部创新技术的快速商业化,陆续提高我国创新集群创新中介机构的服务水平,最终提升我国创新集群的创新质量与速度。此外,我国创新集群在转型升级的过程中应积极与全球著名创新集群构建战略合作关系,主动依托全球市场资源,大力提高集群创新能力,有效构建全球创新网络,集聚海外高端创新资源,进而不断提高集群内部协同创新程度,搭建协同创新平台。借助政策指引,积极鼓励产学研及其他创新主体开展战略联盟、重大科技项目等方面的密切合作,在构建协同创新平台的基础上,充分调动各类创新主体的主动性。

(2)产业链和知识链的构建

经过多年的发展,我国一些创新集群内部已经出现大批支柱企业与龙头企业,在一些领域也具有全球一流的产品与工艺,然而,与世界著名创新集群相比,在高端产业层面整体创新能力还较为薄弱,尤其是在高科技产业发展领域差距更为明显。因此,我国创新集群应积极与全球著名创新集群在高端产业领域进行充分合作,综合运用“引进来、走出去”相结合的方式,大力推动高端产业的紧密融合。

1)尽快推动产业链的识别与完善。产业链的构成相对比较复杂,将其全部识别清楚比较困难,因而当前的重点应从我国高端产业开始破题。高端产业代表着未来经济发展的方向,一方面政府需要进行牵头,联合学界和企业界,通过设立重大科技攻关项目,解剖本辖域内代表着高端产业的产业链,并定期保持跟踪与更新,促使创新生态始终保持着最为新鲜和宽松的发展环境;另一方面,积极促进创新集群内高端产业与全球著名创新集群内高端产业密切合作,依靠项目形式产生沟通桥梁,积极学习国外知名创新集群高端产业的技术发展模式,依靠这种高端产业的融合,逐步提高我国创新集群内部企业的整体创新能力,克服核心与共性的技术难题，大力促进创新集群的发展。譬如，出台一系列优惠措施大力支持我国创新集群内具有一定技术实力与经营规模的高技术企业在全球著名创新集群所在地设立研发与制造中心，近距离接触国际一流企业，以获取较新的技术资讯，在较短的时间内与全球技术源和高端产业链进行对接。

2)着力构建为推动产业发展和产业创新所需的知识链。创新集群发展需要足够的科技知识和管理知识作为支撑，美国硅谷的背后实际上离不开斯坦福大学等一批顶尖高校和科研院所的智力支持，它们是硅谷创新集群保持活力的源泉。我国创新集群若要保持持续的竞争力，就应借助于集群区域大学的知识创造能力，将产品创新、产业创新、集群创新的知识链厘清，将其调适为适应创新的要求。具体而言，首先，应构建具有创业精神的大学理念，把大学使命由传统的教书育人深化为推动知识进步，从事科学、技术及其他学术领域的教育，逐步与产业界构建紧密的合作关系，借助一系列项目合作形式与产业界建立战略合作关系，进一步把握产业发展需求与创新创业流程。其次，强化与世界著名创新集群的充分交流和有效对接，积极学习国外创业型大学的办学经验、工程科技人才培养模式及产学研合作模式等，强调培养出色的科学、工程人才，不断加强学生的知识创造和应用能力塑造，将研究型大学建设成为创业型大学，进而充分促进知识资本化，以加速大学与产业的高度融合，尽快针对科研成果转化率较低的问题提出有效解决措施，特别是在中关村、东湖高新、张江等创新集群所在地的其最可能依托的高校和科研院所，更应加快改革的步伐。譬如，可以考虑在高校内部建设技术许可办公室、科学和商业俱乐部、创业俱乐部等具有针对性的技术成果转化组织，支持学术创业的组织结构，不断促进大学创业氛围的构建及科技成果的快速转化，最终提高我国创新集群的创新创业能力。

(3)构建全球创新网络

构建全球创新网络，建立协同创新平台。优质企业集群要想发展成为世界一流的创新集群，就必须构建全球化的创新网络，在国际范围内配置资源。对于国外典型创新集群的研究已经证实了集群的国际化程度能够反映集群的创新水平。因此，优质企业集群应进一步开拓国际市场，与国外典型创新集群建立战略合作关系，依托国际市场资源推进中关村创新能力的提升。坚决贯彻实施“引进来”与“走出去”相结合的国际化发展战略方针，构建全球创新网络，集聚海外高端创新资源。增强集群内部协同创新程度，搭建协同创新平台。美国硅谷的成功经验已经证实了创新网络内部各创新主体的协同创新程度对于集群创新发展至关重要。构建协同创新网络能够进一步降低创新成本，加快创新进程，便于创新资源在集群内部的快速流动，有利于重大或突破性创新成果的生成。通过政策引导鼓励产学研及其他创新主体开展深层次的合作。

9.3 本章小结

本章所涉及的内容是优质企业集群危机期的管理，也是对优质企业集群演化到最后一期管理的研究，本章研究的依据仍是优质企业管理架构图。按照优质企业集群架构图中所涉及的危机期管理要素，文章对集群风险控制和集群系统创新进行了论述。

第 10 章　福州市优质企业集群的构建与管理设计

10.1　企业样本的采集

福州市地处中国东南沿海，自古以来经贸发达，区位优势明显。尤其是 1991 年后，在时任福州市委书记习近平同志的部署推动下，福州的经济进入了腾飞期，在此过程中涌现了一些近年来合作紧密的企业：福建浩蓝光电、福建广电网络集团、万润新能源集团、中科光汇、恒锋信息科技、锐达科技、光速达集团、天普发展集团、福建仙芝楼生物科技集团、博思软件、福建开普信息科技有限公司、中建海峡建设、永福集团、福建华航建设、福建汽车集团、星网锐捷科技、三锋集团 17 家企业，这些企业并非“单飞雁”式发展，而是以群的方式共同发展。这些企业所组成的“集群效应”不仅极大地提升了区域经济，而且自身也得到长足发展，它们中大部分已经步入上市公司行列（表 10.1）。

上述 17 家企业坐落的位置也相对集中，在它们周围集聚了海峡银行、厦门国际银行、中国银行等支行金融服务机构，具有大地保险、太平洋保险等保险机构，具有审计协会分中心、福州市勘测院等事业性服务机构，具有市场监管局、交警大队、派出所等监管部门，具有中国科学院海西研究院、产学研研究院、福州大学城科技园等各类研究院所，具有邦邦财富大厦、久策大厦、创业大厦等保障服务功能性高层写字楼盘，具有人力资源派遣服务、专利商标咨询、人才培训等各类中介服务，已经发展成为功能齐备的企业集群系统。

表 10.1　样本企业的基本情况

企业名称	企业性质	上市与否	营业范围
福建浩蓝光电	民营股份	未上市	从事各种光学元器件研发、生产和销售的高科技企业
福建广电网络集团	省属	上市	经营高清互动电视、广电宽带、电子商务、视频点播、阳光政务、远程教育等增值业务
万润新能源集团	民营股份	上市	新能源汽车动力总成的研发、生产、销售和技术服务为主营的高科技企业
中科光汇	民营股份	上市	汇集光纤激光器的研发、制造、销售于一体
恒锋信息科技	民营股份	上市	智慧政务软件、智慧建筑软件、行业软件、物联网软件等产品的研发服务
锐达科技	民营股份	上市	涉及硬件开发、软件开发、产品测试、产品设计、工程实验等所有的开发流程
光速达集团	民营股份	上市	从事智能化产品研发、生产及销售的高新技术企业
天普发展集团	民营股份	上市	光热、光电、新能源建筑、热泵等

续表

企业名称	企业性质	上市与否	营业范围
福建仙芝楼生物科技集团	民营股份	未上市	生物制品、保健品的研发、推广、销售
博思软件	民营股份	上市	从事公共财政管理软件、政府行业管理软件、企业管理软件及通用型财务软件的开发、销售与服务
福建开普信息科技有限公司	民营股份	未上市	智能一卡通系统、太阳能大型集热系统、节能产品、安防系统领域,已集自主研发、制造、销售于一体
中建海峡建设	国有控股	上市	涉及城市综合开发建设与房地产、基础设施项目建设与投资运营、工程设计、勘察、规划与咨询
永福集团	民营股份	上市	从事工程总承包、工程监理、项目管理、电力系统设计、航测技术咨询、项目投资分析与评价、投资管理、机电设备经营以及出版印刷等
福建华航建设	国有控股	上市	工业、公用、民用建筑项目以及城市道路等市政项目
福建汽车集团	国有控股	上市	汽车产业研发、制造、销售
星网锐捷科技	民营股份	上市	网络通信、交换机、云计算终端、支付终端、桌面云、无线接入、宽带接入、视频信息应用等各产品领域
三锋集团	民营股份	上市	高端汽车零部件、工装、模具及专业设备的设计、研发与制造

10.2 企业优质性的评价

下面就是对上一节提到的这 17 家企业进行优质性评价,如果得出这 17 家企业的优质性得分为优质,则该集群为优质企业集群,否则就不属于优质企业集群的研究对象。

(1)借助 BP(Back Propagation) 神经网络技术的基本思路

由于企业优质性综合评价体系是一个复杂的计量系统,许多评价指标之间的关系及其对优质性的影响方式和难度难以获知。BP 神经网络即误差反向传播神经网络,是能实现映射变换的前馈型网络中最常用的一类网络,是一种典型的误差修正方法,且结构简单,在众多领域得到广泛应用。该技术通过以权重描述变量与目标之间特殊的非线性关系模型,按照一定的算法进行训练,与传统的计算方法相比,神经网络具有大量信息并行处理、分布式存储、自适应学习及容错等特点,它能够有效地处理非线性问题,且对变量、评价对象及其关系没有任何要求,评价过程简单,只需利用在学习阶段所获得的知识,对输入因子进行处理,就可得到评价结果,且得到的结果具有更大的可靠性。

因此,本部分在对样本企业优质性进行评价上,以第 3 章中设置的企业优质性评价指标为测项,以第 3 章中提出的定性和定量指标的处理方法为依据,借助人工神经网络——BP 技术,以期最大化地提升样本企业优质性评价的运行效率。

(2)样本企业评价指标的训练

1)BP 神经网络训练样本的确定和评价指标的筛选。样本的确定是 BP 神经网络训练的重要环节。由于要测定企业的优质性与否应放在该企业所在的区域范围内,而优质性的评价是一种相对比较下产生的,故对于福州 17 家企业的优质性评价应扩大到能够在工商上登记的且与该企业所在位置邻近的企业同这 145 家一起作为样本,进行比较。

本书采用万得数据库、上市公司财报、企业网站及发展报告公布的相关统计数据,以包含上述 17 家企业的 145 家企业为评价扩充样本,重点测出这 17 家企业在 145 家企业中的评价分值分布。

145 个扩充样本中的指标采用极值的标准化法对数据进行标准化处理,得到经标准化后的决策矩阵 $\boldsymbol{R}'=(r'_{ij})$。

对于正效应指标:

$$r_{ij}=\frac{r_{ij}-\min r_{ij}}{\max r_{ij}-\min r_{ij}} \tag{10.1}$$

对于负效应指标:

$$r_{ij}=\frac{\max r_{ij}-r_{ij}}{\max r_{ij}-\min r_{ij}} \tag{10.2}$$

接着,构建加权规范化决策矩阵。依照第 3 章指标处理方法由定量和定性确定的指标权重 w_i,把矩阵 $\boldsymbol{R}$ 每行的指标与其相应的权重相乘,得到的加权规范化矩阵如下:

$$Q_{ij}=\begin{bmatrix} w_1 r'_{11} & w_1 r'_{12} & \cdots & w_1 r'_{1j} \\ w_2 r'_{21} & w_2 r'_{22} & \cdots & w_2 r'_{2j} \\ \vdots & \vdots & \vdots & \vdots \\ w_i r'_{i1} & w_i r'_{i2} & \cdots & w_i r'_{ij} \end{bmatrix} \tag{10.3}$$

式中,r_{ij} 为第 i 个样本的第 j 个指标值($i=1,2,\cdots,145;j=1,2,\cdots,34$)。

BP 神经网络的训练过程是将样本的真实值与网络输出值之间的误差反向传播到各层的神经元,从而不断调整各层的权值和阈值、减小误差达到精度要求,因此,需要从企业优质性评价指标体系中选取现有资料可查的指标进行训练。经过资料比较,选出以下 10 个训练指标,即资产总额(D_3)、公司市场价值(D_4)、总收入(D_5)、利税总额(D_7)、产品市场占有率(D_{10})、知名品牌数(D_{11})、利润总额(D_{12})、总资产净利率(D_{14})、资产负债率(D_{26})、销售收入增长率(D_{27})。17 家样本企业指标标准值如表 10.2 所示。

表 10.2　样本企业指标的标准值

样本	标准值									
	D_3	D_4	D_5	D_7	D_{10}	D_{11}	D_{12}	D_{14}	D_{26}	D_{27}
福建浩蓝光电	0.023	0.152	0.335	0.208	0.407	0.267	0.428	0.524	0.613	0.371
福建广电网络集团	0.034	0.163	0.343	0.228	0.413	0.281	0.432	0.576	0.626	0.383
万润新能源集团	0.027	0.160	0.341	0.197	0.452	0.268	0.457	0.505	0.517	0.474
中科光汇	0.041	0.159	0.339	0.176	0.446	0.292	0.326	0.521	0.619	0.403

续表

样本	标准值									
	D_3	D_4	D_5	D_7	D_{10}	D_{11}	D_{12}	D_{14}	D_{26}	D_{27}
恒锋信息科技	0.039	0.155	0.337	0.205	0.387	0.243	0.397	0.427	0.625	0.398
锐达科技	0.036	0.157	0.350	0.246	0.399	0.385	0.406	0.496	0.603	0.375
光速达集团	0.044	0.168	0.365	0.278	0.405	0.398	0.414	0.548	0.627	0.383
天普发展集团	0.040	0.177	0.355	0.198	0.418	0.257	0.463	0.543	0.599	0.392
福建仙芝楼生物科技集团	0.035	0.154	0.341	0.243	0.463	0.286	0.326	0.508	0.635	0.395
博思软件	0.052	0.171	0.357	0.301	0.385	0.254	0.399	0.513	0.632	0.407
福建开普信息科技有限公司	0.047	0.149	0.348	0.288	0.424	0.219	0.392	0.527	0.617	0.435
中建海峡建设	0.021	0.152	0.342	0.249	0.496	0.265	0.453	0.413	0.645	0.399
永福集团	0.053	0.169	0.358	0.276	0.455	0.283	0.468	0.479	0.642	0.423
福建华航建设	0.038	0.164	0.337	0.187	0.381	0.278	0.475	0.538	0.573	0.326
福建汽车集团	0.042	0.158	0.356	0.206	0.455	0.306	0.329	0.521	0.547	0.391
星网锐捷科技	0.055	0.173	0.375	0.265	0.367	0.342	0.431	0.597	0.624	0.403
三锋集团	0.046	0.170	0.334	0.233	0.403	0.284	0.464	0.499	0.615	0.437

利用之前定性与定量相结合的指标权重确定方法，得到的指标权重如表 10.3 所示。

表 10.3 评价指标权重

指标	D_3	D_4	D_5	D_7	D_{10}	D_{11}	D_{12}	D_{14}	D_{26}	D_{27}
权重	0.12	0.15	0.08	0.15	0.09	0.11	0.17	0.08	0.16	0.12

将该分析值提供给有关专家参考，由专家综合考虑各个企业的基准情况，对样本进行打分。

2)BP 神经网络的改进算法。BP 神经网络学习算法的基本思想是利用最小二乘法，采用基于误差反向传播的梯度算法，以期使网络的实际输出值与期望输出值之间的误差均方值为最小。这种基于误差反向传播的前向式多层网络采用的算法是一种最速下降寻优算法，算法的收敛速度很慢，通常需要多次迭代才能完成，且容易陷入局部极小。为了提高训练速度，避免陷入局部最小和改善概括能力，本书采用动量法与自适应学习速率结合起来的改进算法。

附加动量法是在反向传播的基础上在每一个权值和阈值的变化加上一项正比于前次权值和阈值变化量的值，并根据反向传播法来产生新的权值和阈值变化。带有附加动量因子的权值和阈值调节公式为：

$$\begin{cases}\Delta w_{ij}(k+1)=(1-mc)\hbar\rho_i x_j+mc\Delta w_{ij}(k)\\ \Delta b_i(k+1)=(1-mc)\hbar\rho_i+mc\Delta b_i(k)\end{cases} \tag{10.4}$$

式中，k 为训练次数；Δw 为权值的增量；Δb 为阈值的增量；$\hbar$ 为学习速率；ρ 为误差；x 为网络输入；mc 为动量因子，一般为 0.9 左右。

对一个特定的问题，要选择适当的学习速率比较困难。因此，在网络训练中采用自动调整学习速率的方法，即自适应学习速率法。该方法的应用准则是：学习速率值小了，可以对其增加一个量；若不是这样，而产生了过调，那就应该减少学习速率的值。下面给出了一种自适应学习速率的调整公式：

$$\hbar(k+1)=\begin{cases}1.03\hbar(k) & \mathrm{SSE}(k+1)<\mathrm{SSE}(k)\\ 0.6\hbar(k) & \mathrm{SSE}(k+1)>1.02\mathrm{SSE}(k)\\ \hbar(k) & 其他\end{cases} \tag{10.5}$$

$$\mathrm{SSE}=\sum_{i=1}^{m}(y_i-y'_i)^2 \qquad (i=1,2,\cdots,m) \tag{10.6}$$

式中，$\hbar$ 为学习速率；k 为训练次数；SSE 为误差平方和；y_i 为第 i 个学习样本的输出值；y'_i 为网络训练后 y_i 的实际输出值；m 为学习样本的个数。

(3)样本评价指标的输出

BP 神经网络是由大量处理单元组成的非线性自适应动态系统，其结构由输入层、隐含层和输出层组成，各层由若干个神经元（节点）构成，每个神经元可以实现输入和输出之间的任意非线性映射，其传递函数通常采用 Sigmoid 型函数。本书将企业优质性评价的第三级的 34 个指标作为 BP 神经网络的输入层，将第二级和第一级指标作为隐含层神经元的激活函数或传递函数的隐含层，通过大量输入层和输出层数据训练构造基础要素神经元（图 10.1），构建的 BP 神经网络的企业优质性综合评价模型：

$$Y=F(X_1,X_2,\cdots,X_{34})=d(w(g(x)+B_1)+B_2) \tag{10.7}$$

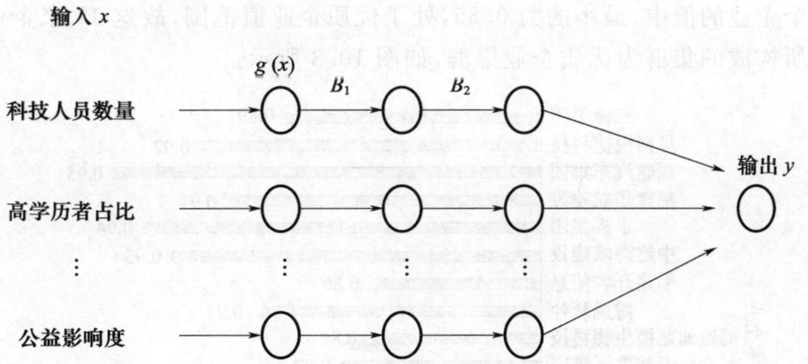

图 10.1　样本评价指标输出

利用 MATLAB 7.01 工具箱 BP 神经网络隐含层的传递函数选用双曲正切 S 型函数 Tansig，输出层传递函数采用线性函数 Purelin，性能函数采用 MSE（均方误差），训练函数采用 Trainlm，经过实际运算测试。

网络权值和阈值的初始值为(0,1)之间的随机数，其中，w_{ij} 为处理单元第 i 个神经元和输入单元第 j 个输入指标的连接权值，b_i 为处理单元第 i 个神经元的阈值，p_i 为处理单元第 i 个神经元和输出端连接权值（表 10.4）。

表 10.4 神经元和输出端连接权值

(b_i,P_i)	b_1	b_2	b_3	b_4	b_5	b_6
p_1	(0.12,0.02)	(0.31,0.22)	(0.02,0.61)	(0.32,0.07)	(0.52,0.01)	(0.32,0.56)
p_2	(0.31,0.92)	(0.82,0.41)	(0.82,0.71)	(0.37,0.06)	(0.91,0.08)	(0.61,0.08)
p_3	(0.42,0.02)	(0.62,0.05)	(0.33,0.63)	(0.37,0.04)	(0.32,0.02)	(0.39,0.55)
p_4	(0.32,0.02)	(0.92,0.32)	(0.52,0.04)	(0.38,0.12)	(0.39,0.43)	(0.59,0.82)

训练 145 个样本，将 145 个样本原始指标值作为 BP 神经网络的输入数据，专家建议调整值作为 BP 神经网络的输出真实值，当训练达到最大训练次数或 BP 神经网络误差(性能函数)满足期望误差要求，网络停止训练，并获得最终权值和阈值。训练结果如图 10.2 所示。

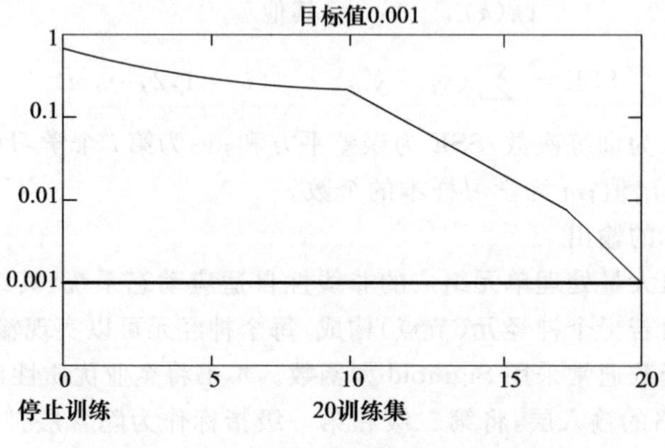

图 10.2 BP 神经网络训练误差曲线

在训练了 20 次之后，达到期望误差 0.001，训练停止。通过训练得到了实际可用的 BP 神经网络，将训练好的 BP 神经网络数据存储起来，能够实现企业优质性综合的智能化评价。

由于 17 个企业的值中，最小的为 0.85，处于优质企业值范围，故这 17 家企业均为优质企业，这些企业所构成的集群为优质企业集群，如图 10.3 所示。

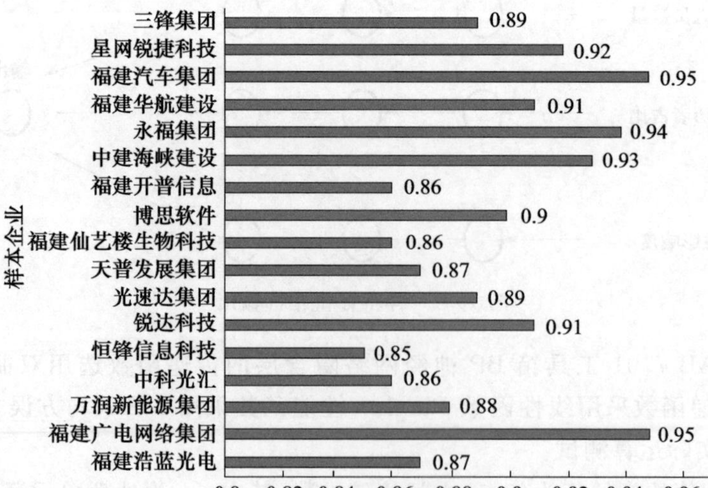

图 10.3 样本企业优质度

10.3　优质企业集群的构建逻辑

目前福州这 17 家优质企业的集聚就构成了福州所属区域内的优质企业集群。

10.4　优质企业集群的管理设计

将这 17 家企业的管理结构设计为集群协会式,依托集群协会式管理框架,充分发挥其管理结构的各项功能,并在战略协同、界面、组织学习、风险控制及系统创新等方面进行科学规划和管理。

(1)战略协同方面

1)提高战略水平。提高现代服务业和先进制造业产值和就业比重,并促进二者融合,不断突破区域资源环境瓶颈制约,增强可持续发展能力,不断拓展优质企业集群金融资本运作空间,提高金融资产配置效率,在集群内部加快形成更具活力、更富效率、更加开放的体制机制,奠定科学发展的体制基础。

2)规划发展。从集群的长远发展考虑,集群总体的发展规划离不开各个集群企业这一微观层面的规划制定,因此,集群协会应该帮助集群企业,掌握集群发展现状、与同行相比较的优劣势,分析自身发展的现状以及存在的问题,以便扬长避短,找准自身在集群分工协作中的合理位置,较好地嵌入集群价值链上的某一个环节,帮助集群企业制定适合各个企业发展的产品规划和人才规划,并据此提出适合集群发展的总体思路、发展目标和规划布局、发展重点以及推进措施等。除此之外,向政府提出有关集群政策和立法改革等方面的意见和建议。

3)集群品牌。集群品牌建设涉及两个方面内容:一是品牌宣传;二是品牌内涵建设。在我国,大多集群存在着集群品牌建设缺位的不良现象。在品牌宣传方面,集群品牌宣传缺位的不良现象在同质集群当中尤为凸显。同质集群,即以生产同类产品的企业聚集为主,这种情况下,因为集群外部性的存在,也出于理性的假设,企业在品牌宣传上的投入意愿不强,尤其是在集群品牌上更是缺乏积极主动性;品牌内涵建设主要指培养良好的集群文化氛围,提升集群企业的总体素质,如果缺乏一个好的品牌内涵建设的设计,在同一个区域的企业数量多了不但办不成事,反而可能坏事。

集群协会的建立,恰恰可以弥补上述集群品牌宣传和品牌内涵建设缺位的不足。因为它代表了全体会员企业的共同利益,便于组织和集成集群企业的力量,开展集群品牌的统一宣传工作,在集群内部传播良性竞合文化,也便于争取政府对于集群品牌建设的支持。为了集群长远发展考虑,应当由其承担起相应的集群品牌建设的责任。通过发挥其中间人的独特作用,弥补单个企业“单打独斗”的不足。可见,集群协会对于集群的区位品牌建设起着不可替代的作用。

4)市场开发。集群协会应该帮助集群企业进行国内外相关产品专业市场的建立和培育。其中比较有效的一种方式是通过联合营销模式进行集群企业共同市场的开发,主要指在集群内部组建分散、灵活又独立的集群层面营销团队,并以其作为主体开展联合营销,这种团队在组织上不归属于任何一家集群企业,而是相对独立,面向整个集群,根据集群厂商的产品特性以及客户的需求进行匹配,为双方寻找最佳的供需通路。

(2)管理结构化方面

由于上市公司集群中各成员分布的空间散点特征,在组织结构模式上应坚持传统科层组织结构与泛边界网络化相结合的方式,应设置以下岗位和职能部门。

1)集群协会秘书长。秘书长是协会的高级专职管理人员,全面负责集群协会日常的管理工作,对集群理事会负责,并接受集群理事会监督。需要说明的是,可以根据实际情况的需要,补充设立集群协会副秘书长等职务,来协助秘书长开展工作,分担其工作负担。

2)相关职能部门。集群协会下设各个相关职能部门,其设置应以集群协会在集群结构化和科学管理过程中所要发挥的功能为依据来进行。为了避免机构庞杂、人员负担沉重的弊端,我们对于上述集群协会的功能进行了合理归并,并与相应职能部门相匹配。

①政策法规部。主要履行规划发展和与政府合作的职能。一方面做好规划发展工作,从集群企业利益出发,积极与政府沟通,最大限度地为集群企业争取有利于本集群发展的政策法规;另一方面与政府合作,代行政府部分职能,为本集群制定规范并监督集群企业的实施情况。

②财务部。主要负责会员企业会员费、捐款、赞助等款项的收缴、开支及稽查、定期对外公布财务报表等。作为非营利组织,集群协会的经费是其顺利开展各项工作的经济基础,经费来源主要是会员企业上交的会员费。为了提高会员企业对集群协会的关注度与重视程度,应该适当提高会员费的额度,例如,以会员企业的注册资本金或年营业额、年利润率等为基准来收取会费并进行合理支配,对于为会员企业和非会员企业所提供的服务进行区别定价,一来保障协会经费的稳定来源,二来提高非会员企业入会的积极性。

③人才储备交流与培训中心。主要履行专业技术培训与人才储备交流职能。通过建立人才信息数据平台等手段,统一组织技能培训,引导本集群企业间的人才资源共享,促进人才的沟通与流动,并根据集群企业的技术需求积极引进外部人才,提升集群的技术水平与员工素质。

④综合部。主要履行维权、集群行为规范与监督实施职能。首先,负责会员企业的日常沟通与新入会企业的吸收、相关手续的办理,对于那些新进入集群的企业,应积极邀请、动员其加入集群协会,一经入会,则平等地享有协会章程规定的权利和应该履行的义务;其次,负责集群内部公共基础设施的规划、建设与维护。最后,维护会员企业的合理主张和要求。此外,制定集群企业行为规范并监督实施。

⑤市场部。主要履行市场开发职能。整合集群的现有资源,共同面对集群企业发展的市场瓶颈,包括反倾销等贸易纠纷、单一企业的采购力量单薄等现实问题,共同开拓市场。例如,组织本集群相关企业开展联合采购,以量取胜,争取最有利的价格,以大规模采购实现规模经济效益,既帮助集群企业节约生产成本,又能规范企业的采购行为。此外,在物价管理部门的指导下对集群企业的产品或服务的定价进行管理、协调,避免集群内部的恶性价格竞争,维护良好的集群市场秩序。

⑥品牌宣传部。主要履行集群品牌培育和推广、对外交流合作以及集群公益事业的职能。负责本集群品牌管理的一系列工作,包括广告的投放、展馆的招商引资、举办展销会、集群企业互信合作文化的建设,甚至于推动集群公益事业等,培养集群内部的社会责任意识和公益文化氛围,增强企业的团队合作和社会责任意识,使得集群以一个统一的、良好的形象示人,提高集群区位品牌的知名度、美誉度和忠诚度。

⑦技术部。主要履行集群信息统计和制定集群技术标准的职能。负责本集群相关技术信

息的搜集、统计工作，并提供与技术标准核定、专利申请、知识产权保护等相关的咨询服务。此外，制定和完善集群技术标准，帮助集群企业构建规范的质量管理体系并提供相关咨询服务，积极开展与外部的交流合作，组织和联合集群企业与相关机构，包括科研单位、院校等开展经济技术合作与学术交流，如通过共同研发推进集群技术创新的水平和速度。

上述 7 个职能部门之间互有分工，共同构成集群协会良好功能发挥的关键基础，当然，当遇到某些职能事项的完成需要跨越不同职能部门时，则由秘书长出面进行协调处理。在实际操作过程中，具体到某一集群协会职能部门的设置，还应该根据实际情况适当地增加或减少，其职权也进一步分流或合并。

3)集群企业与相关机构。集群企业是集群组织结构的核心部分，包含了产品的核心企业、配套企业等。相关机构即集群企业的相关支撑单位，主要指为集群生产性企业提供各项相关服务的机构，包括了高校、科研机构、金融机构、政府部门和中介服务组织等，同时应加强以下方面的管理。

①完善中介服务。建立健全中介服务支持体系，为产业协会、商会、技术、市场、信息、风险投资、金融、保险、财务、税务、法律、知识产权代理、物流仓储等提供良好的发展环境，加强中介服务机构的监督，强化其服务职能，积极促进以同业为主体的行业协会的形成和运营，发挥其谋求同行业企业共同发展的运作规范和维护行业利益的积极作用。

②建立相互依存的产业体系。加大集群内产业关联的产品开发力度，形成“技术生物链”，增强它们间相互依存的产业关系。以价值链整合为着力点，加强与上游供应商联系，及时沟通信息，缩短产品研发周期；加强与下游企业合作，建立外部市场联系，及时掌握客户新需求，增强对市场变动的研判能力。

③完善集群内产业服务体系。规范咨询和中介服务机构，如市场调查机构、技术咨询机构、科技成果交易中心、知识产权事务中心、律师事务所、会计事务所等，还应加强集群内教育培训体系建设，为集群发展提供人才保障。

④信息网络建设。加大信息建设投入，建立集群局域网和外网的信息网络平台，加强政策法规、技术信息、战略管理、新闻动态、企业库、项目库、成果库、实验平台、大型设备和科研设备共享平台等建设，向集群企业提供及时有效的政策、技术动态和前沿信息，推动集群企业信息化建设和管理，促进各方交流与合作，实现知识在集群内的扩散和共享。

(3)界面管理方面

界面管理从区域层面、集群层面、企业层面 3 个方面来加强。

1)区域层面的管理

①与政府部门合作。政府的政策在制定之后，一般通过其职能部门如工商、税务、物价等主管部门对集群企业进行监督管理，但这种直接下达给集群企业让其实施的方式存在一定的弊端，容易造成监管不力的现象，而如果先下达给集群协会，再由集群协会通过其职能部门根据与政府签订的协议对集群企业进行统一协调与管理，则不但减轻了政府的行政负担，也充分发挥了集群协会代行政府部分职能的积极作用。因此，集群协会可以主动争取与政府相关部门合作的机会，在其委托或授权下，参与制定集群的规则，对本集群新加入企业提出决策上的建议；也可以参与本集群企业生产许可证的发放和企业资质审查的工作等。

②对外交流合作。集群协会应该充分做好对外交流合作的工作，举办或组织集群企业参加相关的国内外展览会，帮助其开拓国内外市场。

③集群公益事业。集群协会应以自身为主体，积极履行社会责任，发展集群公益事业。据了解，2009 年以来，近 50 家纺织服装企业发布了超过 180 份社会责任报告。2009 年，中国丝绸名镇江苏省苏州市吴江区盛泽镇、中国经编名镇浙江省海宁经编产业园区等 7 家产业集群联合发布了《2008 年浙江省平湖市行业社会责任年度报告》，这是中国第一份集群社会责任报告，这为集群公益事业的开展树立了良好的典范。

2）集群层面

①集群发展政策。集群协会应重点扶持具有发展潜力的产业部门，有目标地吸引那些具有产业带动作用和关联效应的优质企业加入该集群，制定优惠政策引导有利于集群发展的公共物品或准公共物品的投资。

②集群信息统计。集群协会可以利用其在集群企业调研的便利性，实时掌握本集群的经济发展动态和信息网络的建设情况，积极开展集群信息的统计工作，为政府培育“大数据企业集群”提供数字化的决策依据。

③加强集群文化建设。发扬勇于探索的创新精神、艰苦奋斗精神、勇于承担风险精神，加强合作竞争、宽容与开放的文化建设。

④优化集群发展环境。优化集群发展的内外环境，为集群企业创造良好的基础条件、技能资源环境、创业创新环境和优质服务，培育区域创新文化和集群文化，建立信任、公平竞争、有效协作的集群运营机制。

⑤集群技术标准。集群的结构化程度与集群企业间的分工协作程度密切相关。一个发展较为成熟的集群一般都以模块化生产的方式开展更深层次的分工协作，而模块化生产的前提是集群技术标准的存在，这就要求集群协会能够推动集群技术标准的出台与完善。产品的技术标准，根据面向客体的不同，可以分为国家技术标准、行业技术标准、企业技术标准。集群技术标准一般介于行业技术标准和企业技术标准之间，既高于行业技术标准，又低于企业技术标准。产业集群协会应配合相关管理部门对本集群的产品质量开展质量管理工作；积极参与制定集群层面的标准，组织贯彻实施并进行监督。

3）企业层面

①加快企业结构优化与升级。国家提出高质量发展，优质企业集群要发挥自身优势特点，加快集群企业高新技术、优质产品、优质服务的产业化，提高企业相应附加值和科技含量。

②开展企业国际科技合作与交流。把握国际产业发展新方向，增强国际合作交流的经费投入，制定相应政策和鼓励措施，激励企业、社会团体等研究的国际合作与交流投资，形成集群协会牵线、优质企业为主体、社会团体为辅的多方积极参与的交流模式。支持集群内企业前沿领域研究中心、国家重点实验室和开放实验室建设，并加强它们与国外相应机构的长期合作关系，为国内科学研究同国际前沿接轨搭建平台。

③企业科技计划支持。对于满足技术领先、创新性高、牵动和辐射作用力、资源共享的发展环境程度高、经济效益和社会效益好等条件的企业，应给予计划项目优先或高额资助，对集群企业发展中的关键和共性技术，应通过重大项目式专项的立项支持，促进其研发和推广应用，促进集群产学研联合创新，引导集群加强与高校、科研院所的联系，应鼓励和优化支持集群企业的产学研联合申报项目，从而促进集群企业与区域科技创新经济形式长期稳定合作的创新网络。

(4)组织学习方面

集群协会与单一的集群企业相比，对于本集群所面临的共同的生产技术、企业管理等难题较为了解，可以根据自身对集群企业技术人才需求的了解适时组织统一的技术培训，为集群企业提供相关的、集中的专业技能培训服务，促进集群整体技术水平的提高。此外，从集群协会层面，可以探索设立人才储备交流中心，加强集群企业之间专业人才的沟通和流动，实现人才资源共享。

1)构建学习型组织，实现科技资源共享。通过学习型组织的构建，打造集群数据和信息共享平台、自然科技资源共享平台、实验室和大型设备共享平台，在这一组织学习过程中，实现集群各方科技资源的共享和优质整合。

2)构建学习型组织，加强科技人才交流和培训。建立科技人才技术入股制度，重点培育区域创新网络中优秀人才和创新团队，促进优秀人才的流动和共享，充分发挥创新人才在集群创新与发展中的促进作用。

3)构建学习型组织，建立现代信息化管理体制。构建学习型组织，不断完善和健全组织内信息化管理体系，将大数据、互联网等智能网同集群学习管理对接，提高集群学习的科学性和效率。

不断向国际一流公司、科研机构"取经"，在这一过程中不仅增强了集群对世界上最新科技动态和经济信息的学习，而且有助于提升集群信息化学习管理水平的提升。

(5)风险控制方面

1)完善集群管理体系。从集群个体与整体、短期与长期、区域经济社会与生态效益的有机协调出发，积极借鉴国内外先进集群的标准、管理规范和管理手段，贯彻国家有关法规政策，建立满足集群发展和管理需要的现代化和规范管理体系，加强对集群企业运营管理的监管、评估和控制。

2)完善集群维权建设。根据产业集群协会的宗旨，首先应当尊重所有会员企业的利益诉求，及时反映会员企业的主张和要求，维护集群整体利益。

3)集群行为规范与监督实施。集群协会应制定适合本集群的群规、群约等管理规定，建立集群自律机制，约束集群企业的机会主义行为，并监督实施。

(6)系统创新方面

1)集群网络式建设。吸引优质企业"入驻"，引入风险资金和中介服务机构，搭建产学研合作平台，引导资源向集群内集聚，促成各相关主体建立合作的网络关系，实现各方面的协调和优势整合，以实现集群效应。

2)建立并完善政产学研创新体系。树立以政产学研合作创新促进优质企业集群集成力场内场元的结构优化，带动产业升级。政府要从战略高度深刻认识政产学研合作创新的重要性和紧迫性，建立健全政策支撑体系；企业要成为技术创新投入、产出和转化应用的主体，真正把自身优质资源发挥出来，通过提升产品、服务质量，增加其附加值，不断提升自身在整个价值链中的地位；高校、研究机构要树立主动适应社会需要，践行科研为经济社会服务意识，不断探究互联网经济下优质企业集群合作的新模式、新内容，实现政产学研的深度结合。

3)推动集群创新。建立区域创新网络，增加区域科研经费投入、吸引人才，引导集群企业加大研发投入力度，加强集群网络中各主体的知识学习、交流、共享和扩散，促进集群科技资源优化配置，实现集群自主创新能力的提升。

4)集群创新网络建设。以市场为驱动，以集群协会为引导，以优质企业为主体，以区域高校、科研院所为动力，以中介机构为支持，有效整合区域内各类科技资源，培育知识、技术和人才密集的区域创新网络，促进创新网络各主体的有机协调和优势集成，推动集群自主创新。

10.5 本章小结

本章是案例研究，以福建省优质企业集成管理为例开展了研究。首先进行其现状分析，接着对其管理进行评价，最后提出了对策建议。

第11章　全书总结与研究展望

11.1　全书总结

优质企业集群是“集聚经济”的新模式，也是“新经济”发展到一定阶段的产物。这些以优质为特征的企业“强强联手”而形成的集成体，它们在自身发展的同时，也将极大地带动我国整体经济的发展。

要最大化发挥优质企业集成体对经济发展的作用，对其管理的研究必不可少，而要想研究其管理就要探究该集成体形成和演化的内在机理。本书以集成论为研究视角，将优质企业集群的形成机理、管理等融入一个集成体系，以集成系统化理念对优质企业集群进行研究，在丰富和发展具有一般指导意义的集成管理理论的同时也为优质企业集群的发展提供理论支持和帮助。

本书提出了识别优质企业的方法，并以优质企业联合起来所构成的“集聚经济”为研究对象，应用集成的相关理论，探讨与研究其形成机理及管理，简要说来，主要有以下研究内容：

本书首先对企业优质性评价进行研究，为优质企业集群的研究做铺垫，接着对优质企业集群概念及特征进行了界定和阐释，并结合当前形势，从资源的匮乏、市场竞争的加剧、创新的需要、复杂巨系统的出现、经济发展的需要、科技进步的客观要求等方面对优质企业集群形成的动因进行论述。

在优质企业集群形成及演变机理方面，本部分以集成理论为研究视角，将隐晦抽象的优质企业集群问题嫁接为具体生动的集成系统问题来研究，在优质企业因“聚集”而构成的集成力场下，研究了集群的形成、演化的过程，探讨了优质企业集群演化的阶段，对优质企业集群形成期、分歧磨合期、运营平稳期、集群危机期各自阶段特征做了详细论述，之后对其各个演化阶段的影响因素做了剖析研究。

在对优质企业集群管理的研究上，本书以哲学思辨的方式，分析研究了集成与系统、集成与管理的辩证关系；以优质企业集群集成力场的管理为研究对象，提出了优质企业集群集成力场的集成管理，并详细论述了该集成管理的功能；接着是优质企业集群集成管理作用路径的实证研究，该研究主要从集成管理如何对集成力场环境、集成体质量及集成单元间心距的影响来开展，通过拟定变量、设置假设、开展问卷调查、进行验证等一系列工作后用SEM建模得到优质企业集群集成管理的作用路径，最后构建了优质企业集群管理架构图。

在案例研究方面，本书以福州市优质企业集群的管理为对象，首先分析了该集群的发展现状，接着探讨了其在管理上存在的问题，最后结合优质企业集群集成管理理论给出了该集群管理上的对策和建议。

11.2　主要创新点

本书围绕优质企业集群的形成机理和管理，以集成论的视角展开论述，构建了优质企业集群集成管理框架，主要创新点如下：

①将集成论引入优质企业集群的研究中，吸纳了企业区理论、中心区理论、企业集群理论、增长极理论等众多关于集聚经济形成的经典理论精华，并基于集成力及动力系统学研究了其演化规律。

②将场理论与优质企业集群相结合，对优质企业集群集成力场的内涵、特征和作用机制进行了创新性研究，并构建了优质企业集群集成力场评价模型，丰富了优质企业集群的评价研究体系。通过对集成力场作用机制的研究，构建了以作用机制为基础的集成力场系统，丰富了系统理论研究体系。

③基于集成力场系统和优质企业集群集成力场评价模型，提出了优质企业集群“管理模块”，并通过问卷研究将定量与定性相结合对其科学性进行实证，得出了发展战略、组织结构、界面管理、组织学习这 4 个“管理模块”对优质企业集群竞争力水平提升作用路径，丰富了企业集群的管理研究。

11.3 研究展望

基于集成论的优质企业集群的形成机理和管理研究具有很大的理论与现实意义，但目前研究尚处于初步探索阶段，尚有许多领域有待在今后的研究中发现。

(1)不同集群类型的研究

按形式来源分类，优质企业集群可分为内生式企业集群和外生式企业集群；按行业分类，优质企业集群可分为传统企业集群与高新技术企业集群。对于不同类型的企业集群，其集群管理方式对集群竞争力水平的影响呈现一定差别，比较研究不同类型的差距将会有更多发现。

(2)动态演化研究

引入企业集群生命周期理论，选定一定数量的典型样本，设立较长的时间段，观察集群在不同生命周期集群管理呈现怎样的差距，各阶段对集群竞争优势如何影响，基于连续时间是如何演化的，这种演化的内在机理是什么，等等。

(3)方法论的更加丰富化

集群管理的研究是个比较复杂的问题，综合了管理学、经济学、社会学、地理学、心理学等多学科知识，因而需要多学科的研究方法论。因篇幅的限制，本书主要采用了实地调研、问卷处理等方法。为了更系统和深入认识集群管理对集群竞争优势的影响，在后续研究中，有必要引入系统动力学、神经网络、博弈论、仿真模拟等方法论。

正如习近平总书记在党的十九大报告中所提倡的，要着力增强改革的系统性、整体性、协同性，要不断拓展改革广度和深度，要登高望远、居安思危、永不僵化、永不停滞、勇于变革、勇于创新。优质企业集群的研究极具复杂性，本书在此领域也只是稍做尝试，相信在由各个区域模块组成的全国“一盘棋”的战略框架下，随着优质企业集群对经济影响力的不断增强，人们对区域性优质企业集群的研究也将会越来越深入。

参考文献

埃弗雷特·M. 罗杰斯,朱迪恩·K. 拉森,2002. 创新的扩散(第四版)[M]. 辛欣,译. 北京:中央编译出版社.

巴纳德,2013. 经理人员的职能[M]. 王永贵,译. 北京:机械工业出版社.

陈剑锋,凌丹,万君康,2001. 企业间技术创新集聚与知识集成分析[J]. 科研管理,6(5):91-95.

陈捷娜,2018. 集群管理理论与实务[M]. 北京:经济管理出版社.

陈捷娜,吴秋明,2011. 集成管理研究综述[J]. 科技进步与对策,28(8):156-160.

陈劲,2002. 集成创新的理论模式[J]. 中国软科学,17(2):23-29.

陈向明,1999. 扎根理论的思路和方法[J]. 教育研究与实验,9(4):58-63.

成思危,1997. 论软科学研究中的综合集成方法[J]. 中国软科学,12(3):68-71.

程朋,崔德光,吴澄,2001. 基于信息集成的空中交通管制指挥监测系统[J]. 管理科学学报,7(4):34-40.

戴维奇,王飞,2014. 吉林省制造业区位重构研究[D]. 长春:中国科学院研究生院(东北地理与农业生态研究所).

丁彦林,李永昆,2017. 时标上具有反馈控制的企业集群与第三方物流的共生模型的持久性分析[J]. 贵州师范大学学报(自然版),35(2):46-49.

弗朗索瓦·佩鲁,1992。新发展观[M]. 张宁,丰子义,译. 北京:华夏出版社.

盖文启,2003. 簇群与新竞争经济学[J]. 经济社会体制比较,11(2):54-60.

高跃,戚安邦,2016. 集成发展:中小微企业成长的着力点[J]. 理论探索,8(6):89-92,101.

龚绍东,2014. 区域工业空间布局和产业组织结构形态的演进与创新[J]. 区域经济评论 (2):23-28.

郭京京,2013. 要素聚集、产业聚集和园区经济发展研究[J]. 西北大学学报,7(9):15-20.

郭熙保,2012. 发展经济学经典论著选[M]. 北京:中国经济出版社.

海峰,2003. 管理集成论[M]. 北京:经济管理出版社.

海峰,李必强,向佐春,1999. 管理集成论[J]. 中国软科学,14(3):86-87.

海峰,李必强,冯艳飞,2001. 集成论的基本范畴[J]. 中国软科学,16(1):114-117.

韩纪江,郭熙保,2014. 扩散—回波效应的研究脉络及其新进展[J]. 经济学动态,29(2):117-125.

赫伯特·西蒙,1988. 管理行为:管理组织决策过程的研究[M]. 詹正茂,译. 北京:经济管理丛书.

胡树华,李必强,海峰,2000. 面向产品创新的管理集成[J]. 中国软科学,15(4):87-89.

黄新飞,郑华,2009. 区域一体化、地区专业化与趋同分析——基于珠江三角洲地区 9 城市的实证分析[J]. 统计研究,27(1):90-96.

季佳逸,2017. 区域企业集群科技创新要素水平及集成效益评价研究[J]. 科技管理研究,32(15):112-117.

季六祥,2009. 基于 Unicorn 系统的图书馆采编业务集成管理[J]. 图书馆工作与研究,20(2):24-26.

江辉,陈劲,2000. 集成创新:一类新的创新模式[J]. 科研管理,21(5):139-143.

凯西·卡麦兹,2009. 构建扎根理论:质性研究实践指南[M]. 边国英,译. 重庆:重庆大学出版社.

克里斯·阿吉里斯,唐纳德·舍恩,2010,组织学习[M]. 慈玉鹏,译. 天津:天津科学技术出版社.

黎汉军,2015. 沿边地区的企业集成问题研究[D]. 昆明:云南大学.

理查德·斯科特,2009. 制度与组织[M]. 姚伟,译. 北京:中国人民大学出版社.

李宝山,刘志伟,1998. 集成管理——高科技时代的管理创新[M]. 北京:中国人民大学出版社.

李凯,李世杰,2004. 依靠民间与市场力量推动的城镇化:沈阳的经验[J]. 中国农村经济,35(1):35-39.

李新,2010. 高新技术产业集群及运行效应研究[D]. 成都:西南交通大学.

李新春,2002. 企业家协调与企业集群——对珠江三角洲专业镇企业集群化成长的分析[J]. 南开管理评论,5

(3):49-55.
李燕,2011. 复杂性视角下基于 Agent 的建设工程项目集成管理模型研究[D]. 天津:天津大学.
李永钧,2016. 广州会展企业空间集聚特征与影响因素[J]. 地理学报,68(4):464-476.
林敏,2003. 集成管理的组织结构模式研究[D]. 福州:福州大学.
刘军国,2001. 论企业集群的产生条件与形成机制[J]. 中国工业经济,14(10):55-60.
刘晓强,1997. 集成论初探[J]. 中国软科学,38(10):103-106.
刘倚天,2017. 论企业集群技术溢出背景下商业秘密保护的完善[J]. 吉林工商学院学报,33(5):97-100,127.
刘英,2013. 大学商务孵化器价值创造项目的全过程集成管理方法研究[D]. 天津:南开大学.
刘友金,陈文化,2006. 三类科学技术"集成":一种全新的科技观[J]. 科学学研究,24(3):342-347.
陆俊杰,王东伟,孙方正,2017. 基于物联网与大数据运营的智慧建筑集成管理平台[J]. 智能建筑,5(4):79-80.
罗纳德·H. 科斯,2008. 企业的性质[M]. 盛洪,译. 北京:企业管理出版社.
骆品亮,殷华祥,2007. 模块化创新的知识链模型及其集成管理架构[J]. 研究与发展管理,19(3):9-16.
马歇尔,1997. 经济学原理[M]. 北京:商务印书馆.
迈克尔·波特,1997. 竞争战略[M]. 北京:华夏出版社.
孟浩,何建坤,吕春燕,2006. 创新集成与集成创新探析[J]. 科学学研究,24(1):261-267.
慕继丰,2001. 中介组织与市场体制创新——温州民间商会的调查[J]. 经济社会体制比较,27(6):56-61.
慕玲,路风,2003. 集成创新的要素[J]. 中国软科学,18(11):105-111.
聂鲲,2012. 产业集聚、产业共享、人力资本互动研究[D]. 长春:吉林大学.
宁钟,2001. 论产业群内地方联系的影响因素——以东莞电子信息产业群为例[J]. 经济地理,26(4):61-67.
欧光军,王治,陈勇,2004. 面向产品创新的集成管理体系研究[J]. 科研管理,17(5):8-11.
彭志国,2002. 技术集成的实证研究——以 Iansiti 对美日半导体行业的研究为例[J]. 中国软科学,17(12):94-99.
仇保兴,1999. 企业集群的优势及形成机理[J]. 经济纵横,23(11):41-47.
钱学森,1994. 集成系统智慧学[J]. 地理研究,14(9):121-132.
钱学森,于景元,戴汝为,1990. 一个科学领域——开放的复杂巨系统及其方法论[J]. 自然杂志,2(1):304-310.
芮明杰,2021. 管理学原理:现代观点(第四版)[M]. 上海:格致出版社.
石峻峰,樊泽恒,2014. 论集团化企业内部审计信息化建设——以中石化集团为例[J]. 财会月刊,35(4):117-123.
石忆邵,厉双燕,2007. 中小企业与大企业共生模式的分析[J]. 经济研究参考,23(40):53-59.
斯蒂芬·P. 罗宾斯,2005. 管理学原理[M]. 刘湘,译. 北京:中国人民大学出版社.
唐文哲,雷振,2017. 我国出口企业集成与贸易二元扩张[J]. 产业经济研究,20(1):41-51.
唐孝威,2011. 工程项目四要素集成管理能力评价体系研究[J]. 技术经济与管理研究,24(6):3-9.
田秋生,2019. 新时代广东经济发展:挑战、机遇与战略[J]. 广东社会科学,7(1):16-25.
田世海,高长元,2006. 基于 WebServices 的高技术虚拟企业信息集成[J]. 中国软科学,21(6):150-155.
托马斯·保尔汉森,2017. 德国工业 4.0[M]. 房殿军,林松,译. 北京:机械工业出版社.
万恩德,李璐,2017. 企业数字档案室集成管理模式研究[J]. 浙江档案,16(10):24-27.
汪洋,康毅仁,2002. 海尔是海:张瑞敏的管理艺术[M]. 北京:民主与建设出版社.
王国红,2010. 网络系统集成管理现状与发展趋势[J]. 电视技术,6(1):26-29.
王海峰,黄宜,2010. 基于物理—事理—人理(WSR)系统方法论的 TOT 项目综合集成管理研究——以水电能源项目为例[J]. 林业经济,31(1):38-42,77.
王缉慈,2001. 企业集群理论的演进及其评述[J]. 武汉大学学报(社会科学版),5(6):25-30.
王缉慈,2002. 专业化产业区的起源与演化——一个历史与理论视角的考察[J]. 经济研究,10(8):88-92.
王娟茹,2010. 基于信息化技术的安全生产标准化与 HSE-MS 集成管理[J]. 中国科学技术,11(6):176-181.
王娟茹,杨瑾,2008. 基于灰色多层次方法的企业知识集成能力评价研究[J]. 科学学与科学技术管理,13(6):

86-89.
王君,杨本建,2010. 企业所有权结构与产业集聚的形成[J]. 管理世界,53(4):65-73.
王攀,2007. 科技创新中的方法集成及其范例——软计算方法集成[J]. 中国软科学,22(1):139-143.
王文中,1997. 资料分析与统计[M]. 台北:博硕出版社.
王宵宁,2005. 企业性质研究的两个层面——科斯的企业理论与马克思的企业理论[J]. 中国工业经济,19(3):41-46.
王云峰,刘璞,史亚巍,2003. 虚拟咨询组织信息集成技术研究[J]. 科学学与科学技术管理,16(9):46-49.
魏江,2012. 文化嵌入与集群企业创新网络演化的关联机制[J]. 科研管理,33(12):10-22.
魏守华,石碧华,2002. 论企业集群的竞争优势[J]. 产业组织,5(1):59-66.
吴秋明,2004. 集成管理理论研究[D]. 武汉:武汉理工大学.
吴秋明,2008. 产业集群"场力"评价模型及影响参量分析[J]. 科学学研究,26(10):65-69.
吴秋明,2013. 集成管理有效性的价值判断[J]. 工业技术经济,31(5):71-78.
吴秋明,周碧华,陈捷娜,2008. 产业集群"场力"评价模型及影响参量分析[J]. 科学学研究,26(S1):65-69.
吴涛,李必强,海峰,2003. 供应链集成的新思路:管理界面集成[J]. 中国管理科学,3(3):36-41.
吴鑫奇,王艳云,2013. 财务会计综合模拟实训[M]. 北京:高等教育出版社.
吴振付,2019. 建筑工程项目集成管理中 BIM 技术的应用[J]. 工程建设与设计,399(1):178-179.
夏妍娜,赵胜,2015. 中国制造 2025:产业互联网开启新工业革命[M]. 北京:机械工业出版社.
徐长乐,2001."十五"期间上海与长江三角洲的一体化联动发展[J]. 上海经济 (2):31-33.
徐红涛,2016. 对加强组织文化建设的思考[J]. 合作经济与科技,67(22):102-103.
徐红涛,吴秋明,2018a. 基于集成论的区域优势企业集群形成机理研究[J]. 经济研究导刊,23(6)101-107.
徐红涛,吴秋明,2018b. 集成管理视角下企业集群的系统构建与效应[J]. 贵州大学学报(社会科学版),36(5):60-65.
徐红涛,吴秋明,2018c. 资源约束下技术创新、组织学习和企业创新绩效关系研究[J]. 福州大学学报(哲学社会科学版),32(2):9-15.
徐玖平,2009. 基于 WEB 2.0 的旅游信息资源集成管理研究[D]. 郑州:郑州大学.
许淑君,马士华,2000. 供应链企业间的信任机制研究[J]. 工业工程与管理,5(6):5-8.
荀亚玲,张继福,2015. 产业集聚形成影响因素及演化机理研究[J]. 中国地质大学学报,11(4):73-78.
杨国枢,1989. 科学研究的基本概念[M]. 台北:东华书局.
杨敏才,凌超,王槐林,2004. 供应链的知识管理系统[J]. 研究与发展管理,16(1):44-48.
姚生保,2010. 基于第四方物流的供应链集成管理模式构建[J]. 财会月刊,11(24):105-107.
叶启政,1989. 因径分析[M]. 台北:东华书局.
易军,2012. 多主体参与的服务创新过程模型研究[J]. 工业技术经济,31(1):126-131.
游静,2010. 基于业主方的工程项目风险集成管理研究[D]. 西安:西安科技大学.
余民宁,2006. 潜在变项模式:SIMPLIS 的应用[M]. 台北:高等教育.
约瑟夫·熊彼特,2019. 经济发展理论[M]. 王永胜,译. 上海:立信会计出版社.
张继宏,田丽君,2009. 图书馆电子信息资源集成管理模式与发展策略研究[D]. 长春:东北师范大学.
张建华,2006. 国外创新与空间集聚理论评述[J]. 经济学动态,52(3):34-38.
张丽,2018. 企业集群治理结构的类型、特征研究[J]. 化工管理,486(15):38-40.
张米尔,杨阿猛,2005. 基于技术集成的产品创新和产品衍生研究[J]. 科研管理,26(1):36-41.
张瑞君,朱以明,夏坤,2007. 集团财务战略执行力:纵向价值链的优化与信息集成策略——以中国电子信息产业集团为例[J]. 管理世界,24(4):130-147.
赵炳新,杜培林,2016. 基于生态链的山东省人造板产业集聚网络化创新研究[J]. 林业经济,34(6):83-89.
赵建华,焦晗,2007. 装备制造业企业技术集成能力及其构成因素分析[J]. 中国软科学,22(6):75-80.
周晓宏,2006. 技术集成概念、过程与实现形式[J]. 科研管理,27(6):118-124.
AHOKANGAS,1999. Industrial clusters and regional economic development in US:The case of "green" food

[J]. Journal of Entrepreneurship, 1(3): 279-294.

AHUJA G, 2011. Entrepreneurship in the large corporation: a longitudinal study of how established firms create breakthrough[J]. Strategic Management Journal, 22(6): 521-543.

ALBINO, PETER LUND-THOMSEN, 2003. CSR in industrial clusters: an overview of the literature[J]. Corporate Governance, 12(4): 568-578.

ANTHONY L, 2006. Perspectives of SME innovation clusters development in Russia[J]. Journal of Business & Industrial Marketing, 28(3): 240-259.

ASHEIM, ISAKSEN, 1997. Export-oriented small and medium industry clusters in Indonesia[J]. Journal of Enterprising Communities: People and Places in the Global Economy, 13(4): 143-150.

AUDIA J A, 2017. Past success and creativity over time: a study of inventors in the hard disk drive industry [J]. Management Science, 53(1): 112-125.

BAGOZZI R P, 2018. On the Evaluation of Integration Power[J]. Journal of the Academy of Marketing Science, 56(5): 51-80.

BEST, 2001. Research on the Ecological Balance Model of the Virtual Enterprise Cluster and its Symbiotic Mode[R]. International Seminar on Business.

CHRISTIAN, 2004. Clusters or un-clustered industries? Where inter-firm marketing cooperation matters[J]. Journal of Business & Industrial Marketing, 27(5): 392-402.

DAFT R L, 2018. A dual-core model of organizational innovation[J]. Academy of Management Journal, 21 (2): 193-210.

DAVIS, HENDERSON, 2004. Industrial clusters in Mexico and Spain: comparing inter-organizational structures within context of change[J]. Journal of Organizational Change Management, 25(5): 657-681.

DAVIS, HENDERSON, 2008. The Competencies of regions-Canada's clusters in biotechnology[J]. Small Business Economics, 87(1): 117-125.

DOUG T, 2018. Where Growing Companies Fail[M]. USA: Portfolio Trade.

DRUCKER P F, 2014. Post-Capitalist Society[M]. USA: HarperCollins Publisher.

EISENBERGER R, 2017. Incremental effects of reward on creativity[J]. Journal of Personality & Social Psychology, 81(4): 728-741.

ELISA GIULIANI, 2015. An empirical test of environmental, organizational, and process factors affecting incremental and radical innovation[J]. Journal of High Technology Management Research, 17(1): 234-241.

HARDAKER, 1998. Local Clusters in global chains: the cause and consequences of export dynamism in torrent's blue jeans industry[J]. World Development, 67(15)223-229.

HUNT T, 2015. The comparative advantage theory of competition[J]. Journal of Marketing, 59(9): 1-15.

JAMES S, 2013. Alliance portfolio diversity and firm performance[J]. Strategic Management Journal, 6(12): 99-107.

JEFF, 2006. Network structure and knowledge transfer: the effects of cohesion and range[J]. Science, 16(22): 88-93.

JOHN A, JIALIANG W, 2009. Industrial clusters and regional economic development in China: The case of "green"food[J]. Journal of Chinese Entrepreneurship, 1(3): 279-294.

JOSEPH SCHUMPETER, 1912. Toward a knowledge-based theory of the firm[J]. Organization Science, 46 (7): 25-34.

JOSEPH, 1973. Harringt on. Management Strategic Business Cooperation: Situational Conditions[M]. International Business.

KANTER R M, 2017. Engines of progress: Designing and running entrepreneurial vehicles in established companies—The enter-prize program at Ohio Bell[J]. Journal of Business Venturing, 16(3): 209-229.

KUEI N, GRANT M, CHUNG-SHING L, 2008. Strategic development of network clusters: A study of high technology regional development and global competitiveness[J]. Competitiveness Review: An International Business Journal incorporating Journal of Global Competitiveness, 18(3): 176-191.

KUEI-HSIEN N, 2010. Organizational trust and knowledge obtaining in industrial clusters[J]. Journal of Knowledge Management, 14(1): 141-155.

LANSITI, 1998. The Globalization of competition and the localization of competitive advantage: toward regional clustering[J]. Administrative Science Quarterly, 28(15): 77-85.

LOUEL Y, 2010. Network strategies of small high technology firms: a qualitative study[J]. Journal of Product Innovation Management, 12(1): 123-131.

ORLICKY J A, 1973. Net change material requirements planning[J]. IBM Systems Journal, 12(1): 21-29.

PAGTELL, 2004. A late industrial district learning network in the hsin-chu science based industrial park [J]. Technology Management Research, 56(41): 13-17.

PEDRO C, OPRIME, 2010. Relationships, cooperation and development in a Brazilian industrial cluster[J]. International Journal of Productivity and Performance Management, 60(2): 115-131.

PORTER, 1998. The effects of co-location on marketing externalities in the salmon-farming industry[J]. Journal of Business & Industrial Marketing, 25(1): 73-82.

PUTNIK, 2004. Managing tacit transfer in IJVs: the role of relational embeddedness and the impact on performance[J]. Journal of International Business Studies, 17(23): 43-50.

RENTROIA M A, 2006. Inter-organizational collaboration and the locus of innovation: networks of learning in biotechnology[J]. Administrative Science Quarterly, 17(5): 67-76 .

RICE M, 1982. Inter-firm co-operation and competition in industrial districts[J]. Organization Studies, 22(2): 79-87.

SABHERWAL, 2005. Density and strength of ties in innovation networks[J]. European Management Review, 62(8): 89-95.

SZYMANSKI D, 2009. Order of entry and business performance: an empirical synthesis and reexamination[J]. Journal of Marketing, 21(4): 65-76.

TAYLOR P J, 1975. Studied trust: building new forms of co-operation in a volatile economy[J] Industrial Districts and Local Regeneration, 4(3): 43-52.

THOMAS WHILLSTON, 1992. Information and self-organization: a macroscopic approach to complex systems [J]. Management Review, 51(22): 312-322 .

TIDD, 2015. Development novel networks of home automation[J]. Journal of Product Innovation Management, 12(4): 307-322.

TIMO LLYYONEN, 2012. The social construction of organizational knowledge: a study of the uses of coercive, mimetic, and normative isomorphism[J]. Administrative Science Quarterly, 45(10): 103-120.

VATNE E, TAYLOR M, 2000. The role of high-technology services in the knowledge economy [J]. Journal of European Industrial Training, 35(7): 702-720.

WHEELER J, 1996. The re-emergence of regional economies[J]. Business Economics, 21(5): 53-64.

WILLIAM E, 2008. Performance depending on the level of organizational learning[J]. Journal of Business Research, 19 (2): 67-73.

YANG, 2005. Collaboration networks, structural holes, and innovation: a longitudinal study[J]. Administrative Science Quarterly, 24(9): 81-94.

YOUNG W, 2013. Knowledge creation through networked strategic communities[J]. Long Range Planning, 56 (1): 234-245.

附录　调查问卷

优质企业集群管理的调查问卷

尊敬的优质企业集群的领导、企业家：

感谢您参与这次关于优质企业集群管理对集群竞争力提升的作用路径研究的问卷调查，本次问卷调查对象为优质企业集群中参与集群建设的管理者、企业家。问卷调查目的在于探索优质企业集群集成管理对集群竞争力的提升机理，从而更好地促进优质企业集群的更好发展。本问卷纯属学术研究所用，不存在任何商业目的，我们将恪守科学研究道德规范，不以任何形式向任何人泄露有关信息，敬请放心。

感谢您无私帮助！

一、个人信息

(1)您的年龄：

30 岁以下□　　30～40 岁□　　40～50 岁□　　50 岁以上□

(2)您的性别：

男□　　女□

(3)您的文化程度：

本科及以下□　　本科□　　硕士及以上□

(4)您在集群中的职位：

高层管理者□　　中层管理者□

二、集群的基本信息

(1)您所在优质企业集群的名称：

(2)您所在优质企业集群所处的区域：

三、优质企业集群集成管理对集群竞争力水平影响度的调查问卷

以下题目是对优质企业集群集成管理对集群竞争力水平影响度的调查，请在您认为合适的相应分值上打"√"。1 分(很不同意)；2 分(比较不同意)；3 分(一般)；4 分(比较同意)；5 分(非常同意)。

(一)集成管理

测量项 1：发展战略	很不同意 → 非常同意				
我们一直将整合增效作为集群发展的战略	1	2	3	4	5
我们认为整合增效战略由协同旋进战略做配合更好	1	2	3	4	5
我们认为整合增效战略由虚拟战略做配合非常必要	1	2	3	4	5

测量项 2:组织结构模式　　很不同意 → 非常同意

我们集群中科层制组织结构规划得很好	1	2	3	4	5
集群非常注重科层制同泛边界网络组织结构的运用	1	2	3	4	5

测量项 3:界面管理　　很不同意 → 非常同意

我们非常重视区域层面的界面矛盾管理	1	2	3	4	5
我们对集群层面的界面矛盾的处理非常好	1	2	3	4	5
我们从来没有忽视过对企业层面的界面矛盾管理	1	2	3	4	5

测量项 4:组织学习　　很不同意 → 非常同意

我们非常注重集群中学习型组织的建立	1	2	3	4	5
我们很重视对组织学习的管理	1	2	3	4	5

(二)"场力"参量

测量项 5:集群环境　　很不同意 → 非常同意

集群凝聚力越来越好	1	2	3	4	5
集群中制度环境越来越好	1	2	3	4	5
服务体系建设越来越好	1	2	3	4	5
集群文化氛围越来越好	1	2	3	4	5

测量项 6:集群质量　　很不同意 → 非常同意

产业在整个行业中的地位越来越重要	1	2	3	4	5
集群中核心技术水平得以迅速提升	1	2	3	4	5
相对成本优势越来越明显	1	2	3	4	5
集群发展状况越来越好	1	2	3	4	5

测量项 7:集群单元间心理距离　　很不同意→非常同意

集群单元间对彼此的需求越来越关切	1	2	3	4	5
集群单元间沟通水平得以很大提升	1	2	3	4	5
集群单元间心理契约度越来越好	1	2	3	4	5

(三)集群竞争力

测量项 8:集群竞争力水平　　很不同意 → 非常同意

集群内优质企业的数量越来越多	1	2	3	4	5
集群内合同签约量越来越多	1	2	3	4	5
集群内成果、专利数情况越来越多	1	2	3	4	5
集群内企业链环节越来越多元	1	2	3	4	5
集群对 R&D 投入对经济增长的弹性水平越来越好	1	2	3	4	5

（四）控制变量

以下题目是选择题项，请在您认为合适的选项上打“√”。

测量项 9：请选择您所处集群的规模情况

特大型□　　大型□　　中型□

测量项 10：请选择您所处集群的性质

政府主导型□　　民间自发型□

测量项 11：请选择您所处集群的网络能力

集群处于关系网络中心位置	是	否
集群参与区域网络积极性度高	是	否
集群与其他组织的黏合力较好	是	否

再次感谢您的支持！

祝您事业顺利！生活愉快！